KB005624

상속을 잘해야 집안이 산다

일러두기

1. 이 책에 실린 글은 한글 전용을 원칙으로 했습니다. 다만, 원활한 의미 전달을 위해
   용어 정리 면을 따로 두어 괄호에 한자를 병기했습니다.

2. 맞춤법과 띄어쓰기는 『표준국어대사전』을 기준으로 따랐습니다.
   다만, 법조문의 경우에만 예외로 두었습니다.

법무법인 숭인의 멘토링 시리즈 **1**

상속을 잘 해야
집안이 산다

가족의 행복을 완성하는 진짜 상속의 기술

법무법인 숭인 엮음

Lawyers

양소영 대표 변호사

'내 삶의 변호사'가 되겠다는 모토로 2014년 10월 법무법인 숭인을 설립해 가사 분야에 특화된 법인으로 성장시켰습니다. 이후 2019년 형사 및 세무 분야로까지 업무 영역을 확대해 숭인이 명실상부한 중견 로펌으로 성장하는 데 큰 공헌을 했습니다.

1999년 제40회 사법 시험에 합격하고 30기로 사법 연수원을 수료한 후 현재까지 약 20년을 변호사로서 법률 사무 업무에 전념하면서 대한변호사협회가 인정한 조세법 및 가사법 전문 변호사가 되었습니다. 그뿐만 아니라 여성 변호사로서의 입지를 탄탄히 해온 그간의 공로를 인정받아 2008년 서울지방변호사회 표창 및 공로상을, 일과 가정 양립을 위한 법조 문화를 조성한 공로를 인정받아 2018년 대한변호사협회 '일과 가정 양립 법조문화상'을, 방송과 강연을 통해 대중과 친근히 소통함은 물론 청년 변호사들의 역량 강화를 위해 멘토로서의 역할을 성실히 수행한 점을 인정받아 2019년 대한변호사협회 '우수변호사상'을 수상했습니다.

양소영 대표 변호사는 2007년부터 KBS <아침마당>, <무엇이든 물어보세요>, MBC <생방송 오늘 아침>, MBN <속풀이쇼 동치미> 등에 출연해 세 아이 엄마로서 열심히 살아가는 모습으로 시청자들의 사랑을 받았고, 2014년부터 MBC 라디오 <여성시대-위기의 부부들>, EBS 라디오 <오천만의 변호인-우리 가족 변호사>를 통해서는 가정 문제로 힘겨워하는 많은 사람들에게 오랫동안 멘토의 역할을 성실히 감당했으며, 기회가 닿는 대로 전국의 지자체를 찾아가 '풍요로운 인생을 위한 법률 상식', '행복한 여성의 지혜' 등의 주제로 대중들과 직접 소통해왔습니다.

백수현 변호사

2002년 제44회 사법 시험에 합격해 34기로 사법 연수원을 수료했습니다. 이후 2005년부터 지금까지 대법원 국선 변호인을 비롯한 공익 활동뿐만 아니라 민사, 가사 등 다양한 사건을 맡아 성공적으로 조력했습니다. 백수현 변호사는 압도적으로 많은 이혼, 상속 등 가사 사건 변론 경험을 가진 분야 최고의 베테랑입니다. 정확한 법리와 다양한 실무 경험으로 지금 이 순간에도 최상의 해결책을 찾을 준비가 되어 있습니다.

이현지 변호사

가사법 전문 변호사로서, 장기간 가사 사건 전문 법인에서 근무하면서 이혼과 상속, 입양 및 파양, 친자 확인 관련 사건 등 가사법 전 분야의 송무를 담당했으며, 부가로 발생하는 민·형사 사건도 진행해왔습니다. 특히 복잡하거나 비전형인 재산의 확인 및 분할에 있어 체계적인 자문과 소송을 수행하고 있으며, 다양한 상황에서의 상속 재산 분할 및 기여분 청구 사건은 물론, 민사 분야인 유류분 청구, 유언 및 증여 계약 무효, 이에 따른 재산의 원상 회복 및 재산 이전 청구, 상속 회복 청구 소송 등을 성공적으로 진행해왔습니다.

이현지 변호사는 이혼이나 상속 사건의 특성상 가족 구성원들이 갈등에 노출될 수밖에 없는 상황을 이해해 의뢰인과의 신뢰 관계를 형성하려 노력하고 있습니다. 그뿐만 아니라 소송 이후 실질적·안정적인 생활과 가족 관계의 회복까지 가능하도록 조정 등의 단계에서 다양하고 구체적인 해결 방안을 모색 및 제시하고자 노력하고 있으며, 그러한 점에서 능력을 인정받고 있습니다.

Lawyers

김자연 변호사

가사 소송에 특화된 전문 법무법인인 숭인의 초기부터 함께하며 기틀을 쌓아온 9년 차 변호사로, 2015년 대한변호사협회의 가사법 전문 인증을 취득해 상속, 이혼 등 가사 소송 전반을 수행하고 있으며, 아울러 조세, 행정, 일반 민사 사건 등을 수행하고 있습니다. 특히 회계와 조세 분야에 대한 지식을 바탕으로 이와 관련된 복잡하고 전문성이 요구되는 재산 분할 및 상속 사건을 주로 수행하고 있으며, 이에 따라 승소를 이루어낸 수행 사건 중 다수의 사건이 법원의 주요 판례로 소개되기도 했습니다. 그뿐만 아니라 조세연수원을 수료하고 다년간 국세심사위원을 맡았으며, 여성변호사회 이사, 아동청소년특별위원회 위원, SBS 공익 프로그램 자문 변호사 등으로 활발히 활동하고 있습니다.

김선영 변호사

2003년 제45회 사법 시험에 합격해 35기로 사법 연수원을 수료했습니다. 변호사가 된 이후로 이혼 등 가사, 부동산, 건설 등 일반 민사, 보험 등 분야에서 소송을 주로 수행하고 있으며, 대규모 단지 재건축 조합, 기획 부동산, 입주권 등 부동산 관련, 상속, 조세 등 다양한 자문 및 소송 진행 경력을 보유하고 있습니다.

김선영 변호사는 「특정범죄가중처벌등에관한법률위반(조세 등)」 사건에서 법률 해석을 통해 공소 제기의 오류를 밝혀 재판 진행 중 검찰의 공소 취소 결정이 이루어지기도 했으며, 한국가정법률상담소 백인변호사단, 서울지방국세청 국세심사위원, 남양주세무서 납세자보호위원으로도 활동했습니다. 아울러 보험 회사, 어린이집, 기타 공공 기관의 자문 경험을 통해 사안에 대한 폭넓은 검토가 가능합니다.

전영주 변호사

대한변호사협회 인증 가사법 전문 변호사로서, 이혼, 상속 등 가사법 전반에 걸친 송무 및 자문을 수행하고 있습니다. 특히 가사 사건과 더불어 발생하는 민사, 형사, 조세, 국제 분쟁 등 복합적인 문제들을 성공적으로 해결해 의뢰인들로부터 두터운 신뢰를 받고 있습니다. 아울러 국제 이혼, 해외로의 아동 탈취, 해외 소재 부동산 및 예금 등 수백 억대의 해외 재산 분할 등 국제적 요소가 개입된 사건들에 대한 전문적 지식과 다양한 경험을 갖고 있어 법무법인 숭인에서 국제 분쟁 관련 사건을 전담하고 있습니다. 과거 서울지방변호사회 국제위원회 위원으로 활동했으며, 현재 아동청소년특별위원회 위원 등으로 활발히 활동하며 다양한 공익 사건을 수행하고 있습니다.

이미숙 변호사

2009년 제51회 사법 시험에 합격해 41기로 사법 연수원을 수료했습니다. 대한변호사협회 인증 가사법 전문 변호사로서, 유책 배우자의 이혼 청구(유책주의, 파탄주의)에 관한 대법원 공개 변론 사건의 공동 대리인으로 선임되어 유책주의를 유지하는 대법원 전원합의체 판결을 이끌어냈습니다. 현재 법무법인 숭인에서 이혼, 상속, 성년 후견 등 가사 소송뿐만 아니라 민사, 조세·행정 등 다양한 분야의 사건을 수행하고 있으며, 특히 유언 효력 확인, 유류분 반환 청구 등 유언, 상속과 관련된 많은 사건들을 수행하고 있습니다. 그 외 한국여성변호사회 이사, 중부지방국세청 국세심사위원, 서울특별시 한부모가정지원센터 자문 위원, 서초구 출자·출연기관 운영심의위원회 위원 등으로 활동했습니다.

Lawyers

안미현 변호사

2011년 제53회 사법 시험에 합격해 43기로 사법 연수원을 수료했습니다. 대한변호사협회 인증 가사법 전문 변호사로, 이혼, 재산 분할, 위자료, 성년 후견, 친권·양육권 사건, 상속, 유언 등 가사 사건 전반에 대한 송무 및 자문 업무를 수행하면서, 수백 억대의 재산 분할 사건, 공동 친권 및 공동 양육 사례, 조부모의 면접 교섭권 인정 사례, 조부모의 손자녀 친양자 입양 사례, 유류분 반환 청구 사건 등 다수의 난도 높은 사건들을 성공적으로 해결했습니다. 이외에도 일반 민·형사, 행정, 가정 보호 사건 등 다양한 분야의 사건들을 폭넓게 다루고 있습니다. 안미현 변호사는 동고양세무서 납세자보호위원회 위원으로 위촉되어 활동한 바 있으며, MBC, SBS, MBN 등의 방송 출연과 「대한변협신문」 '여풍당당 여변' 칼럼 게재 등을 통해 법률 지식을 나누는 동시에, 대법원 국선 변호인으로 활동하고 정기적인 무료 법률 상담 진행하는 등 꾸준히 공익 활동에도 힘쓰고 있습니다.

이은영 변호사

2012년 법무부 통일법무과 사무관으로 임용되어 약 4년간 남북관계 및 통일 법제 업무를 맡아 특히 남북관계 이슈에 전문성을 갖고 있으며, 현재 민주평화통일자문회의 위원으로 활동하고 있습니다. 2018년 법무법인 숭인의 일원이 되어 언론 정정 보도 등의 민사 사건, 명예 훼손, 성폭력 등의 형사 사건을 수행했으며, '숭인양육비이행지원센터' 업무를 전담하며 양육비 확보를 위한 이행 소송과 한 부모 가정을 위한 공익 활동을 담당했습니다.

차례

PART 1 상속을 받으려면 어떻게 해야 하나요?

상속 인정, 상속 정리, 상속 회복

PART 2 상속을 받고 싶지 않습니다

상속 채무, 상속 포기, 한정 승인

PART 3 상속, 나누거나 남기거나
상속 재산 분할·분여, 유류분, 기여분

PART 4 죽기 전에 꼭 남기고 싶은 법적인 말
유언

PART 5 **유언으로써 상속하고 싶습니다**
유증

PART 6 상속, 그 외에 궁금한 것들
상속 기타

처음처럼 마지막도 향기롭기를 바라며

가정 내에 법이 들어올 자리가 없으면 좋을 테지만 오히려 갈수록 가족법의 중요성이 점차 높아지는 것이 현실입니다. 더군다나 가족 형태도 다양해지고 가족의 의미가 달라지면서 분쟁의 형태도 다양해지고 있습니다. 법무법인 숭인은 이러한 세태의 변화에 발맞춰 매주 구성원들이 모여 가사 관련법을 공부하고 승소 사례를 공유하는 스터디 모임을 몇 년째 지속해왔습니다. 그러던 중 2020년 상반기에 주목할 만한 뉴스가 있었습니다.

첫째는 '고(故) 구하라 씨' 사망 이후 상속 재산을 둘러싼 고인의 오빠와 친모 사이 상속 분쟁입니다. 이 사건으로 일명 '구하라법 개정'안이 제출될 정도로(개정 자체는 불발이 되었습니다) 국민들의 여론은

뜨거웠습니다. 이는 그동안 당연시해왔던 부모의 상속권에 대해 '부양 의무를 다하지 않은 부모의 상속 자격은 박탈해야 한다'라는 묵직한 질문을 던졌고, 앞으로도 이에 대한 논의는 계속될 것으로 판단됩니다.

둘째는 유류분 제도에 대한 논란입니다. 국민 개개인은 소유 재산을 어느 시기에 누구에게 어떤 방식으로 처분하든지 원칙적으로 자유임에도 불구하고 민법에 정해진 유류분 제도는 이에 대한 중대한 제한을 가합니다. 이 제도가 자유의 본질적인 내용을 침해해선 안 된다는 이유로 유류분 제도에 위헌성이 있다고 법원이 헌법 재판소에 위헌 법률 심판을 제청한 것입니다.

이러한 내용들을 접하며 법무법인 승인의 구성원 변호사들은 변화하는 가족법의 흐름을 담아 상속 분쟁 전반을 검토하고 정리해서 저희끼리만 공유하는 것보다는 법무법인 승인을 아껴주시는 분들에게 유익한 정보를 제공하는 것 또한 의미 있는 작업이라는 생각에 뜻을 모았습니다. 다행히 몇 년간 해온 스터디 내용을 기초로 구성원들이 한마음으로 작업을 하다 보니 생각보다 그 뜻이 빨리 이루어졌습니다. 제일 고민 요소는 책의 형식이었습니다. 주로 질문을 많이 받는데다, 소송이 제기되었던 상담 내용과 판례를 바탕으로 내용을 풀어낼 수 있다면 보다 이해하기 쉽고 재미도 있어 많은 분들이 접근하기 쉽지 않을까 생각해 고민 끝에 사례집으로 출간하게 되었습니다. 법률 용어 자체가 어렵다 보니 어떻게 봐주실지 걱정이 되기도 하지만 최대한 노력했으니 좋게 봐주셨으면 합니다.

가사 전문 변호사를 하다 보니 이혼 사건을 통해 자연스레 한 부부의 탄생과 소멸을 가까이에서 보게 되고, 상속과 성년 후견 사건을 통해서는 한 인생이 나이 들어 세상에서 스러져가는 동안 어떤 일들이 일어나는지, 그리고 마지막 사라진 이후에 무슨 일들이 일어나는지를 선명하게 목도하게 됩니다. 안타까움은 이루 말할 수 없습니다.

'모든 인간에겐 태어난 순간에 하나의 화살이 쏟아진다. 그 화살은 날고 또 날아서 죽음의 순간에 그에게 이른다'는 독일의 소설가 장 파울(Jean Paul, 1763~1825)의 말을 새겨봅니다. 모두에게 공평한 이 화살은 하나이며, 그 하나뿐인 화살을 그 누구도 피할 수 없습니다. 그러나 겪어보니 누군가는 그 뒤가 평화롭고 향기가 나지만 또 다른 누군가는 분쟁의 씨앗을 남기고 가기도 합니다.

법무법인 숭인의 구성원 변호사들은 많은 분들이 이 책을 통해 미리 상속 분쟁을 가늠해보시고 타산지석으로 삼아 평화롭고 향기로운 마지막을 준비하셨으면 합니다. 누군가의 죽음 이후 사랑하는 가족들이 분쟁에 휘말려 남보다 못한 인연이 되고 돌아가신 분을 원망하는 슬픈 일이 조금이라도 벌어지지 않기를 소망하는 마음으로 준비해 떨리는 마음으로 내어놓습니다.

항상 환한 웃음으로 맞아주는 깊은 내공의 백수현 변호사, 한번 꽂히면 이길 때까지 기록을 놓지 않는 김선영 변호사, 논리라면 누구에게도 뒤지지 않으려 하는 이미숙 변호사, 의뢰인의 마음까지 아울러 결과를 내는 김자연 변호사, 가사는 물론 국제와 형사까지 능통한 전영주 변호사, 최다 사례 진행에 따른 투지와 실력이 담보된 이현지 변호사, 인간 AI급 지식에 다정함까지 겸비한 신세대 안미현 변호사, 따뜻한 눈빛 하나로 모든 것을 말하는 이은영 변호사가 같이 이 책을 만들었습니다. 마지막에는 귀엽고 천진난만하지만 일을 시작하면 초롱초롱 야무지게 변신하는 새내기 양지연 변호사가 저와 같이 원고를 마무리해주었습니다. 이 지면을 빌려 감사를 보내며 한데 힘을 모으면 해내지 못할 것이 없겠다는 자부심을 갖게 해줘 감동적인 작업이 되었다는 말을 더 보태고 싶습니다.

책을 내려 하면 제일 먼저 하는 고민이 출판사 선정입니다. 선뜻 이 책을 출간하겠다고 용기를 내어준 담당 출판사 양시호, 한준희 대표에게 감사 인사를 전합니다. 최유진 편집자 덕분에 평범했던 원고가 멋지게 변신하는 마술을 본 듯합니다. 진심으로 좋은 인연에 감사드립니다.

법무법인 숭인
대표 변호사 양소영

상속을 받으려면
어떻게 해야 하나요?

상속 인정 | 상속 정리 | 상속 회복

혼외자가 있을 경우 상속 재산은 어떻게 정리해야 하나요?

부모님은 제가 어릴 때 이혼을 하셨고, 저는 어머니와 살면서 아버지와는 거의 연락 없이 지냈습니다. 그러다가 얼마전 아버지가 돌아가셨다는 연락을 받았고 장례 절차를 마쳤습니다. 이번에 장례를 치르면서 아버지에게는 저와 누나 외에도 딸이 하나 더 있다는 사실을 알게 되었습니다. 아버지가 어머니와 결혼하기 전에 낳은 혼외자라고 하더군요. 저는 그동안 그분의 존재도 몰랐고 당연히 얼굴도 본 적이 없었습니다. 아버지의 사망 신고는 자식인 제가 하면 되지만, 아버지 명의로 재산이나 채무가 있다면 어떻게 정리해야 할까요? 아버지에게는 시골에 조그마한 땅과 타고 다니시던 차량 정도가 있는 것으로 알고 있습니다. 문제는 아버지의 호적에 있는 그분과는 장례식에서만 잠깐 만났을 뿐, 사는 곳도 연락처도 알 수 없는 상황이라는 겁니다. 이분과 상의 없이 저희끼리 아버지 재산을 정리해도 될까요?

A 이은영 변호사

상속 재산 파악과
상속인 확인이 우선입니다

상속받은 재산을 정리하기 위해서는 ❶아버지의 상속재산을 파악하고, ❷상속인이 누구인지 확인해서 상속인들끼리 상속 재산의 처리 방법에 대해 협의하는 단계를 밟으면 됩니다. 재산보다 채무가 많을 경우 상속 포기 또는 한정 승인을 선택할 수 있습니다.

상속 재산 내역을 알아보는 방법

먼저, 아버지가 남긴 재산 내역을 알아보기 위해서는 부동산 등기부나 차량 등록 원부를 확인하고 은행이나 보험사에 일일이 문의하는 방법이 있습니다. 하지만 그보다는 정부가 마련한 '안심 상속 원스톱 서비스(사망자 등 재산 조회 서비스)'를 통해 사망한 분의 재산 내역을 한꺼번에 확인하는 방법이 편리합니다. 이 서비스는 구청이나 동 주민센터에서 사망 신고를 할 때 함께 신청할 수 있습니다. 사망 신고 담당 공무원에게 안내를 받으면 됩니다. 이미 사망 신고를 했어도 사망일이

속한 달의 말일로부터 6개월 내라면 구청이나 동 주민 센터에 방문하거나 온라인 '정부 24(www.gov.kr)'를 통해서 신청할 수 있습니다.

'안심 상속 원스톱 서비스'를 신청하면 그 결과를 본인의 선택에 따라 문자나 우편으로 통보합니다. 이 서비스를 통해 확인할 수 있는 내용으로는 세금 정보, 자동차 정보, 토지 정보, 은행이나 보험의 금융 거래 정보 등이 있습니다.

Tip

통합 처리 대상 재산 조회 종류

① 지방세 정보(체납액, 고지세액, 환급액)

② 자동차 정보(소유 내역)

③ 토지 정보(소유 내역)

④ 국세 정보(체납액, 고지세액, 환급액)

⑤ 금융 거래 정보(은행, 보험 등)

⑥ 국민 연금 정보(가입 및 대여금 채무 유무)

⑦ 공무원 연금 정보(가입 및 대여금 채무 유무)

⑧ 사학 연금 정보(가입 및 대여금 채무 유무)

⑨ 군인 연금 가입 유무

⑩ 건설 근로자 퇴직 공제금 정보(가입 유무)

⑪ 건축물 정보(소유 내역)

상속인 확인 절차

돌아가신 분의 재산 내역을 확인했다면 이제 상속인들끼리 협의해서 정리하면 됩니다. 상속인들이 명확하다면 문제없겠지만, 가족 중 일부가 생사 확인이 되지 않는다거나 연락이 두절된 경우라면 상속인에 대한 정리가 선행되어야 합니다. 연락이 두절된 상속인에 대해서는 법원에 부재자 재산 관리인 선임 청구를 할 수 있고, 법원을 통해서 출입국 사실 조회, 경찰서, 건강보험관리공단, 구청, 통신사 확인 등을 진행해 연락이 끊긴 형제자매를 찾아볼 수 있습니다. 만약 도저히 찾을 수 없다면 그 형제자매를 대신하는 부재자 재산 관리인이 선임될 것이고, 그를 통해 상속 재산을 관리하거나 처분할 수 있습니다. 또한 재산 관리인을 상대로 상속 재산 분할 조정 신청이나 상속 재산 분할 심판을 청구해서 재산을 분할할 수도 있습니다.

부동산 상속과 예금 상속

부동산의 경우, 상속을 받으면 별도로 이전 등기를 하지 않아도 소유권이 인정됩니다(민법 제187조). 하지만 다른 사람에게 팔기 위해서는 상속인들 명의로 등기가 되어 있어야 합니다. 상속인들 명의로 등기를 이전하려면 상속받은 모든 가족이 다 같이 등기소를 방문하거나 가족 중 한 명에게 위임해 상속분에 따른 소유권 이전 등기를 할 수 있습니다.

예금의 경우, 역시 별도의 절차 없이 상속인들이 예금 채권을 취득한다고 볼 수 있습니다. 다만 은행에서는 이중 지급될 위험을 피하기 위해 상속인 전원이 함께 오거나 아니면 상속 재산 협의서 또는 동의서를 가져오라고 요구합니다. 그렇기 때문에 예금의 경우도 상속인 전원이 함께 은행을 방문하거나 한 명에게 위임하고 인감 증명서를 첨부해서 인출을 청구할 수 있습니다.

상속 재산보다 채무가 더 많다면

만일 상속 재산보다 채무가 더 많은 경우에는 피상속인이 사망한 사실을 안 날로부터 3개월 내에 상속을 포기하거나 상속 재산 내에서 채무를 변제하는 한정 승인 절차를 밟으면 됩니다(민법 제1019조).

일부 형제가 나누어 가진
아버지 재산을 되찾고 싶습니다

저는 아버지의 자식 중 넷째입니다. 아버지는 1991년에 돌아가셨고, 아버지 명의의 재산으로는 부동산이 하나 있었지만 10년이 넘도록 상속 등기를 하지는 않았습니다. 그러던 중 2013년 초, 첫째 형과 둘째 형이 저와 누나를 속여서 상속 등기를 하는 데 필요하다며 인감도장과 인감 증명서를 달라고 해서 건네주었습니다. 그런데 그걸 갖고 상속 재산 분할 협의서를 위조해 첫째 형과 둘째 형 명의로만 소유권 이전 등기를 해버렸다는 사실을 뒤늦게 알게 되었습니다. 현재 첫째 형은 돌아가셨고 둘째 형 명의의 지분은 제3자에게 넘어간 상태입니다. 제가 형들 명의로만 상속 등기가 되고 이후 제3자 명의로까지 넘어간 사실을 안 것은 2018년 경입니다. 아버지가 돌아가신 때로부터는 벌써 29년이 지난 상황입니다. 이런 경우 저와 누나는 잃어버린 상속분에 대해 둘째 형과 제3자를 상대로 어떤 청구를 할 수 있을까요? 시간이 이렇게 많이 지났는데도 회복할 수 있는 방법이 있을까요?

A 이은영 변호사

상속 회복 청구 시점을 알아야 합니다

공동 상속인들이 상속분을 침해한 경우 그들 또는 그들로부터 상속분을 취득한 제3자를 상대로 상속 회복 청구를 할 수 있고, 침해 행위가 있은 날로부터 10년 내에 할 수 있습니다. 아버지의 상속 재산으로 부동산이 있었고, 공동 상속인이 4명임에도 상속 재산 분할 협의서가 위조되어 일부 상속인들의 명의로만 상속 등기가 이루어진 상황으로 보입니다.

원래 4명의 형제들은 각각 1/4씩의 상속분을 갖게 됩니다. 따라서 두 형제가 자신의 상속분을 넘어 취득한 상속분에 대한 소유권 이전 등기는 무효라고 볼 수 있습니다. 이 경우 상속권을 침해한 형제들에게 '상속 회복 청구'로써 초과 취득한 지분(1/4)에 대해서 등기 말소를 청구할 수 있습니다. 또한 상속 회복 청구를 할 수 있는 상대방과 관련해서는 상속권을 직접 침해한 상속인뿐만 아니라 그로부터 다시 소유권 이전 등기를 받은 제3자에 대해서도 마찬가지로 상속 회복 청구로써 등기 말소 청구를 할 수 있습니다. 다만 이러한 상속 회복 청구는 그 권리를 행사할 수 있는 기간이 제한되어 있고, 그 기간이 지나면 더 이상 할 수 없다는 특징이 있습니다(민법상 '제척 기간'이라고 합니다). 거래 관계가 조속히 안정되도록 하기 위함입니다. 구체적으로 상속 회복 청구는 그 침해를 안 날로부터 3년, 상속권의 침해 행위가 있은 날로부터 10년 내에 해야 합니다(민법 제999조 제2항).

침해를 안 날로부터 3년, 침해 행위가 있은 날로부터 10년

사례를 보면 형들이 상속 재산 분할 협의서를 위조해 소유권 이전 등기를 한 때는 2013년경, 그리고 그러한 상속권 침해 행위가 있었다는 사실을 안 시점은 2018년경으로 보입니다. 상속 회복 청구를 위해서는 그 침해를 안 날로부터 3년, 상속권의 침해 행위가 있은 날로부터 10년이 지나지 않아야 하는데, 의뢰인이 자신의 형들이 상속권을 침해했음을 안 시점은 2018년이라 아직 3년이 지나지 않았고, 침해 행위가 있었던 날은 형들 명의로만 이전 등기가 된 2013년경이라 그때로부터도 10년이 지나지 않았습니다. 다행히 상속 회복 청구를 할 수 있는 기간이 아직 남아 있습니다. 아버지가 1991년에 돌아가셔서 이미 29년이나 지났다고 했는데, 이때부터 상속 회복 청구를 할 수 있는지 기간을 계산하는 것이 아니기에 염려하지 않아도 됩니다.

시대에 따른 민법의 변화

과거에 민법은 '상속 개시일로부터 10년 내에' 상속 회복 청구를 할 수 있다고 규정했습니다. 그러나 헌법 재판소는 이것이 재산권, 행복

추구권, 재판 청구권 등을 침해하고 평등 원칙을 위배한다고 판단했고 (헌재 2001. 7. 19. 99헌바9 등), 그리하여 2002년 1월 14일 '상속권의 침해 행위 있은 날로부터 10년 내에' 상속 회복 청구를 할 수 있다는 내용으로 민법이 개정되었습니다. 따라서 상속권을 침해받은 의뢰인과 누나는 첫째 형의 가족과 둘째 형으로부터 지분을 넘겨받은 제3자를 상대로 상속 회복 청구를 할 수 있고, 구체적으로는 본인이 원래 받아야 했던 상속분인 1/4에 대해 소유권 이전 등기를 말소할 것을 청구할 수 있습니다. 그래서 말소 등기가 이루어지면 그때 다시 상속을 원인으로 해서 본인 앞으로 소유권 이전 등기를 하면 됩니다.

> Tip
>
> **민법 제999조(상속회복청구권)**
>
> ① 상속권이 참칭상속권자로 인하여 침해된 때에는 상속권자 또는 그 법정대리인은 상속회복의 소를 제기할 수 있다.
> ② 제1항의 상속회복청구권은 그 침해를 안 날로부터 3년, 상속권의 침해행위가 있은 날부터 10년을 경과하면 소멸된다.

상속 포기자가 상속받아 상속분이 줄어들었습니다

부모님이 모두 돌아가신 후 형제들끼리 상속 재산을 어떻게 나눌 것인지 논의를 한 적이 있습니다.

당시 가장 경제력이 있었던 큰형은 동생들을 위해 상속 포기를 하고 재산은 나머지 형제들끼리 나누어 갖는 것으로 하자고 했고, 큰형은 실제로 상속 포기서를 법원에 제출한 것으로 알고 있었습니다.

그런데 이번에 재산 내역을 제출할 일이 있어 부모님으로부터 상속받은 아파트 부동산 등기부를 뗐는데, 상속 포기를 한 줄 알았던 큰형이 공유자로서 상속 등기가 되어 있음을 발견했습니다. 언젠가 큰형이 재산 정리에 필요하다며 형제들에게 인감 증명서를 요청한 적이 있었는데, 그때 같이 등기를 했던 모양입니다. 상속 포기 의사를 밝혔을 뿐만 아니라 법원을 통해 정식으로 상속을 포기했음에도 상속권이 있는 것처럼 자신의 몫에 대해 등기를 한 큰형의 상속권을 인정해야만 하나요? 이를 되돌릴 수 있는 방법은 없을까요?

상속 포기의 방식을 제대로 지켰는지부터 확인합니다

상속을 포기했음에도 이를 숨기고 상속분에 따라 소유권 이전 등기를 한 경우, 이 사람에 대해서는 상속 회복 청구로써 그 등기의 말소 청구를 할 수 있습니다. 해당 상속인에 대한 등기가 말소되면 나머지 상속인들이 자신의 지분별로 다시 소유권 이전 등기를 하면 됩니다.

상속을 포기하면 상속이 개시된 때로 소급해 효력이 있습니다(민법 제1042조). 다시 말해 상속을 포기한 사람은 처음부터 상속인이 아니었다는 것입니다. 상속인이 여러 명인 경우 어느 상속인이 상속을 포기하면 그 상속분은 다른 상속인의 상속분 비율로 그 상속인에게 귀속됩니다(민법 제1043조). 따라서 상속을 포기한 큰형이 가진 상속분은 다른 형제들에게 돌아갑니다. 예를 들어, 형제가 3명인 경우 각자 1/3씩 상속분을 갖게 되는데, 큰형이 포기한 경우라면 나머지 두 형제가 1/2씩의 비율로 상속분을 갖게 됩니다.

다만 상속 포기는 '상속 개시 있음을 안 날로부터 3개월 내'에 '가정

법원'에 포기 신고를 해야 합니다(민법 제1041조). 따라서 정해진 기간을 넘겨 상속 포기를 하거나 가정 법원에 포기 신고를 하지 않았다면 그러한 상속 포기는 효력이 없습니다. 또한 부모님이 돌아가시기 전에 상속을 포기하기로 약속했다거나 각서를 쓰는 것도 효력이 없습니다.

그러므로 의뢰인이 가장 먼저 확인해야 할 점은, 큰형이 상속 포기를 가정 법원에 한 것이 맞는지, 그리고 그러한 상속 포기를 부모님이 돌아가셨다는 사실을 안 때로부터 3개월 내에 한 것이 맞는지, 이렇게 2가지입니다. 만일 이러한 기간과 방식을 지켜 상속 포기를 한 것이 아니라면 큰형이 한 상속 포기는 효력이 없고 큰형 역시 상속권을 갖게 됩니다.

상속 회복 청구권을 활용합니다

만일 큰형이 상속 포기를 제대로 했음에도 불구하고 본인 역시 상속인인 것처럼 상속 등기를 했다면 어떻게 해야 할까요? 이 경우 활용할 수 있는 것이 바로 '상속 회복 청구권'입니다.

상속 회복 청구권이란 상속권이 참칭 상속권자로 인해 침해된 경우 상속권자 또는 그 법정 대리인이 그 침해의 회복을 위해 갖게 되는 청구권입니다(민법 제999조 제1항). 여기서 말하는 '참칭 상속인'이란 재산 상속인인 것을 신뢰하게 하는 외관을 갖추고 있는 자나, 상속인이라고 참칭해 상속 재산의 전부 또는 일부를 점유하는 자를 가리킵니다 (대법원 90다카19470 판결; 92다7955 판결 등).

공동 상속인이라도 다른 상속인의 상속권을 침해한 경우에는 자신의 상속분을 넘는 범위에서 상속 회복 청구의 상대방이 될 수 있습니다(대법원 90다5740 전원합의체 판결 등). 공동 상속인에 대한 상속 회복 청구가 인정되는 예를 살펴보면, ❶공동 상속인 중 한 사람이 다른 상속인의 상속권을 부정하고 자기만이 상속권이 있다고 참칭해서 상속 재산인 부동산에 관해 단독 명의로 소유권 이전 등기를 한 경우, ❷상속을 유효하게 포기한 공동 상속인 중 한 사람이 그 사실을 숨기고 여전히 공동 상속인의 지위에 남아 있는 것처럼 참칭해 상속분에 따른 소유권 이전 등기를 한 경우(대법원 2012. 5. 24. 선고 2010다33392 판결), ❸민법에서 정한 상속 결격자임에도 상속인인 것처럼 상속 재산을 취득하거나 점유한 경우 등이 있습니다.

의뢰인의 경우는 ❷에 해당하는 것으로 보입니다. 물론 앞에서 언급한 대로 큰형의 상속 포기가 유효했는지를 먼저 확인해야 합니다. 정해진 기간 내 가정 법원에 상속 포기를 유효하게 했음에도 이후 상속 등기를 한 큰형에 대해서는 나머지 상속인들이 상속 회복 청구로써 자신의 상속분이 침해된 범위에서 말소 등기를 청구할 수 있습니다.

상속 회복 청구가 가능하려면

다만 상속 회복 청구는 무제한으로 할 수 있는 것이 아닙니다. 자신의 상속권이 침해되었음을 안 날부터 3년, 침해 행위가 있은 날부터 10년 내에만 할 수 있습니다(민법 제999조 제2항). 의뢰인의 경우 큰형이 상속권에 기한 등기를 한 시점이 바로 '침해 행위가 있은 날'로 볼 수 있고, 그때로부터 아직 10년이 지나지 않았다면 상속 회복 청구를 할 수 있습니다.

사실 제3자가 아닌 '공동 상속인'에게도 이처럼 3년, 10년이라는 상속 회복 청구의 기간 제한을 적용하는 것에는 반론도 있습니다. 이에 대해서 헌법 재판소는 공동 상속인도 상속 회복 청구의 '참칭 상속인'으로 보고 단기의 제척 기간을 적용하는 것이 상속인의 재산권과 재판 청구권을 침해하는 것은 아니라고 판단한 바 있습니다(헌법재판소 2006. 2. 23. 선고 2003헌바38,61 결정).

결국 큰형이 상속 포기를 했음에도 상속인인 것처럼 상속 등기를 한 경우, 그때로부터 아직 10년이 지나지 않았다면 의뢰인은 큰형을 상대로 상속 회복 청구로써 그 등기의 말소를 구할 수 있습니다. 큰형 명의의 등기가 말소되면 나머지 상속인들은 공동으로 자신의 상속분의 비율대로 이전 등기를 할 수 있습니다.

제3자를 상대로 등기 말소를
청구하고 싶습니다

아버지가 돌아가신 후 아버지 명의의 부동산에 대해 가족들 간에
별도로 상속 재산을 정리하거나 어떻게 나누어 가질지 전혀
협의한 적이 없습니다. 지난해 어머니까지 돌아가시고 이제는
부모님의 재산을 정리해야 할 때가 왔다고 생각해 부동산 등기부 등을
모두 떼보게 되었습니다. 그런데 모든 부동산에 대해 큰형이 자신의
명의로 등기를 했다가 이미 오래전에 다른 사람한테 팔고
매매 대금을 챙긴 사실을 알게 되었습니다. 그동안 큰형이 집안의
대소사를 다 챙겨왔기에 더 많은 재산을 가져야 한다고 생각은 하고
있었습니다. 하지만 막상 다른 형제들과 어떠한 상의도 없이 본인
명의로 모든 부동산 등기를 다 돌리고, 심지어 어머니가 돌아가시기도
전에 그런 것을 보니 괘씸한 생각이 들었습니다. 이제라도 바로잡고
싶은데 방법이 있을까요? 이미 제3자에게 넘어가서 방법이 없는 것은
아닌지 궁금합니다.

이은영 변호사

상속 회복 청구로써 등기 말소를 청구하면 됩니다

다른 상속인의 상속분을 침해한 공동 상속인뿐만 아니라 그로부터 상속 재산을 양수한 제3자에 대해서도 의뢰인은 상속 회복 청구로써 등기 말소를 청구할 수 있습니다. 다만 이러한 상속 회복 청구는 공동 상속인 중 1인 명의로만 등기된 때를 기준으로 10년 내에 해야 합니다.

공동 상속인 중 1인 앞으로만 상속을 원인으로 부동산 소유권 이전 등기가 되었는데, 다른 상속인들이 이러한 재산 분할에 대해 협의한 바가 없다면 자신의 법정 상속분을 넘는 범위에서는 상속권을 침해한 것이 됩니다. 이 경우 상속권을 침해당한 다른 상속인들은 상속권을 침해한 공동 상속인을 상대로 민법 제999조 소정의 '상속 회복 청구'로써 등기 말소를 청구할 수 있습니다. 상속 회복 청구의 경우 상속권이 침해되었음을 안 날부터 3년 내, 상속권 침해 행위가 있은 날부터 10년 내에 해야 합니다(민법 제998조 제2항). 이를 민법상 '제척 기간'이라고 부릅니다. 또한 그 상속인으로부터 상속 재산을 양수한 제3자를 상대로 등기 말소 청구를 하는 경우도 상속 회복 청구로 볼 수 있으며, 마찬가지로 민법 제998조 제2항의 제척 기간이 적용됩니다(대법원 1981. 1. 27. 선고 79다854 전원합의체 판결).

제3자에 대해서도 단기의 제척 기간을 적용해 상속 회복 청구의 제한을 두는데, 그 이유는 다음과 같습니다. 우선 그렇게 하지 않는다면 거래 관계의 조기 안정을 의도하는 제척 기간 규정이 무의미하게 되기 때문입니다. 그리고 참칭 상속인에 대해서는 제척 기간의 경과로 정당한 권원을 취득했다고 보면서, 그로부터 양수한 제3자에 대해서는 진정 상속인의 물권적 청구를 감수해야 한다고 하면 이론적 모순이 생기기 때문입니다.

상속 회복 청구 기간의 기산점, 침해 행위가 있은 날

참칭 상속인뿐만 아니라 제3자까지 있는 경우 상속 회복 청구 기간의 기산점이 되는 '침해 행위가 있은 날'을 언제로 볼 것인지가 문제가 됩니다. 이는 참칭 상속인의 최초 침해 행위가 있은 날이라고 봐야 하고, 그때로부터 10년이 경과했다면 비록 제3자가 참칭 상속인으로부터 상속 재산에 관한 권리를 취득하는 등 새로운 침해 행위가 최초의 침해 행위 시로부터 10년이 경과한 이후에 이루어졌다고 하더라도 상속 회복 청구권은 제척 기간의 경과로 소멸하고, 진정 상속인은 더 이상 제3자를 상대로 그 등기의 말소 등을 청구할 수 없습니다(대법원 2006. 9. 8. 선고 2006다26694 판결). 이때 진정 상속인이 참칭 상속인을 상대로 제척 기간 내에 상속 회복 청구의 소를 제기해 승소의 확정 판결을 받았다고 하더라도 마찬가지입니다(위 2006다26694 판결).

따라서 이러한 사태를 방지하기 위해 진정 상속인은 참칭 상속인을 상대로 상속 회복 청구의 소를 제기하는 것만으로는 부족하며, 그가 소송 중에 다른 사람에게 처분하지 못하도록 처분 금지 가처분 등의 조치를 추가로 취해야만 합니다. 그렇지 않으면 참칭 상속인에 대해서는 승소 판결을 받더라도 후에 제3자를 상대로는 기간 경과로 청구할 수 없는 문제가 생길 수 있습니다.

상속 회복 청구와 제3자

한편 참칭 상속인에 대한 상속 회복 청구로써 승소 판결이 이미 났음에도 이를 무시하고 제3자에게 처분한 경우는 어떻게 될까요? 이때 제3자는 '변론 종결 후의 승계인'으로서 확정 판결의 기판력과 집행력이 미칩니다(민사소송법 제218조 제1항). 따라서 그에 대해서는 별도의 판결을 구할 필요도 없이 승계 집행문을 발급받아 바로 등기 말소를 할 수 있습니다. 반대로 진정 상속인이 참칭 상속인으로부터 상속 재산에 관한 권리를 취득한 제3자를 상대로 최초의 침해 행위가 있은 날로부터 10년 내에 상속 회복 청구의 소를 제기했다면, 참칭 상속인에 대해서는 그 기간 내에 상속 회복 청구권을 행사한 일이 없다고 하더라도 제3자에 대한 권리 행사에 아무런 장애가 되지 않습니다(대법원 2009. 10. 15. 선고 2009다42321 판결).

결국 의뢰인은 공동 상속인인 큰형으로부터 부동산을 매수한 제3자를 상대로 상속 회복 청구로써 등기 말소 청구를 할 수 있습니다. 다만 이러한 상속 회복 청구는 부동산이 최초로 큰형 명의로 단독 등기된 때로부터 10년 내에만 할 수 있습니다.

북한에 있는 가족도
상속을 받을 수 있나요?

저희 아버지는 원래 북한 평안남도에 살고 계셨는데, 6·25 한국
전쟁 때 남한으로 내려오셨습니다. 저는 맏이로 아버지와 피난을
왔지만 어머니와 다른 동생들은 같이 오지 못했습니다. 아버지의
직업은 의사였는데 남한에 와서도 계속 의료 활동을 하셨고
새어머니를 만나 결혼도 하셨습니다. 그리고 새어머니와의 사이에서
자녀도 셋이나 더 낳으셨습니다. 저는 아버지의 자녀로 여기서
살고 있으니 상속을 받는 것에는 문제가 없지만, 아직 북한에 있는
다른 가족들은 아버지의 재산을 상속받을 수 없는 것인가요?

어머니는 이미 돌아가셨다고 알고 있지만, 북한에는 동생들이
둘이나 더 있습니다. 아버지의 재산이 100억 원대가 넘기에 여기에
있는 이복동생들과 분쟁이 생기지는 않을까 걱정이 됩니다.

이은영 변호사

북한에 있는 가족도 상속을 받을 수 있습니다

이런 경우 「남북 주민 사이의 가족 관계와 상속 등에 관한 특례법(약칭: 남북가족특례법)」에 따라 법원에 북한 주민을 위한 재산 관리인 선임 청구를 할 수 있고, 재산 관리인이 선임되면 그를 통해 북한에 있는 가족의 상속 재산을 관리하고 처분할 수도 있습니다.

남북 분단이라는 특수한 상황으로 남북한 주민 간에는 자유로운 왕래를 할 수 없고, 가족임에도 소식조차 모른 채 살아가야 하는 이산가족의 아픔이 있습니다. 그럼에도 우리 헌법은 북한도 대한민국의 영토로 보고 있고, 그에 따라 대법원은 북한 주민도 대한민국 국민임을 확인한 바 있습니다(대법원 1996. 11. 12. 선고 96누1221 판결). 또한 대법원은 피상속인의 딸이 북한에 있어 생사 불명이라는 이유만으로 재산 상속인에서 제외될 수 없다는 판단을 내린 바 있습니다(대법원 1982. 12. 28. 선고 81다452,453 판결). 그렇다면 북한에 있는 가족들이 구체적으로 어떻게 상속인으로서 권리 행사를 할 수 있을지에 대해 살펴보겠습니다.

2016년부터 시행된 남북가족특례법

앞서 언급한 '남북가족특례법'이 2016년부터 시행 중입니다. 이 법에 따르면 북한에 있는 주민이 상속·유증 등으로 남한 내 재산에 관한 권리를 취득한 경우에는 그 권리의 취득이 확정된 날부터 1개월 이내에 법원에 재산 관리인 선임 청구를 해야 합니다(남북가족특례법 제16조 제1항). 북한 주민이 재산 관리인 선임 청구를 하지 않거나 할 수 없는 경우 민법 제777조에 따른 친족, 이해관계인, 검사가 청구할 수도 있습니다(남북가족특례법 제16조 제2항). 따라서 아버지가 돌아가시면 상속·유증이 개시되는데, 이때 북한에 있는 가족들을 위해 남한에 있는 가족이 재산 관리인 선임 청구를 하면 됩니다. 재산 관리인이 선임되었는데도 불구하고 그를 통하지 않고 상속·유증 재산에 관해 법률 행위를 한 경우 그 행위는 무효가 됩니다(남북가족특례법 제15조). 또한 북한 주민을 위한 재산 관리인이 보존 등의 행위를 넘어 재산을 처분하는 등의 행위를 하기 위해서는 사전에 법무부 장관의 허가를 받아야 합니다(남북가족특례법 제16조).

이와는 달리 이미 오래전에 아버지가 돌아가셨다는 등의 사유로 북한에 있는 가족들이 상속을 받지 못한 경우에는 어떻게 해야 할까요? 남북 이산으로 피상속인인 남한 주민으로부터 상속을 받지 못한 북한 주민 또는 그 법정 대리인은 민법 제999조 제1항에 따라 상속 회복 청구를 할 수 있고, 이 경우 다른 공동 상속인이 이미 분할 및 그 밖의 처분을 한 경우에는 그 상속분에 상당한 가액으로 지급할 것을 청구할 수 있습니다(남북가족특례법 제11조).

사후 수정으로 출생한 자녀도
상속을 받을 수 있나요?

남편과 오랫동안 아이를 기다려왔습니다. 자연 임신이 되지 않아 인공 수정을 계속 시도하던 중이었습니다. 그런데 남편이 재작년 갑작스러운 교통사고로 세상을 떠나게 되었습니다.

하루아침에 유일한 가족을 잃은 저는 완전히 혼자가 된 것만 같아 슬픔에 젖어 있다가 문득 남편의 정자가 보관되어 있다는 사실이 생각났습니다. 남편을 이 세상에 계속 존재하게 하는 것, 남편과 저 사이에 아이가 있다면 가능하지 않을까 생각했고, 냉동 보관되어 있던 남편의 정자를 이용해 인공 수정을 시도했습니다. 하늘이 주신 선물인지 기적처럼 수정이 성공했고, 얼마 전 아이를 출산했습니다.

저는 남편이 지금 살아 있다면 이런 결정을 지지하고 동의해주었을 것이라고 확신합니다. 이렇게 태어난 우리 아이가 법적으로 남편의 자녀로 인정받을 수 있을까요? 그리고 남편에 대한 상속권도 인정받을 수 있을까요?

친생자 관계부터
인정받아야 합니다

사후 수정으로 출생한 자녀가 생물학적 아버지를 상대로 한 인지 청구에서 친생자 관계가 인정된 사례가 있습니다. 상속권에 대한 판례는 아직 없지만 친자 관계가 인정되는 이상 상속권도 인정된다고 봄이 타당하다고 생각합니다.

상속을 받기 위해서는 피상속인이 사망할 당시 상속인이 생존하고 있어야 합니다. 이를 동시 존재의 원칙이라고 하는데, 우리 민법은 이에 대한 예외를 인정하고 있습니다. 바로 '태아'의 경우로 태아는 상속에 관해 이미 출생한 것으로 봅니다(민법 제1000조 제3항). 따라서 부모가 사망할 당시 포태 상태였던 태아는 상속에 관해서 이미 출생한 것으로 보기 때문에 자녀로서 상속권이 인정되고, 그를 포함해 상속 순위 및 상속분을 정해야 합니다. 하지만 태아가 사산되어 태어나지 못한 경우에는 상속인이 될 수 없습니다.

그런데 오늘날 의학 기술의 발달로 정자와 난자를 보관할 수 있게 되었고, 이를 통한 인공 수정도 보편화되었습니다. 그로 인해서 이전에는 생각하지 못했던 새로운 가족법상 문제들이 발생하게 되었는데, 한 예로 사후 수정에 의해 출생한 자녀 문제가 있습니다. 이와 관련 「생명윤리 및 안전에 관한 법률」 제23조 제2항 2호는 '사망한 사람의 난자 또는 정자로 수정하는 행위'를 금지하고 있고, 이를 위반할 경우 형사 처벌하고 있습니다. 그럼에도 사후 수정에 의해 이미 출생한 자녀의 친생자 관계 및 상속권을 인정하는 것은 별개의 문제이므로 검토가 필요한 사안입니다.

사후 수정 출생 자녀의 상속권 인정에 대한 견해

실제로 지난 2015년 서울가정법원에서 2013년 12월 3일 사망한 남자로부터 생전에 추출한 정자를 이용해 그의 배우자가 2015년 1월 9일 자녀를 출산했고, 그 후 생물학적 아버지를 상대로 인지 청구를 한 사건이 있었습니다. 이에 대해 서울가정법원은 사망한 남편과 사후 출생한 자녀와의 사이에 친생자 관계를 인정하고 인지 청구를 받아들였습니다(서울가정법원 2015. 7. 3. 선고 2015드단21748 판결). 이 사건의 판결문에는 구체적인 사실 관계가 드러나 있지는 않습니다. 다만 이런 경우 정자 제공자가 생전에 사후 수정에 미리 동의를 했다면 인지 청구를 인정할 수 있다는 견해가 학계에서는 유력합니다. 인지 청구가 받아들여지면 사망한 남편과 자녀 사이에 친생자 관계가 인정되고, 인지의 효력에 따라 그 자녀는 출생 시로 소급해 사망한 남편의 자녀가 됩니다(민법 제860조).

　사후 수정으로 출생한 자녀에게 사망한 아버지에 대한 상속권도 인정할 것인가에 대해서는 아직 정립된 판례나 학설은 없습니다. 이에 대해서는 크게 2가지 견해가 있습니다. 먼저, 상속권을 인정할 수 없다는 견해가 있습니다. 이를 인정할 경우 상속법상 법률관계가 불안정해지기 때문입니다. 반면, 사후 수정으로 출생한 자녀와 정자 제공자 사이에 친생자 관계가 인정된다면 상속권도 인정해야 한다는 견해도 있습니다. 개인적으로는 피상속인이 사망할 당시에는 태아로서도 존재하지 않았지만 인지 청구에 의해 친생자 관계가 인정된 이상 법적으로 피상속인의 자녀임은 틀림없고, 상속 재산 분할 후의 피인지자 등의 청구권을 규정한 민법 제1014조에 비춰볼 때, 사후 수정으로 출생한 자녀도 이에 준하는 상속권을 갖는다고 봄이 타당하다고 생각됩니다.

Q 07

상속 결격자의 배우자가
상속받을 수 있나요?

저희는 3형제로, 아버지가 돌아가시기 전에 큰형이 아버지를
모시고 살면서 병간호를 했던 시기가 있었습니다. 그런데 아버지가
돌아가시고 큰형이 이것이 아버지의 뜻이라며 내보인 유언서에는
아버지의 모든 재산을 큰형에게만 준다는 내용이 적혀 있었습니다.
다행히 어머니가 아버지의 진짜 의사를 알고 계셨고, 큰형이 아버지의
인감 등을 갖고 유언서를 위조했다는 사실이 밝혀져서 유언서 건은
무마가 되었습니다. 그런데 이번에는 젊었을 때 이혼하고 혼자 살던
큰형이 갑자기 재혼을 했다면서 여자분을 데리고 왔습니다. 두 분은
이미 혼인 신고까지 한 법적 부부라고 하면서요.

　이런 경우 큰형의 새 형수님이 저희 아버지의 상속인이 된다고
하는데 그것이 가능한 일인가요? 얼굴도 모르는 여자분이 갑자기
나타나 아버지의 상속인이 된다고 하니 저희 형제들로서는
받아들이기 힘든 상황입니다.

이은영 변호사

대습상속 제도를 고려해야 합니다

의뢰인의 큰형은 유언서 위조로 상속 결격자가 되었지만, 상속 결격자에게 배우자가 있는 경우에는 그 배우자가 대습상속인으로서 아버지의 상속인이 될 수 있습니다. 상속 결격이 된 후 결혼을 했다는 사정만으로는 결론이 달라지지는 않을 것 같습니다.

우리 민법은 크게 2가지 사유로 상속 결격이 될 수 있음을 규정하고 있습니다(민법 제1004조). 첫째, 피상속인이나 그와 밀접한 관계에 있는 사람에 대한 살해 등 생명 침해를 했을 경우, 둘째, 피상속인의 유언의 자유를 방해하는 경우입니다.

의뢰인이 질문한 내용처럼 큰형이 피상속인인 아버지의 유언서를 위조한 경우라면 민법이 정한 상속 결격 사유에 해당하고(민법 제1004조 제5호), 그러한 행위를 한 사람은 상속인이 될 수 없습니다. 그런데 여기서 고려해야 할 것이 대습상속 제도입니다. 대습상속이란 상속인이 될 자가 상속을 받지 못하게 되는 경우에 다른 사람이 그 상속인을 대신해 상속을 받게 되는 것을 말합니다. 원래 상속인이 상속을 받는 것을 '본위 상속'이라 하고, 그를 대신해 상속을 받는 것을 '대습상속'이라고 합니다.

구체적으로 민법은 상속인이 될 직계 비속 또는 형제자매가 상속 개시 전에 사망하거나 결격자가 된 경우에 그 '직계 비속'이 있는 때에는 그 직계 비속이 사망하거나 결격자의 순위에 갈음해 상속인이 됨을 규정하고 있습니다(민법 제1001조). 본래 상속인이 될 자의 '배우자'도 대습상속인이 될 수 있습니다(민법 제1003조 제2항). 대습상속이 되면 대습상속인은 피대습인(본래의 상속인)이 상속받았을 상속분을 상속받게 됩니다. 만일 피대습인에게 배우자와 자녀가 모두 있었다면 그들이 공동 상속인이 됩니다.

1997년 KAL기 추락 사고와 상속 논란

이러한 대습상속 제도에 관해 큰 논란이 된 사건이 과거에 있었습니다. 1997년 KAL기 추락 사고와 관련된 사건입니다. 이 사건에서 피상속인이 그 처와 아들, 딸 및 그 자녀와 함께 비행기 사고로 모두 사망했는데, 그에게는 다른 직계 존속이나 직계 비속은 없었고 딸의 남편인 사위와 형제들만 있었습니다. 이때 사위와 형제들 중 누가 상속인이 될 것인지가 쟁점이었는데, 대법원이 사위의 대습상속을 인정해 결국 형제들이 아닌 사위가 피상속인의 전 재산을 상속받은 사례가 있었습니다(대법원 2001. 3. 9. 선고 99다13157 판결). 이 사건에서는 대습상속의 요건으로서 '상속 개시 전에 사망했는가'가 쟁점이었는데, 대법원은 피상속인과 그 직계 비속이 동시에 사망한 것으로 추정되는 경우에도 대습상속을 인정할 수 있다고 봤습니다.

상속 결격자와 대습상속

의뢰인의 경우, 대습상속의 요건으로서 '상속 결격자가 된 경우'에 해당한다고 볼 수 있고, 따라서 그러한 상속 결격자에게 직계 비속이나 배우자가 있다면 그들이 상속 결격자를 대신해 대습상속을 받게 된다고 볼 수 있습니다.

　다만 상속 결격이 된 후 자녀를 출생하거나 입양을 한 경우, 또는 상속 결격이 된 자가 그 후 혼인한 경우에 그 배우자가 대습상속을 할 수 있는지는 문제가 될 수 있고, 의뢰인이 가장 궁금해할 부분인 것 같습니다. 이에 대해서 아직 명확한 판례는 없습니다. 상속 결격자가 의도적으로 자녀를 만들고 혼인하는 방법으로 실질적으로 상속을 받게 되는 결과를 조장할 우려가 있어 반대하는 일부 학설도 있습니다만, 다수설은 이 경우에도 상속 결격자의 자녀나 배우자가 대습상속을 받는 것을 긍정하고 있습니다. 물론 피대습인이 사망한 후 그 배우자가 피상속인의 사망 당시에 이미 다른 사람과 재혼했다면 피대습인과의 인척 관계는 소멸되므로 그는 더 이상 대습상속을 받을 수 없습니다.

Q 08

죽은 아들의 재산을 낙태한
며느리도 상속받게 되나요?

저희는 교통사고로 아들을 잃은 부부입니다. 아들은 대학
졸업 후 직장 생활을 하다가 결혼했고, 얼마 전에는 며느리의
임신 소식까지 전해주었습니다. 저희 부부는 그렇게 아들을 잘 키워
결혼시키고 손자를 보게 되는 기쁨에 남부러울 것이 없었습니다.
그런데 청천벽력처럼 아들의 사고가 있었고, 너무나 엄청난 일에
아내는 정신을 잃고 몸져누웠습니다. 저 또한 갑작스럽게 닥친 일
앞에 그냥 멍하기만 했습니다. 그렇게 제가 정신없이 사고를
수습하고 있는데, 사돈이 저에게 문자로 며느리의 낙태 사실을
알려왔습니다. 아직 젊은 딸이 남편 없이 혼자 아이를 키우며 사는 걸
볼 수 없어 내린 결정이니 이해해달라는 것이었습니다.

사고를 수습하는 동안에도 내내 며느리를 걱정하던 저는 며느리가
저희 부부와 아무 상의도 하지 않고 그러한 결정을 해버린 것이
한편으로 이해는 되면서도 마음으로 받아들이기는 어려웠습니다.

이제 아들이 남긴 재산을 정리할 일만 남았는데 아들의 재산을 누가 상속받게 되는지 궁금합니다. 아들이 남긴 재산으로는 결혼할 때 저희 부부가 마련해준 아파트가 있고, 교통사고 가해자와는 배상금을 합의하는 중입니다.

A 백수현 변호사

낙태한 며느리는 상속 자격이 없습니다

결론부터 이야기하자면 사망한 아들의 부모, 즉 의뢰인만 상속권자이고, 사망한 아들의 처인 며느리는 상속 자격이 없습니다. 따라서 의뢰인이 아들에게 마련해준 아파트, 교통사고 배상금 모두 의뢰인이 상속받게 됩니다. 그렇다면 처가 사망한 남편의 재산을 상속받지 못하는 이유는 무엇일까요?

배우자의 상속권에 대해

민법 제1000조는 상속 순위를 정하고 있는데, 사망한 자의 배우자는 피상속인에게 직계 비속이 있으면 직계 비속과 공동으로, 직계 비속이 없으면 직계 존속과 공동으로, 직계 비속도, 직계 존속도 없다면 단독으로 상속받도록 되어 있습니다. 물론 여기서 배우자는 혼인 신고를 한 배우자를 말합니다. 사망한 자와 혼인 신고를 한 배우자는 무조건 상속을 받게 되는 것입니다. 혼인 신고를 언제 했는지는 전혀 상관없습니다. 사망 전날 혼인 신고를 한 경우에도 상속권이 있습니다.

그렇다면 사례에서도 처가 사망한 남편과 혼인 신고를 했다면 당연히 상속권이 인정되어야 하겠지요. 그런데 여기서 문제는 처가 임신 중이었다는 사실입니다. 처뿐만 아니라 남편이 사망할 때 처가 임신한 태아에게도 상속권이 있습니다. 만약 처가 낙태를 하지 않고 출산했다면 태어난 아이와 함께 사망한 남편의 재산을 공동으로 상속하게 되는 것이지요. 하지만 처가 남편이 사망한 이후에 출산을 포기하며 낙태를 했고, 실제로도 법원에서 이와 같은 안타까운 사안을 판단한 적이 있습니다. 1심과 2심은 낙태한 처의 손을 들어줘 상속권이 있다고 판단했지만, 대법원은 상속 자격을 보다 엄밀히 살펴 낙태한 처에게 상속 자격이 없다고 판단했습니다. 태아를 낙태한 행위가 민법 제1004조에서 정하는 상속 결격 사유에 해당한다고 본 것입니다.

상속 결격 제도에 대해

우리 민법은 제1004조에 상속 결격 제도를 두고 있는데, 이는 상속인이 법에서 정하고 있는 일정한 행위를 했을 때 당연하게 상속 자격을 박탈하는 제도입니다. 직계 존속, 피상속인과 그 배우자, 상속의 선순위나 동순위에 있는 자를 살해하거나 살해하려고 한 자, 직계 존속, 피상속인과 그 배우자를 상해해 사망에 이르게 한 자는 이 규정에 따라 당연하게 상속 자격을 잃게 되는 것이지요.

사례에서 태아는 만약 태어났다면 엄마와 같은 순위로 재산을 상속받을 수 있는, 엄마와 동순위의 상속인입니다. 그러니 의뢰인의 며느리는 낙태를 함으로써 동순위의 상속인을 살해한 것이지요. 하지만 처의 입장에서 생각해보면 결혼하고 얼마 지나지 않아 교통사고로 남편이 갑작스럽게 죽었는데 그 충격이 얼마나 컸을까요. 혼자 아이를 키우기가 막막했을 것이고, 태어나 아빠도 못 보고 자랄 아이가 걱정도 되었을 것입니다.

법원 역시 이와 같은 점을 안타깝게 생각했던 것으로 보입니다. 앞선 예시에서 1심과 2심이 처가 더 많은 재산을 상속받으려고 낙태한 게 아니어서 상속 결격 사유에 해당하지 않는다고 판단한 것은 그런 이유가 아닐까 짐작해봅니다. 하지만 결론적으로 대법원은 다르게 판단했습니다. 동순위 상속인인 태아를 낙태한 사실만으로 상속 결격 사유에 해당한다고 판단한 것이지요. 결국 대법원 판례에 따르면 의뢰인의 며느리도 낙태함으로써 상속인 자격을 잃게 되는 것입니다.

상속 순위 및 상속인의 결격 사유

• 민법 제1000조(상속의 순위)

　① 상속에 있어서는 다음 순위로 상속인이 된다.

　　1. 피상속인의 직계비속

　　2. 피상속인의 직계존속

　　3. 피상속인의 형제자매

　　4. 피상속인의 4촌 이내의 방계혈족

　② 전항의 경우에 동순위의 상속인이 수인인 때에는

　　최근친을 선순위로 하고 동친 등의 상속인이

　　수인인 때에는 공동상속인이 된다.

　③ 태아는 상속 순위에 관하여는 이미 출생한 것으로 본다.

• 민법 제1004조(상속인의 결격사유)

　다음 각 호의 어느 하나에 해당한 자는 상속인이 되지 못한다.

　① 고의로 직계존속, 피상속인, 그 배우자 또는 상속의

　　선순위나 동순위에 있는 자를 살해하거나 살해하려한 자

　② 고의로 직계존속, 피상속인과 그 배우자에게

　　상해를 가하여 사망에 이르게 한 자

　③ 사기 또는 강박으로 피상속인의 상속에 관한

　　유언 또는 유언의 철회를 방해한 자

　④ 사기 또는 강박으로 피상속인의 상속에 관한

　　유언을 하게 한 자

　⑤ 피상속인의 상속에 관한 유언서를 위조·변조·파기

　　또는 은닉한 자

남편 몰래 외도한 부인에게도 상속 자격이 있나요?

저희 어머니는 아버지의 외도 문제로 이혼하셨습니다. 아버지는
이혼 후 곧바로 재혼하셨고, 몇 년간 저희와 연락을 끊고 지냈습니다.
그런데 몇 달 전 아버지가 암으로 투병 중인 사실을 알게 되었고,
저는 아버지가 돌아가실 때까지 병원에서 간병했습니다. 제가
아버지를 간병하는 동안 아버지와 재혼한 여성은 병원에 나타나지도
않았습니다. 장례도 제가 치렀고, 재혼한 처는 장례식장에도 잠깐
얼굴만 내밀고 바로 돌아갈 정도로 배우자 역할을 전혀 하지
않았습니다. 해도 해도 너무하다고 생각하고 있는데, 친척 중
한 명이 장례식장 주차장에서 아버지의 처가 다른 남자와 차 안에
다정하게 있는 현장을 목격하고 저에게 귀띔을 해주었고, 그 말을
듣고 주차장으로 갔다가 저도 아버지 처의 불륜 현장을 목격했습니다.
문제는 아버지가 재혼한 처의 외도 사실을 모르고 전 재산을 재혼한
처에게 준다는 유언을 남기고 돌아가셨다는 겁니다.

아버지의 처는 장례식장에서부터 유언장을 언급하며 상속은 꿈도
꾸지 말라고 장례식장을 소란스럽게 만들었는데요.
정말 아버지 유언대로 외도한 처한테 전 재산이 상속되는 걸까요?
기가 찰 노릇입니다.

백수현 변호사

A

외도 사실을 숨겼어도
상속 자격이 있습니다

결론적으로 외도 사실을 숨긴 처도 상속 자격이 있고, 적법한 요건을
갖추었으면 외도한 처에게 전 재산을 남기는 유언도 유효합니다. 자녀
들 입장에서는 말 그대로 정말 기가 찰 노릇이지요.

　민법 제1000조는 상속 순위를 정하고 있는데, 사망한 자의 배우자
는 피상속인에게 직계 비속이 있으면 직계 비속과 공동으로, 직계 비
속이 없으면 직계 존속과 공동으로, 직계 비속도, 직계 존속도 없다면

단독으로 상속받도록 되어 있습니다. 즉, 사망한 자와 혼인 신고를 한 배우자는 무조건 상속을 받게 되는 것입니다. 혼인 신고를 언제 했는지는 전혀 상관없습니다. 사망 전날 혼인 신고를 한 경우도 상속권이 있습니다. 따라서 아버지와 재혼한 처는 유언이 없더라도 상속분만큼은 당연히 상속받을 수 있습니다.

그런데도 아버지는 자신이 죽은 후 혼자 남게 될 재혼한 처를 위해 자신의 전 재산을 처에게 준다는 유언을 남긴 모양입니다. 처가 원했을 수도, 그런 처와 다투기 싫어 원하는 대로 해주었을 수도 있겠지요. 아버지가 돌아가셨으니 물어볼 수는 없지만, 처의 외도 사실을 알고도 과연 이러한 유언을 남겼을까요? 재혼한 처가 자신 몰래 외도한 사실을 알았다면, 병원에 오지 않은 이유가 전처 자녀와 마주치는 걸 피하기 위해서가 아니라 외도하느라 그랬다면, 아마도 사례와 같은 유언을 남기지 않았으리라 짐작됩니다. 또한 유언은 언제든지 자유롭게 철회할 수 있으니 외도 사실을 알았다면 분명히 철회했을지도 모릅니다. 하지만 재혼한 처의 외도 사실을 몰랐던 아버지는 전 재산을 처에게 준다는 유언을 그대로 남기고 돌아가신 거지요. 그렇지만 단지 억울하다고 유효한 유언을 무효라고 할 수는 없습니다. 유언의 요건을 따져서 형식상으로 문제가 없다면 유언 자체가 무효가 되지는 않는다는 겁니다.

상속 결격 제도의 맹점

그래도 자녀들 입장에서는 어떻게든 유언이 집행되는 걸 막아보고 싶을 텐데요. 여기서 생각해볼 수 있는 것이 상속 결격 제도입니다.

사례처럼 부정한 행위를 한 자가 이 사실을 배우자에게 알리지 않아 자신에게 유리한 유언을 하게 한 경우, 민법 제1004조 제4호 '사기로 상속에 관한 유언을 하게 한 경우'에 해당하지 않을까 생각해볼 수도 있겠지요. 남편 모르게 바람을 피워놓고 안 피운 것처럼 속여 자신에게 유리한 유언을 하게 했으니 언뜻 사기에 해당하는 것처럼 보이기도 하니까요.

그런데 결론적으로 우리 법원은 자신의 부정행위를 남에게 알릴 의무는 없다고 판단하고 있습니다. 배우자에게도 마찬가지입니다. 배우자에게 "사실은 나 바람피웠어"라고 고백할 의무가 없는데, 고백하지 않았다고 사기라고 할 수도 없고, 상속 자격이 박탈된다고 볼 수도 없다는 것입니다.

사례를 바꿔서 아버지가 재혼한 아내에게 전 재산을 상속하는 내용으로 유언장을 작성한 사실을 알고 전처 아들이 아버지한테 새엄마가 바람을 피운다고 속여 기존의 유언을 철회하게 한 때는 어떻게 될까요? 그런데 우리 민법은 사기로 유언을 하게 한 경우만 상속 결격 사유로 정하고 있고, 사기로 유언을 철회하게 한 경우는 정하고 있지 않습니다. 좀 이상하지요? 이 부분은 입법을 통해 해결할 부분입니다. 결국 아직까지는 남편을 속여 유리하게 유언을 하게 한 부인, 아버지를 속여 유언을 철회하게 한 아들, 모두 상속 자격이 있습니다. 의뢰인에게는 안타까운 결론이네요.

부양 의무를 저버린 부모도 상속받을 수 있나요?

전남편은 자녀들이 3살과 5살일 때 집을 나갔습니다. 저는 몇 년 뒤 전남편과 이혼하고 양육비도 못 받은 채 식당 일을 하며 힘들게 자녀 둘을 키웠습니다. 자녀들이 대학을 졸업하고, 좋은 회사에 취직도 하고, 이제 살 만하다 싶었는데, 작은아이가 희귀난치병 진단을 받았고 얼마 전 사망했습니다. 저는 지금까지도 정신을 추스르지 못하고 있는데, 보험 회사에서 전화가 왔습니다. 제가 자녀들이 어릴 때 가입해서 보험료를 내온 보험이 있는데, 전남편이 그걸 어떻게 기억하고 보험 회사에 사망 보험금을 찾으러 간 모양입니다. 보험 회사에서는 사망 보험금의 수익자가 법정 상속인으로 되어 있어서 저와 전남편이 같이 와야 보험금을 지급할 수 있다고 합니다. 자녀들이 자랄 때 양육비 한 번 안 주고 외면해온 사람이 무슨 염치로 자식의 사망 보험금까지 받겠다는 것인지 정말 어이가 없습니다. 정말 법이 그런가요. 막을 방법은 없는지요.

부양 의무를 다하지 않아도 상속받습니다

안타깝지만 아직은 법적으로 자녀들을 부양하지 않은 친부에게도 상속권이 인정됩니다. 그래서 자녀의 사망 보험금을 받을 수 있는 것이지요. 자녀가 배우자와 자녀 없이 사망한 경우 직계 존속, 즉 부모가 상속인이 되고 이혼한 부모도 상속권을 갖게 됩니다. 문제는 부모가 자식에 대한 부양 의무를 이행하지 않았거나 유기·학대한 경우에도 상속을 인정할 수 있느냐 하는 것입니다.

이와 유사한 사례로 얼마 전 유명 연예인의 오빠가 법 개정을 요구하며 올린 청원 글이 화제가 되기도 했었지요. 어릴 때 집을 나가 20년 넘게 찾아오지 않은 친모가 동생이 죽은 후 나타나 동생 재산의 반을 요구하고 있다며 '자식을 버린 부모의 상속권을 박탈'할 수 있도록 법을 개정해야 한다는 내용이었습니다. 과거 4·16 세월호 참사 때도 자녀의 사망 보험금이나 보상금을 노리고 나타난 부모들이 논란을 일으킨 적이 있었습니다.

지금껏 이렇게 사회적으로 공분을 일으킨 일들은 많았지만, 현행법에는 부양 의무를 다하지 않은 부모의 상속권을 제한하는 규정이 없습니다. 자녀에게 부모로서 책임을 다하지 않은 부모도 자녀 재산에 상속권이 있어서 사례처럼 자녀들이 어릴 때 집을 나가 자녀들을 돌보지 않은 친부도 자녀의 사망 보험금을 받게 되는 것이지요.

구하라법, 나쁜 부모 먹튀 방지법의 통과를 바라며

물론 이러한 문제를 해결하기 위해 법률 개정이 필요하다는 논의는 계속 있었습니다. 비교적 최근인 2019년에는 이와 같은 문제를 개선하기 위해 이른바 '나쁜 부모 먹튀 방지법'이 발의되기도 했습니다. 개정안에는 ❶상속인의 결격 사유를 확대해 부모가 자신에게 책임 있는 사유로 3년 이상 자녀에 대한 부양 의무를 이행하지 않거나 면접 교섭을 하지 않은 경우 상속인이 될 수 없도록 하고, ❷피상속인을 부양했거나 상당한 기간 동거 및 간호한 경우에 한해 상속 재산 중 일부를 특별 기여분으로 청구할 수 있는 '특별 기여분 제도'를 새로 만들고, ❸상속 결격 사유에 해당하지는 않지만, 상속인임에도 불구하고 피상속인에 대해 범죄 행위를 하거나 부양 의무를 게을리하는 등의 사유가 있는 사람에 대해 공동 상속인이 가정 법원에 상속분의 감액 청구를 할 수 있도록 하는 내용이 담겨 있습니다.

이러한 내용의 개정안이 통과된다면 그때, 사례에 나온 친부는 상속권을 박탈당하거나 상속분이 상당히 감액될 수 있을 것입니다. 그런데 안타깝게도 지난 국회에서 상속 전반에 관한 문제를 살펴야 한다는 이유로 구하라법은 통과되지 못했습니다. 그 대신 얼마 전 소방관 딸이 순직하자 32년 만에 나타나 유족 급여를 받아간 생모에 대해 법원이 과거에 지급하지 않았던 양육비를 지급하라고 판결했습니다. 새로운 국회에서 이러한 국민 정서에 부합하는 법안이 빨리 통과되기를 기대해봅니다.

Q 11

이혼 소송 중 한쪽 배우자가 사망하면 상속은 어떻게 되나요?

저의 어머니는 새아버지와 재혼 부부로 두 분 사이에 자녀는 없고 각각 전 배우자 사이에 자녀만 두고 30년을 사셨습니다. 새아버지는 30년간 외도, 폭언, 폭행 등 온갖 잘못을 저질러 어머니를 힘들게 했으며, 생활비도 잘 주지 않으면서 어머니를 경제적으로 압박했습니다. 그래도 어머니는 또다시 이혼할 수 없다는 생각에 꿋꿋이 버티셨습니다. 그러던 어느 날, 건강 이상 증세로 병원을 찾았다가 암 진단을 받게 되었습니다. 어머니는 암 투병 중에도 계속되는 새아버지의 무관심과 소홀함에 큰 상처를 받았고, 모든 재산이 새아버지의 명의로 되어 있어서 만약 자신이 먼저 죽으면 저한테 물려줄 것이 없다는 생각에 이혼을 결심하고 소송을 제기했습니다. 다행히 어머니는 1심에서 승소해 위자료 5,000만 원과 재산 분할로 총 재산의 50%를 받게 되었습니다.

그러자 아나나 다를까 새아버지가 항소했고, 그렇게 소송 기간이 길어지면서 어머니는 암 투병 중에 그만 돌아가시고 말았습니다.
이런 경우 제가 어머니의 위자료와 재산 분할을 상속받을 수 있는지
궁금합니다.

A 백수현 변호사

이혼 소송 중 한쪽 배우자가 사망한 경우 재산 분할 청구권은 상속되지 않습니다

의뢰인은 어머니의 새아버지에 대한 재산 분할 청구권은 상속받을 수
없습니다. 하지만 위자료 청구 채권은 상속되므로, 의뢰인은 새아버지
로부터 위자료를 받을 수는 있습니다. 이혼 소송 중 당사자 한쪽이 사
망하면 이혼 소송은 종료되며, 이혼을 전제로 하는 재산 분할 청구 역
시 유지할 이익이 상실되어 그 절차가 종료됩니다. 즉, 이혼 소송 중
한쪽이 사망하면 재산 분할 청구권은 상속되지 않습니다. 다만, 혼인

관계가 이미 해소된 경우에는 ❶재산 분할에 관한 소나 조정이 제기된 경우, ❷재산 분할 청구권을 행사할 의사를 외부적으로·객관적으로 표시한 경우 재산 분할 청구권의 상속성이 인정될 수 있습니다.

협의 이혼 후 재산 분할 소송 중에 한쪽 배우자가 사망하는 경우

의뢰인의 경우처럼 어머니가 사망한다면 의뢰인이 소송을 수계해 재산 분할을 받을 수 있고, 반대로 새아버지가 사망한다면 의뢰인의 어머니는 새아버지의 자녀들을 상대로 소송을 계속 진행해 재산 분할을 받을 수 있습니다. 즉, 재산 분할 청구권, 재산 분할 의무가 모두 상속됩니다. 대법원은 사실혼 관계의 당사자 중 한쪽이 의식 불명이 된 상태에서 다른 한쪽이 사실혼 관계의 해소를 주장하면서 재산 분할 심판 청구를 한 사안에서 다음과 같이 판시한 바 있습니다.

「사실혼 관계는 상대방의 의사에 의하여 해소되었고 그에 따라 재산 분할 청구권이 인정되며, 이 사건 재산 분할 심판 청구 이후 일방 당사자인 소외인이 사망하였으므로 그 상속인들에 의한 수계를 허용해야 한다.」

협의 이혼 후 재산 분할을 청구하지 못한 상태에서
새아버지가 사망하는 경우

의뢰인의 어머니는 새아버지의 자녀들을 상대로 제척 기간인 2년 안에 재산 분할을 청구할 수 있습니다. 법원도 「이혼 후 2년이라는 재산 분할 청구권 제척 기간 내라면 상대방 또는 상대방의 상속인들을 상대로 언제든지 재산 분할을 청구할 수 있다」고 판단했습니다.

협의 이혼 후 재산 분할 청구를 하지 않은 상태에서
어머니가 치료 중 사망하는 경우

의뢰인의 어머니가 재산 분할 청구권을 행사할 의사를 외부적으로·객관적으로 표시한 경우가 아니라면 의뢰인은 새아버지를 상대로 재산 분할을 청구할 수 없습니다. 어머니가 청구하지 않은 재산 분할 청구권을 자녀인 의뢰인이 청구할 수 없다는 의미입니다.

의뢰인의 어머니는 남편보다 이른 죽음을 예감하고 남편으로부터 자신의 몫을 찾아 자녀인 의뢰인에게 조금이라도 물려주려고 투병 중에도 어렵게 이혼을 결심하고 소송을 제기했을 것입니다. 하지만 항소심 재판 중에 사망해 결국 의뢰인은 재산 분할 청구권을 상속받지 못했는데요. 의뢰인은 새아버지의 상속권자도 아니어서 새아버지로부터도 상속받지 못하게 되니 두 분 모두 참으로 안타까운 결론입니다.

입양된 경우 상속분은
어떻게 되나요?

저는 2남 1녀 중 차남으로 태어났습니다. 자녀가 없는 큰아버지를
안타깝게 생각하시던 저의 아버지는 제가 어릴 때 저를 큰아버지의
양자로 보냈고, 그 일로 어머니와 이혼을 하게 되었습니다.

그런데 큰아버지는 제가 대학생일 때 큰어머니 몰래 바람을 피우다가
혼외자를 낳아 집으로 데리고 들어오셨고, 그 사실을 알고 큰 충격을
받은 큰어머니는 큰아버지와 이혼을 하셨습니다. 그 후 큰아버지와
저의 아버지는 함께 차를 타고 놀러 다녀오시다가 교통사고로 두 분이
한꺼번에 갑자기 돌아가셨습니다. 큰아버지에게는 운영하던 공장과
집이 있는데, 저는 혼외자와 큰아버지의 재산을 나누어 가져야 하나요?

그리고 제가 큰아버지에게 입양이 되었어도 아버지의 집과 논을
상속받을 수 있나요?

친자와 양자의 상속분은 동일합니다

큰아버지의 공장과 집은 공동 상속인인 의뢰인과 혼외자가 1/2씩 상속받게 되고, 아버지의 집과 논은 입양된 의뢰인을 포함한 2남 1녀, 즉 3명의 자녀들이 1/3씩 균분해서 상속받게 됩니다.

우리 민법은 동순위 상속인의 상속분은 동일한 것으로 정하는 균분 상속제를 채택하고 있는데, 1순위 상속인 중 혼생자와 혼외자의 상속분도 동등하고, 부모가 같은 자녀와 부모 일방이 다른 자녀(이성동복, 동성이복)의 상속분도 모두 동일하며, 양자와 친자의 상속분도 동일합니다. 2순위 상속인 중 친생부모와 양부모의 상속분도 동등하고, 조부모와 외조부모의 상속분도 동등하며, 3순위인 형제자매 중 동성이복형제, 이성동복형제 등의 상속분도 동등합니다.

배우자의 상속분은 직계 비속 또는 직계 존속과 공동으로 상속하는 경우 그들의 상속분에 5할을 가산하는데, 배우자의 상속분은 공동 상속인의 수에 따라 정해지고, 생존 배우자는 유책 배우자라 하더라도 상속권을 취득합니다.

혼인에 무효 사유가 있는 경우 생존 배우자에게 상속권이 없는 반면, 혼인에 취소 사유가 있는 경우에는 혼인이 취소되기 전까지는 생존 배우자에게 상속권이 있습니다. 따라서 중혼 배우자의 경우 혼인이 취소되기 전까지는 상속인의 자격을 갖는데, 중혼 배우자와 전혼 배우자의 상속분이 어떻게 책정되어야 하는지에 관해 대법원은 민법 제1009조 제2항의 상속분을 1/2씩 나누어 갖는다는 입장입니다(대법원 1996. 12. 23. 선고 95다48308 판결).

상속인이 모두 사망한 경우 대법원은 그들의 직계 비속이 대습상속을 한다는 입장으로, 이때의 상속분은 직계 비속들이 사망한 상속인의 상속분을 균분해 상속받게 됩니다. 반면, 피상속인의 자녀들이 모두 상속을 포기한 경우에는 피상속인의 손자녀가 본위 상속을 하게 됩니다.

사례에서 우선 1순위 상속인인 직계 비속의 경우 양자든 친자든 상속분이 동등하고, 혼생자와 혼외자의 상속분도 동일하므로 큰아버지의 상속 재산은 양자인 의뢰인과 혼외자가 동등하게 1/2씩 상속받게 됩니다. 다음으로 양자의 경우에는 친부모와 양부모 모두에게서 상속을 받게 되므로, 입양된 의뢰인의 경우는 아버지의 재산도 상속받게 되고, 상속분도 나머지 자녀들과 동등하므로, 아버지의 재산은 2남 1녀 자녀들이 각 1/3씩 상속받게 됩니다.

Q 13

중혼 배우자도 재산을 상속받을 수 있나요?

남편은 일본에 거주하는 재일 교포로 고향인 제주도를 왕래하다가 저를 만나 연애를 했고, 저희는 한국에 혼인 신고를 하고 아들도 낳았습니다. 남편이 사망한 후 저와 아들이 남편 명의로 된 집을 상속받았습니다. 그런데 남편 사망 후 일본에 거주하는 한 재일 교포 여성이 남편이 저와 혼인하기 전 이미 일본에서 자신과 혼인 신고를 하고 자녀도 3명이나 낳았다고 주장하면서 남편과 저의 혼인은 중혼이므로 취소되어야 한다며 혼인 취소 소송을 제기했습니다. 한국 법원은 그 여성이 제기한 소송에서 저와 남편의 혼인이 중혼이라는 이유로 취소하라는 판결을 선고했고, 그 판결은 확정되었습니다. 그러자 그 여성은 제가 상속받은 상속 재산을 반환하라고 요구하고 있습니다. 정말로 저는 남편의 재산에 대한 상속권이 없나요?

A 이미숙 변호사

중혼 배우자도
상속받을 수 있습니다

남편이 일본에서 일본의 법률이 정하는 방식에 따라 적법하게 혼인 신고를 마쳤다면 그 혼인은 성립된 것이고, 그 후 의뢰인과 남편이 한국에서 혼인 신고한 것은 중혼으로 혼인 취소 사유가 존재합니다. 그러나 중혼으로 혼인이 취소되기 전까지는 중혼 배우자도 상속권이 있고, 남편 사망 당시 혼인은 취소되지 않았으므로 공동 상속인은 전혼 배우자, 중혼 배우자, 자녀 4명입니다. 그리고 전혼 배우자와 중혼 배우자는 남편의 재산에 대해 배우자 상속분의 1/2씩을 나누어 갖게 되므로, 자녀들은 각 2/11씩, 중혼 배우자와 전혼 배우자는 3/22씩을 나누어 갖게 됩니다.

　민법 제1009조 제2항은 「피상속인의 배우자의 상속분은 직계비속과 공동으로 상속하는 때에는 직계비속의 상속분의 5할을 가산하고, 직계존속과 공동으로 상속하는 때에는 직계존속의 상속분의 5할을 가산한다」고 규정하고 있습니다. 따라서 배우자의 상속분은 공동 상속인의 수에 따라 상대적으로 정해지고, 생존 배우자는 유책 배우자라 하더라도 상속권을 취득하게 됩니다.

혼인 무효와 혼인 취소의 차이

혼인의 무효 사유가 있는 경우 무효인 혼인은 처음부터 무효이고, 판결에 의해 비로소 무효가 되는 것은 아니기 때문에 무효인 혼인의 생존 배우자는 상속권이 없습니다. 반면, 혼인 취소 사유가 있는 경우 혼인 취소는 법원에 청구해야 하고 혼인 취소의 효력은 소급되지 않기 때문에 혼인 취소가 확정되기 전까지 취소 사유가 있는 혼인의 생존 배우자는 상속권이 있습니다.

중혼은 혼인 무효가 아니라 혼인 취소 사유이고, 따라서 중혼 배우자는 혼인이 취소되기 전까지는 배우자로서 상속권이 있습니다. 이 경우 중혼 배우자와 전혼 배우자의 상속분이 어떻게 책정되어야 하는지가 문제입니다. 학설은 중혼 배우자와 전혼 배우자가 각각 민법 제1009조 제2항의 상속분을 갖는다는 견해와 각 배우자가 민법 제1008조 제2항의 상속분을 1/2씩 나누어 갖는다는 견해가 대립하는데, 대법원은 각 배우자가 민법 제1008조 제2항의 상속분을 1/2씩 나누어 갖는다고 판단했습니다(대법원 1996. 12. 23. 선고 95다48308 판결). 따라서 중혼 배우자와 전혼 배우자는 민법 제1009조 제2항의 배우자 상속분의 1/2씩을 나누어 갖게 됩니다.

사례의 경우도 혼인 중 배우자 일방이 사망해 생존 배우자가 상속을 받은 후 혼인이 취소되어도 그 전에 이루어진 상속 관계가 소급하여 무효라거나 또는 그 상속 재산이 법률상 원인 없이 취득한 것은 아니므로 중혼 배우자는 남편의 재산에 대한 상속권이 있고, 이미 상속받은 재산이 자신의 상속분을 초과하지 않는다면 반환할 필요가 없습니다.

Q 14

제3자에게 넘어간 상속분을 되찾고 싶습니다

아버지가 돌아가신 후 장남인 저는 아버지 소유인 선산, 시골집, 논 등을 저희 7형제가 1/7씩 공동 상속하자고 했으나, 아직 상속 재산 분할 협의를 마치지는 못했습니다. 그러던 중 막내는 사업이 어려워 돈이 급하게 필요하다며 선산의 임야 중 자신의 상속분에 해당하는 1/7을 다른 사람에게 매도했고, 둘째는 아버지의 상속 문제에 신경을 쓰고 싶지 않다며 평소 자신을 도와준 지인에게 무상으로 상속분을 양도해버렸습니다. 저를 비롯한 나머지 형제들은 아버지의 선산을 지키기 위해 제3자들에게 넘어간 임야의 지분을 다시 양수하고 싶어 합니다. 이것이 가능할까요?

이미숙 변호사

'상속분의 양도' 여부를 확인합니다

사례에서 막내가 상속 재산인 임야 중 자신의 상속분을 양도한 것은 민법 제1011조 제1항에 규정된 '상속분의 양도'에 해당하지 아니하고, 상속받은 임야에 관한 공유 지분을 양도한 것에 불과하므로 다른 형제들은 막내로부터 임야의 상속분을 양수한 자로부터 그 지분을 다시 양수할 수 없습니다.

그러나 둘째 자녀가 상속분을 지인에게 무상으로 양도한 것은 상속분 양도에 해당하므로 나머지 형제들은 양수인을 상대로 상속분의 양수권을 행사할 수 있습니다. 다만 무상으로 상속분을 양도한 경우에도 상속분의 가액과 양도비용을 상환해야 하므로 나머지 형제들은 둘째로부터 상속분을 양수한 양수인에게 양수 당시의 시가와 양수비용을 상환하고 양수를 할 수 있습니다.

상속분의 양도에 대해

민법 제1011조 제1항은 공동 상속인 중에 그 상속분을 제3자에게 양도한 자가 있는 때에는 다른 공동 상속인은 그 가액과 양도비용을 상환하고 그 상속분을 양수할 수 있다고 규정하고 있습니다. 즉, 상속인은 사적 자치의 원칙에 따라 상속 개시 후 상속 재산 분할 전까지 자신의 상속분을 자유롭게 타인에게 양도할 수 있고, 이 경우 다른 공동 상속인은 그 상속분을 양도비용을 상환하고 양수할 수 있습니다. 여기서 말하는 '상속분의 양도'란 상속 재산 분할 전에 적극 재산과 소극 재산을 모두 포함한 상속 재산 전부에 관해 공동 상속인의 포괄적 지위, 상속인 지위의 양도를 의미하므로 상속 재산을 구성하는 개개의 물건 또는 권리의 대한 개개의 물권적 양도는 이에 해당하지 않습니다(대법원 2006. 3. 24. 선고 2006다2179).

상속분의 양도에는 특별한 방식이 필요하지 않고, 구술이나 서면 중 어느 방법으로 해도 무방하며, 당사자 사이에 합의만으로도 할 수 있고, 다른 공동 상속인의 승낙이 있어야 하는 것도 아닙니다. 또한 상속분의 양도는 상속 재산에 속하는 개별 재산에 관한 권리의 이전이 아니므로 등기, 인도 등 개별 권리 변동에 필요한 요건은 필요하지 않으며 상속분의 양도에는 유상·무상을 묻지 않습니다.

상속분을 양도받은 양수인은 상속인과 같은 지위에 있게 되므로, 양도인이 갖고 있던 상속 재산 전체에 대한 지분을 그대로 취득하게 되고, 상속 재산의 관리뿐만 아니라 상속 재산의 분할을 청구할 수 있습니다. 또한 상속분의 양도에 의해 상속 채무도 양수인에게 이전되는데, 채권자의 보호를 위해 양도인도 양수인과 함께 병존적, 중첩적으로 채무를 부담하게 됩니다. 따라서 채권자는 상속분의 양도가 있더라도 양도인인 상속인과 양수인 모두에 대해 자유롭게 채무 이행을 청구할 수 있습니다.

제3자에게 넘어간 상속분을 되찾으려면

공동 상속인 중에 그 상속분을 제3자에게 양도한 자가 있는 때에는 다른 공동 상속인은 그 가액과 양도비용을 상환하고 그 상속분을 양수할 수 있는데(민법 제1011조 제1항), 상속분 양도가 상속 재산 분할 후에 이루어진 경우에는 상속분의 양도가 아니므로 상속분 양수권을 행사할 수 없습니다.

상속분 양수권은 형성권이므로 공동 상속인은 상속분의 양수인에 대해 일방적으로 양수의 의사 표시를 하면 족하고, 양수권 행사에 상대방의 승낙이나 동의는 필요 없습니다. 그러나 양수권 행사를 위해서는 양도된 상속분의 가액과 양도비용을 상환해야 하는데, 이때 가액이란 양수인이 지급한 대가가 아니라 양수권 행사 당시의 시가를 의미합니다. 따라서 상속분이 무상으로 양도된 경우라도 양수 당시의 상속분의 시가와 비용을 상환해야 합니다. 또한 양수권 행사 시 쓴 상속분의 가액과 비용은 상속분에 따라 공동 상속인이 부담하게 됩니다. 공동 상속인이 양수권을 행사하면 양도된 상속분은 양도인 이외의 공동 상속인 전부에게 그 상속분에 따라 귀속하게 되고, 상속분 양수인은 상속분을 상실합니다.

Q 15

지금이라도 친어머니의
재산을 상속받고 싶습니다

저희 어머니는 재혼 배우자였습니다. 어린 나이에 첫 번째 결혼을
하셨던 어머니는 전남편과의 사이에서 아들을 두었지만, 성격 차이를
극복하지 못하고 이혼을 하셨습니다. 이후 저희 아버지를 만나 혼인
신고는 하지 않고 살면서 저를 낳았습니다. 부모님이 혼인 신고를
하지 않았기에 저는 어머니의 가족 관계 등록부에 어머니의 딸로
등재될 수 없었습니다.

　그러다 1년 전, 어머니가 노환으로 돌아가셨습니다. 저는 진즉에
가족 관계를 바로잡지 못했던 것을 후회하면서, 어머니와 저 사이에
친생자 관계가 존재한다는 확인을 구하는 소를 가정 법원에 제기했고,
그 인용 판결이 최근 확정되었습니다. 판결 확정 후, 저는 어머니가
남겨주신 상속 재산을 뒤늦게 확인해봤는데, 어머니가 돌아가시고 난
후 6개월쯤 되었을 때 어머니의 전혼 자녀가 어머니가 갖고 계시던
아파트에 상속을 원인으로 한 소유권 이전 등기를 하고 나서

한 달 만에 제3자에게 아파트를 팔고 소유권 이전 등기까지
해준 사실을 알게 되었습니다. 저도 어머니의 딸로서 당연히 어머니의
재산을 상속받을 권리가 있다고 생각합니다. 저는 지금이라도
제 상속분을 되찾고 싶은데, 어떤 방법이 있을까요?

A 안미현 변호사

소유권 이전 등기 말소 청구의 소를 제기해 상속분을 되찾을 수 있습니다

민법 제1014조는 「상속개시후의 인지 또는 재판의 확정에 의하여 공
동상속인이 된 자가 상속재산의 분할을 청구할 경우에 다른 공동상속
인이 이미 분할 기타 처분을 한 때에는 그 상속분에 상당한 가액의 지
급을 청구할 권리가 있다」고 정하고 있습니다. 이는 종전의 공동 상속
인들이 상속 재산의 분할 또는 처분을 한 후에 인지 또는 재판의 확정

으로 공동 상속인이 사후에 추가되는 경우, 종전의 분할 기타 처분의 효력을 유지하는 대신, 추가된 공동 상속인에게는 상속분에 상당하는 가액을 반환받도록 함으로써, 상속인의 상속권을 보장함과 동시에 이해관계인들의 이익을 조정하기 위해 마련된 조항입니다. 이 조항에 따르면 공동 상속인들로부터 분할 후 상속 재산을 양수한 제3자의 권리는 보호될 수 있습니다.

모자 관계의 경우에도 당연히 민법 제1014조가 적용될까요?

사례에서 의뢰인은 어머니의 사후에 친생자 관계 존재 확인의 소를 제기해 그 인용 판결이 확정되었습니다. 그러나 그 전에 이미 다른 공동 상속인이 상속 재산인 아파트를 제3자에게 매각해버린 상태였으니, 앞서 살펴본 민법 제1014조에 따라 의뢰인은 다른 공동 상속인에게 법정 상속분 상당의 가액 반환만을 구할 수 있는 것은 아닌가가 고민되는데, 우리 대법원은 이미 다른 공동 상속인이 상속 재산을 분할 또는 처분한 이후에 피상속인과 모자 관계에 있는 상속인이 뒤늦게 나타난 경우, 그 상속분을 회복하는 방법에 대해 다음과 같이 분명하게 판단했습니다.

「민법 제860조는 본문에서 "인지는 그 자의 출생 시에 소급하여 효력이 생긴다"고 하면서 단서에서 "그러나 제삼자의 취득한 권리를 해하지 못한다"라고 하여 인지의 소급효를 제한하고 있고, 민법 제1014조는 "상속개시 후의 인지 또는 재판의 확정에 의하여 공동상속인이 된 자가 상속재산의 분할을 청구할 경우에 다른 공동상속인이 이미 분할 기타 처분을 한 때에는 그 상속분에 상당한 가액의 지급을 청구할 권리가 있다"라고 규정하고 있다.

그런데 혼인 외의 출생자와 생모 사이에는 생모의 인지나 출생 신고를 기다리지 아니하고 자의 출생으로 당연히 법률상의 친자 관계가 생기고, 가족 관계 등록부의 기재나 법원의 친생자 관계 존재 확인 판결이 있어야만 이를 인정할 수 있는 것이 아니다. 따라서 인지를 요하지 아니하는 모자 관계에는 인지의 소급효 제한에 관한 민법 제860조 단서가 적용 또는 유추 적용되지 아니하며, 상속 개시 후의 인지 또는 재판의 확정에 의해 공동 상속인이 된 자의 가액 지급 청구권을 규정한 민법 제1014조를 근거로 자가 모의 다른 공동 상속인이 한 상속 재산에 대한 분할 또는 처분의 효력을 부인하지 못한다고 볼 수도 없다. 이는 비록 다른 공동 상속인이 이미 상속 재산을 분할 또는 처분한 이후에 모자 관계가 친생자 관계 존재 확인 판결의 확정 등으로 비로소 명백히 밝혀졌다 하더라도 마찬가지이다(대법원 2018. 6. 19. 선고 2018다 1049 판결).」

판례를 정리해보면, 피상속인과 모자 관계에 있는 상속인은 '출생'으로 당연히 법률상 친자 관계가 생기는 것으로, ❶자녀의 출생 후, 그 자녀가 나의 법률상 친자임을 인정하는 절차인 '인지'에 대한 민법 조항이나(민법 제860조), ❷'상속 개시 후의 인지 또는 재판의 확정에 의하여 공동 상속인이 된 자'에 대해 정하고 있는 민법 제1014조의 적용을 받지 않게 됩니다. 따라서 피상속인과 모자 관계에 있는 상속인은 다른 공동 상속인이 재산을 분할하는 등의 처분 행위를 한 경우, 다른 공동 상속인에게 자신의 상속분만큼의 가액 반환을 구하는 것이 아니라, 자신의 정당한 소유권, 즉 자신의 상속분을 근거로 이를 침해한 행위에 대해 직접 무효를 주장할 수 있는 것입니다.

사례의 의뢰인 또한 피상속인인 어머니의 혼외자, 즉 피상속인과 모자 관계에 있는 상속인이므로 앞선 판례의 적용을 받습니다. 따라서 의뢰인은 출생 사실만으로 어머니의 재산을 상속받을 상속인이 되는 것이므로, 아파트의 매각 이후 친생자 관계 존재 확인의 소가 인용, 확정된 것은 아무 문제가 되지 않고, 의뢰인의 상속분을 되찾기 위해서는 민법 제1014조의 가액 반환 청구가 아닌, 다른 공동 상속인인 전혼 자녀와 그로부터 아파트를 매수한 제3자를 상대로 소유권 이전 등기 말소 청구의 소를 제기하면 됩니다.

혼외자도 상속을
받을 수 있나요?

저는 홀어머니 슬하에서 자랐습니다. 어머니가 과거 일에 대해
밝히기를 꺼리시는 바람에, 저는 아버지가 누구인지, 어디에
사시는지조차 알 수 없었고, 어머니에게 아버지에 관해 물을 수조차
없었습니다. 어머니는 그렇게 혼자 몸으로 저를 키우시다가 제가
군에서 제대한 직후에 지병으로 세상을 떠나셨습니다.

그러던 어느 날, 제 아버지를 알고 있다는 사람이 나타났습니다.
그간의 사연을 들어보니, 어머니는 아버지의 집안에서 결혼을 허락받지
못해 헤어져야 했는데, 당시 어머니는 이미 저를 임신 중이었다고
했습니다. 아버지는 어머니의 행방을 수소문했지만 결국 찾지 못했고,
집에서 정해주는 대로 결혼해 슬하에 1남 2녀의 자식들을 두고
지내왔는데, 최근 건강이 급격히 악화되면서 마지막이라는 심정으로
어머니와 저를 다시 찾게 된 것이라고 하셨습니다. 뜻밖의 사정에 놀란
저는 급히 아버지라고 주장하는 사람을 만나게 되었습니다.

저를 본 아버지는 하염없이 눈물을 흘리시며 어머니와 저에 대해 한참을 물으셨습니다. 이후 아버지는 저와 아버지의 부자 관계를 증명하기 위해 유전자 검사를 의뢰하셨습니다.

그런데 그 결과가 나오기도 전에 아버지는 돌아가셨고, 저는 제가 아버지의 친자라는 검사 결과를 뒤늦게 받아 볼 수 있었습니다. 아버지는 돌아가실 당시, 큰 회사를 운영하시는 상당한 재력가였습니다. 저를 찾아준 아버지의 지인은 아버지가 저에게 자신의 재산을 일부라도 물려주고 싶은 마음에 저와 어머니의 행방을 수소문한 것이라고 했습니다. 이를 들은 저는 고민 끝에 아버지 지인의 조언에 따라 유전자 검사 결과를 갖고 가정 법원에 친생자 관계 존재 확인의 소를 제기했습니다.

그런데 이것이 인용·확정되더라도 이미 아버지의 배우자와 자녀들이 상속 재산을 전부 분할·처분해버린 뒤라면, 저는 아버지 뜻과 달리 상속을 받지 못하게 되는 것은 아닌지 걱정이 됩니다. 이 경우에도 저는 상속을 받을 수 있는 것인지, 그렇다면 그 방법이 무엇인지 알고 싶습니다.

친자 관계가 맞다면
상속분을 되찾을 수 있습니다

만약 친생자 관계 존재 확인의 소가 인용·확정되기 전, 아버지의 다른 자녀들이 상속 재산을 전부 분할 및 처분해버렸다면, 의뢰인은 민법 제1014조에 따라 상속분 상당의 가액 반환을 청구하는 방식으로 상속분을 확보할 수 있습니다. 만약 친생자 관계 존재 확인의 소가 인용·확정된 후, 아버지의 다른 자녀들이 상속 재산을 전부 분할 및 처분해버렸다면, 이는 무효이므로 의뢰인은 상속 회복 청구권을 행사해 다시 자신의 상속분을 되찾을 수 있습니다.

혼인 외의 출생자가 아버지(친부)의 법률상 친자로 인정되려면?

혼인 외의 출생자와 생모 사이에는 생모의 인지나 출생 신고 없이도, 엄마가 아이를 낳음으로써 당연히 법률상 친자 관계가 발생하지만 (대법원 2018. 6. 19. 선고 2018다1049 판결), 아버지와 혼인 외의 자녀 사이에서는 친부의 '인지' 없이는 법률상 친자 관계가 발생하지 않습니다

(대법원 1984. 9. 25. 선고 84므73 판결, 대법원 1997. 2. 14. 선고 96므738 판결 등 참조). 따라서 사례에서도 아버지와 아들로서의 법률상 친자 관계가 인정되려면 의뢰인이 제기한 친생자 관계 존재 확인의 소가 인용·확정되어야만 합니다. 그래야 의뢰인이 아버지의 상속인으로 인정될 수 있습니다.

친생자 관계 존재 확인의 소가 인용·확정되면 의뢰인은 아버지의 배우자 및 다른 자녀들과 함께 공동 상속인이 되어 아버지의 뜻대로 상속 재산 중 자신의 상속분만큼을 물려받을 수 있습니다. 그런데 의뢰인이 아버지의 법률상 친자로 인정되기 전에 다른 공동 상속인들이 상속 재산을 분할해버리거나 처분해버린다면, 의뢰인이 과연 상속을 받을 수 있는 것인가라는 의문이 생기는데, 이때 ❶ 다른 공동 상속인들이 상속 재산을 분할 및 처분한 것이 의뢰인이 아버지의 법률상 친자로 인정되기 전에 있었는지, ❷ 아니면 그 이후인지에 따라 답변이 달라집니다.

친자로 확정되는 시점에 따라 달라지는 상속 회복의 방법

우선, 다른 공동 상속인들이 의뢰인을 제외하고 상속 재산을 분할했거나 처분했다 하더라도 의뢰인이 상속분만큼 상속을 받아야 한다는 결론에는 차이가 없습니다. 달라지는 것은 어떻게 상속분을 확보하느냐 그 방법일 뿐입니다.

❶ 만약 의뢰인이 아버지의 법률상 친자로 인정되기 전에 다른 공동 상속인들이 상속 재산 분할 및 처분 행위를 했다면, 다른 공동 상속인

들이 상속 재산을 분할 및 처분할 당시에는 의뢰인의 공동 상속인 여부를 알 수 없는 상황이었으므로 다른 공동 상속인들 전원이 행한 상속 재산 분할 및 처분 행위는 유효합니다. 따라서 이 경우, 의뢰인은 다른 공동 상속인들의 상속 재산 분할 및 처분 행위가 무효라고 주장할 수는 없지만, 대신에 민법 제1014조에 따라 상속분 상당의 가액에 대한 지급 청구를 하는 방법으로 자신의 상속분을 회복할 수 있습니다. 결론적으로 이 경우, 아들은 상속 재산 원물이 아니라 그 가액, 즉 현금으로 자신의 상속분을 회복할 수 있습니다.

❷그러나 다른 공동 상속인들의 상속 재산 분할 및 처분 행위가 의뢰인이 아버지의 법률상 친자로 인정된 후에 있었다면 그 행위는 무효입니다. 의뢰인은 친생자 관계 존재 확인의 소의 인용·확정으로 공동 상속인이 되었고, 당연히 다른 공동 상속인들과 함께 상속 재산 분할을 할 수 있습니다. 이에 대해 대법원도 「상속 개시 후에 인지되거나 재판이 확정되어 공동 상속인이 된 자도 그 상속 재산이 아직 분할되거나 처분되지 아니한 경우에는 당연히 다른 공동 상속인들과 함께 분할에 참여할 수 있을 것」이라고 판시한 바 있습니다(대법원 1993. 8. 24. 선고 93다12 판결). 그런데 사례에서는 공동 상속인인 의뢰인은 제외한 채, 상속 재산 분할 및 처분 행위가 발생했습니다. 상속 재산 분할 협의는 공동 상속인 전원의 합의로만 가능하므로(민법 제1013조 제1항) 공동 상속인 중 1인인 의뢰인을 제외하고 행한 상속 재산 분할 및 처분 행위는 당연히 무효일 수밖에 없습니다. 따라서 이 경우 의뢰인은 이와 같은 무효의 행위로 자신의 상속권이 침해되었음을 주장하여

상속분의 회복을 구할 수 있는데, 이를 상속 회복 청구권이라고 합니다(민법 제999조). 상속 회복 청구권은 그 침해를 안 날로부터 3년, 상속권의 침해 행위가 있은 날로부터 10년을 경과하면 소멸되기 때문에, 행사 기간에 있어 특별히 주의를 기울여야 합니다.

20년간 새어머니를 모셨는데
상속받을 수 있을까요?

저는 어릴 적에 친어머니가 돌아가시고 아버지가 재혼하시면서
그때부터 계속 새어머니 밑에서 자랐습니다. 새어머니는 저를
끔찍이도 예뻐하셨고, 주변의 그 누구도 친자식이 아닌지 모를 정도로
저는 부족함이 없는 사랑을 받았습니다. 세월이 흘러 성인이 된 후에
아버지가 돌아가셨는데, 그때부터 저는 홀로 계신 새어머니를
아들로서 기꺼이 모셨습니다. 그러다 10년 전쯤에 새어머니는 암 진단을
받으셨고, 저는 새어머니의 회복을 위해 보험이 안 되는 고가의
항암 치료까지도 적극적으로 권하며 새어머니를 극진히 간호했습니다.
당연히 새어머니의 투병 과정에는 돈도 많이 들었습니다. 얼마 전
긴 투병 끝에 새어머니가 돌아가셨는데, 그때부터 일이 시작되었습니다.
제가 한 번도 본 적이 없는 사람들이 새어머니의 동생이라고 하면서
와서는 본인들이 상속인이라고 주장합니다. 이러한 상황을 어떻게
헤쳐 나가야 할지 궁금합니다.

A 김자연 변호사

계모자관계는 상속권이 인정되지 않습니다

의뢰인과 새어머니의 관계는 '계모자관계'에 해당합니다. 과거에는 계모자관계(전처의 출생자와 그 부(父)의 후처와의 관계, 즉, 새어머니와 자녀의 관계)와 적모서자관계(부(父)의 혼인 외 출생자와 부(父)의 배우자 사이의 관계)는 법정 혈족 관계로 상속권이 인정되었습니다. 하지만 1990년 개정된 현행 민법에서는 법정 친자 관계로서의 계모자관계, 적모서자관계를 폐지함에 따라 배우자, 직계 비속, 직계 존속, 형제자매, 4촌 이내의 방계 혈족에게만 상속권이 인정되게 상속인의 범위가 축소되었습니다. 따라서 의뢰인은 새어머니의 재산을 상속받을 수 없을 것입니다. 새어머니의 형제자매들이 피상속인인 새어머니의 재산 형성에 실제로 기여한 바가 없고, 새어머니와 평소 교류조차 없었다고 하더라도 형제자매들이 법정 상속인으로서 상속을 받게 될 것입니다.

상속인이란?

- 1순위: 배우자 및 피상속인의 직계 비속
- 2순위: 피상속인의 직계 존속
- 3순위: 피상속인의 형제자매
- 4순위: 4촌 이내의 방계 혈족
  - 3촌: 백숙부와 고모, 외숙부와 이모, 조카
  - 4촌: 종형제자매, 고종형제자매, 외종형제자매, 이종형제자매
    (※ 촌수가 다른 4촌 이내의 방계 혈족이 다수 있는
    경우라면 촌수가 가까운 자가 선순위 상속인이 되고,
    촌수가 같으면 공동 상속인이 됩니다.)

특별 연고자 재산 분여 제도에 대해

특별 연고자 재산 분여 제도란 피상속인과 생계를 같이하거나 요양 및 간호를 한 자, 기타 특별 연고가 있던 자가 가정 법원에 청구하면 가정 법원이 상속 재산의 전부 또는 일부를 분여해줄 수 있는 제도이나, 상속인이 없을 경우에만 인정됩니다(민법 제1057조의2). 만일 상속인이 없었다면 의뢰인은 새어머니와 생계를 같이하고 새어머니를 요양 및 간호를 한 사람에 해당하므로 특별 연고자로서 재산 분여를 주장할 수 있었겠지만 아쉽게도 새어머니에게 상속인이 있는 이상, 재산 분여를 청구할 수 없습니다.

이혼 소송 중 배우자의
상속권이 궁금합니다

저의 아들과 며느리는 오랜 갈등으로 2년간 별거를 했습니다.
그러던 중 아들이 집을 나와 저희 집으로 들어왔고, 며느리는 손녀와
함께 살며 아들을 상대로 이혼 소송을 제기했습니다.

이혼 소송의 1심 판결에서 며느리의 이혼 청구가 인용되었지만
아들은 항소했고, 항소심이 계속되던 중 아들은 불의의 교통사고로
사망하고 말았습니다. 아들이 죽어서 경황이 없는 중에 손녀가 아들
명의였던 아파트를 제 엄마의 단독 명의로 해주고자 법원에 상속
포기 신고를 했다는 사실을 알게 되었습니다. 그런데 저는 이혼 소송
중인 며느리가 아들의 재산을 전부 상속받게 되는 것을 도저히 두고
볼 수만은 없는 심정입니다. 제가 아들의 재산에 대해 상속권을
주장하고자 하는데, 가능할까요?

A 김자연 변호사

이혼 소송 중인 배우자에게도 상속권이 인정됩니다

이혼 소송 중의 배우자라 하더라도 아직 이혼으로 법률혼이 종료된 것이 아니므로 여전히 배우자이기에 상속권이 인정됩니다. 비록 이혼 소송의 1심 판결에서 '이혼한다'라는 판결이 있었더라도 재판이 완전히 끝날 때까지는, 즉 판결이 확정될 때까지는 이혼이 된 것이 아니므로 사례처럼 남편이 이혼 판결에 항소해 항소심의 계속 중에 사망했다면 법률혼이 종료된 것으로 볼 수 없어 여전히 법률상 배우자인 아내에게 상속권이 인정됩니다.

Plus

이혼 소송 중인 부부의 상속권에 대한 판례

재판상의 이혼 청구권은 부부의 일신 전속의 권리(권리의 성질상 특정 권리 주체만이 향유할 수 있는 권리, 또는 그 주체만이 행사할 수 있는 권리)이므로 이혼 소송 계속 중 배우자 일방이 사망한 때에는 상속인이 그 절차를 수계할 수 없음은 물론이고, 또 그러한 경우에 검사가 이를 수계할 수 있는 특별한 규정도 없으므로 이혼 소송은 종료된다(대법원 1994. 10. 28. 선고 94므246 판결).

손녀가 상속을 포기했다면

피상속인의 직계 존속이 공동 상속인이 됩니다

사례처럼 피상속인의 자녀가 상속을 포기한 경우에는 피상속인의 배우자와 피상속인의 직계 존속이 공동 상속인이 됩니다. 상속을 포기한 자는 처음부터 상속인이 아니었던 것으로 취급되므로(민법 제1042조), 사례처럼 피상속인의 배우자와 자녀 중 자녀가 상속을 포기한 경우에는 자녀는 처음부터 상속인이 아닌 것이 되므로 배우자와 피상속인의 직계 존속이 공동으로 상속인이 되고, 피상속인의 직계 존속이 존재하지 않아야 비로소 배우자가 단독으로 상속인이 될 수 있습니다(대법원 2015. 5. 14. 선고 2013다48852 판결).

손녀가 엄마의 단독 명의로 상속 등기를 하고자 했다면

상속 포기가 아닌 상속 재산 분할 협의를 해야 합니다

사례처럼 피상속인의 배우자와 자녀가 상속 재산인 아파트를 배우자의 단독 명의로 상속 등기를 하고 싶은 경우에는 상속 포기가 아닌 상속 재산 분할 협의를 해야 합니다. 즉, 상속인 중의 한 사람에게 상속 재산을 집중시키고 싶은 경우에는 상속인 중의 한 사람에게 상속 재산의 전부를 취득시키는 내용으로 상속 재산 분할 협의서를 작성해 이에 따라 상속 등기를 하면 됩니다.

Part

2

상속을 받고
싶지 않습니다

상속 채무 | 상속 포기 | 한정 승인

상속 포기와 한정 승인 전영주 변호사

상속 포기와 한정 승인의 의미

상속을 하게 될 경우 상속 순위에 따라 피상속인의 권리와 의무를 승계하게 됩니다. 상속인에게 적극 재산이 많을 경우에는 문제가 없으나, 상속 재산에 채무가 많을 경우에 상속은 상속인에게 큰 피해를 줄 수 있습니다. 상속 포기 제도는 이 같은 경우에 상속인을 보호하기 위해 만들어진 것입니다.

상속 포기는 상속인의 지위 자체를 포기하는 것으로, 상속인이 상속 포기를 선택할 경우 피상속인의 채무는 물론 모든 재산에 대한 권리도 승계하지 않게 됩니다. 반면, 한정 승인은 상속 재산을 승계는 하지만 채무에 대해서는 상속 재산의 한도에서만 변제의 책임을 진다는 유보부의 승계입니다. 그러므로 상속 재산에 채무의 비중이 많은 경우 상속 포기나 한정 승인을 하면 상속인은 자신의 재산으로 피상속인의 채무를 변제해야 할 책임을 지지 않습니다.

상속 포기 신청 시 필요한 서류와 절차

1. 상속 포기의 기간

상속인은 '상속 개시 있음을 안 날로부터 3개월' 내에 가정 법원에 상속 포기의 신고를 해야 합니다(민법 제1041조). 상속 포기 신고를 하면 법원은 당사자가 제출한 서류를 심사해 그 결과를 통지합니다.

2. 상속 포기 시 제출해야 하는 서류

(1) 상속 재산 포기 심판 청구서

상속 포기 양식은 법원에 비치되어 있으며, 인터넷 대법원 웹사이트(www.scourt.go.kr)에서도 양식을 다운로드 받을 수 있습니다.

(2) 첨부 서류

상속 재산 포기 심판 청구서와 함께 아래의 서류를 준비해서 법원에 제출해야 합니다.

① 청구인들의 가족 관계 증명서, 주민 등록 등본 각 1통

② 청구인들의 인감 증명서(또는 본인 서명 사실 확인서) 각 1통

  ※청구인이 미성년자인 경우 법정 대리인(부모)의 인감 증명서를 첨부함

③ 피상속인의 폐쇄 가족 관계 등록부에 따른 기본 증명서, 가족 관계 증명서 각 1통

④ 피상속인의 말소된 주민 등록 등본 1통

⑤ 가계도(직계 비속이 아닌 경우) 1부

3. 법원에 상속 재산 포기 심판 청구서 제출

피상속인 주소의 가정 법원에 상속 재산 포기 심판 청구서를 제출합니다.

한정 승인 신청 시 필요한 서류와 절차

1. 한정 승인의 기간

상속 포기와 마찬가지로 '상속 개시 있음을 안 날로부터 3개월' 내에
가정 법원에 상속 한정 승인 심판 청구서를 제출해야 합니다.

2. 한정 승인 시 제출해야 하는 서류

(1) 상속 한정 승인 심판 청구서

상속 한정 승인 심판 청구서 양식은 법원에 비치되어 있으며, 인
터넷 대법원 웹사이트(www.scourt.go.kr)에서도 양식을 다운로드
받을 수 있습니다.

(2) 첨부 서류

① 청구인들의 가족 관계 증명서, 주민 등록 등본 각 1통

② 청구인들의 인감 증명서(또는 본인 서명 사실 확인서) 각 1통

※ 청구인이 미성년자인 경우 법정 대리인(부모)의 인감 증명서를 첨부함

③ 피상속인의 폐쇄 가족 관계 등록부에 따른 기본 증명서,

가족 관계 증명서 각 1통

④ 피상속인의 말소된 주민 등록 등본 1통

⑤ 가계도(직계 비속이 아닌 경우) 1부

⑥ 상속 재산 목록 1부

3. 법원에 상속 한정 승인 심판 청구서 제출

사망자 주소의 가정 법원에 상속 한정 승인 심판 청구서를 제출합니다.

4. 일간 신문 공고

법원은 상속 한정 승인 심판 청구서가 접수되면 요건이 갖춰졌는지 확인한 후 상속 한정 승인 심판을 선고합니다. 한정 승인자는 한정 승인을 한 날로부터 5일 내에 일반 상속 채권자와 유증받은 자에 대해 한정 승인의 사실과 일정한 기간 내에 그 채권 또는 수증을 신고할 것을 공고해야 합니다. 그 기간은 2월 이상이어야 합니다(민법 제1032조).

5. 채무 변제

공고 기간이 지나면 상속인은 채권자의 채권액의 비율에 따라 피상속인의 채무를 상환합니다.

단순 승인할 생각이 없었는데, 단순 승인으로 보게 되는 경우

상속 채무가 상속 재산을 초과하는 경우, 상속인은 상속 포기를 하거나 한정 승인을 할 수 있습니다. 그런데 상속인의 잘못된 행동으로 인해 단순 승인으로 간주되어 상속인이 피상속인의 재산과 채무까지 모두 상속받게 되는 경우가 있습니다.

우리 민법에서는 이를 법정 단순 승인이라고 해서 ❶상속인이 상속 재산에 대한 처분 행위를 하는 경우, ❷상속인이 법정 기간 내 한정 승인이나 포기를 하지 않는 경우, ❸상속인이 한정 승인 또는 포기를 한 후에 상속 재산을 은닉하거나 부정 소비하거나 고의로 재산 목록에 기입하지 아니하는 경우를 그 사유로 정하고 있습니다(민법 제1026조).

상속 재산 파산 제도 안미현 변호사

채무 상속의 문제

민법 제1005조는 「상속인은 상속개시된 때로부터 피상속인의 재산에 관한 포괄적 권리의무를 승계한다. 그러나 피상속인의 일신에 전속한 것은 그러하지 아니하다」고 정하고 있습니다. 이 말은 곧 피상속인이 사망 시, 상속인이 피상속인의 적극 재산은 물론이고 채무까지도 당연히 상속받게 됨을 의미합니다.

여기서 상속인들은 피상속인이 남겨준 재산보다 부채가 많은 경우에도 상속인이라는 이유로 당연히 피상속인의 부채를 떠안아야 하는 것인가라는 고민을 하게 됩니다. 민법이 피상속인의 재산과 부채 모두가 당연히 상속인에게 승계된다고 정하고 있으니, 피상속인의 부채까지도 상속인이 전부 책임을 져야 하는지 의문이 생기는 것이지요.

다행히도 우리 민법은 상속인들이 예상치 못한 피상속인의 부채로 고통을 겪지 않도록 하기 위해 별도의 제도를 두고 있습니다. ❶아예 상속인으로서의 지위를 포기하도록 하는 상속 포기 제도(민법 제1041조)와, ❷상속 재산 범위 내에서만 상속 채무를 부담하는 것을 조건으로 상속을 승인하는 제도, 일명 한정 승인 제도(민법 제1019조 제1항)입니다.

이렇게 민법이 정하고 있는 방법 외에, 최근 많은 사람들의 관심을 받는 제도가 또 하나 있습니다. 바로 채무자 회생 및 파산에 관한 법률(채무자회생법)이 정하고 있는 상속 재산 파산 제도(채무자회생법 제307조)입니다.

상속 재산 파산 제도

상속 재산 파산은 ❶피상속인에 대한 파산 신청 또는 파산 선고가 있은 후에 피상속인이 사망한 경우(채무자회생법 제308조), ❷상속 재산으로 상속 채권자 및 유증을 받은 자에 대한 채무를 완전히 변제할 수 없는 경우(채무자회생법 제307조)에 이루어집니다. 상속인들이 고민하는 경우는 주로 후자입니다. 상속 재산으로 상속 채권자 등에 대한 채무 변제가 불가능하면 상속인은 법원에 상속 재산 파산 신청을 할 수 있고, 법원이 신청 내용을 심리해서 파산 선고를 내리면, 이후 법원이 정한 파산 관재인이 남아 있는 상속 재산을 갖고 상속 채무를 변제, 청산하는 절차를 거치게 됩니다. 상속 재산 파산 제도는 법원이 상속 채무의 변제, 청산하는 절차를 관재하기 때문에 정확성은 물론이고, 상속인 개인이 그 복잡한 청산 절차를 진행하지 않아도 된다는 장점이 있습니다.

이러한 장점 때문에 상속 재산 파산 신청은 대부분 한정 승인 이후에 청산 절차를 진행할 때 이루어지고 있습니다. 실제로 서울가정법원과 서울회생법원은 2017. 7. 17부터 한정 승인을 받은 상속인을 대상으로 서울회생법원에서 상속 재산 파산 절차를 밟을 수 있다는 안내 서비스를 시행해오고 있습니다.

1. 상속 재산 파산 제도의 절차

상속 재산 파산 신청 → 상속 재산 파산 선고 및 파산 관재인 선임 → 파산 관재인 조사 → 채권자 집회 기일, 채권 조사 기일 → 재산 환가 및 배당

(1) 상속 재산 파산 신청

상속 재산 파산을 신청할 수 있는 신청권자는 상속 채권자, 유증을 받은 자, 상속인, 상속 재산 관리인 및 유언 집행자가 되는데(채무자회생법 제299조 제1항), 상속 재산 관리인, 유언 집행자 또는 한정 승인이나 재산 분리가 있는 경우의 상속인은 상속 재산으로 상속 채권자 및 유증을 받은 자에 대한 채무를 완전히 변제할 수 없는 것을 발견한 때에는 지체 없이 파산 신청을 해야 합니다(채무자회생법 제299조 제2항).

상속 재산 파산 신청의 관할 법원은 상속 개시지를 관할하는 회생 법원이 됩니다(채무자회생법 제3조). 상속 재산 파산 신청은 상속 개시된 날로부터 3월 내에 또는 위 기간 내 상속인이 상속의 승인이나 포기를 하지 아니하는 동안 할 수 있고, 한정 승인 또는 재산 분리가 있었다 하더라도 상속 채권자 및 유증을 받은 자에 대한 변제가 아직 종료하지 아니한 동안에는 파산 신청을 할 수 있습니다(채무자회생법 제300조, 민법 제1045조).

상속인이 상속 재산 파산 신청 시 첨부해야 할 서류로는 피상속인의 제적 등본, 기본 증명서, 가족 관계 증명서, 혼인 관계 증명서, 친양자 입양 관계 증명서, 말소자 초본, 상속인의 가족 관계 증명서, 주민 등록표 초본 등이 있습니다. 상속 채권자나 유증을 받은 자 등의 경우에는 채무자에 대한 채권 소명 자료와 채무

자의 지급 불능 상태 소명 자료 등을 첨부해 신청하면 됩니다.

(2) 상속 재산 파산 선고 및 파산 관재인 선임

법원에서는 상속 재산 파산 신청 내용을 심리해서 이유가 있으면 상속 재산 파산을 선고합니다. 이때, 이후 환가, 배당 절차를 진행할 파산 관재인이 선임됩니다.

(3) 파산 관재인 조사

상속 재산 파산 선고 시, 이후 환가, 배당 절차를 진행할 파산 관재인이 선임됩니다. 신청인은 파산 관재인에게 상속 재산 및 채무와 관련된 여러 가지 자료들을 추가 제출해야 합니다.

(4) 채권자 집회 기일, 채권 조사 기일

법원은 파산 관재인의 조사 내용을 토대로 채권자들에게 상속 재산의 상황을 알리고 절차에 참여할 수 있도록 기일을 지정합니다.

(5) 재산 환가 및 배당

채권자 및 배당해야 할 채무액에 대한 조사가 끝나면 상속 재산을 환가해 각 상속 채권자들에게 배당을 해주게 되고, 이로써 상속 재산 파산 절차는 종결됩니다.

2. 상속 재산 파산 제도의 활용

상속 재산 파산 제도의 절차를 살펴보면, 이 제도는 상속 채권자가 많고 권리관계가 복잡하거나 상속 재산이 쉽게 현금화하기 어려운 재산인 경우에 활용도가 높다는 것을 알 수 있습니다. 이에 반해 상속 채권자가 많지 않거나 상속 재산의 환가나 청산 절차가 용이할 경우에는 굳이 이 제도를 이용하지 않고, 한정 승인 후의 일반적인 청산 절차를 활용해도 됩니다. 상속인은 상속 재산보다 많은 부채를 떠안게 될 위험에 직면했을 때, 이와 같은 각 절차의 장단점을 잘 살펴서 자신에게 맞는 절차를 선택해 활용하면 됩니다.

Q 19

상속 포기를
취소할 수 있나요?

저는 아버지가 빚을 많이 남긴 채 돌아가셔서 가정 법원에 상속 포기
신고를 했고 수리되었습니다. 그런데 상속 포기 신고를 마치고 나서
아버지에게 부동산이 하나 더 있다는 사실을 알게 되었습니다. 수억
원대의 부동산이어서 진즉 알았더라면 상속 포기를 하지 않았을 텐데,
잘 알아보지도 않고 상속 포기 신고를 한 것이 너무 후회됩니다.

① 상속 포기를 취소할 수 있을까요?

② 상속 포기 신고를 할 때 재산 목록에 새로 알게 된 부동산을 적지
　않았는데, 그렇다면 이 부동산에는 상속 포기의 효력이 미치지
　않는 것이 아닌지요?

③ 상속 재산 범위 내에서만 상속 채무를 부담하는 방법도 있을까요?

A 전영주 변호사

상속 포기는 취소할 수 없습니다

상속의 승인과 포기를 일단 한 이상은 3개월의 기간 내에도 이를 취소할 수 없습니다(민법 제1024조 제1항). 취소를 인정하게 되면 이를 신뢰해서 거래한 이해관계인에게 심각한 피해가 생길 수도 있기 때문입니다. 다만 상속 포기는 가정 법원에 신고해 수리되었을 때 그 효력이 생기는 것이므로, 만약에 아직 상속 포기 신고가 수리되지 않았다면 상속인은 그 신고를 취하할 수는 있습니다. 그러므로 상속의 승인과 포기는 매우 신중하게 고민해서 결정해야 합니다.

재산 목록에 누락한 재산에도 상속 포기의 효력이 미칩니다

상속 포기 신고를 할 때 재산 목록에 누락된 재산이 있더라도 이에 대해 상속 포기의 효력이 미칩니다. 상속의 포기는 재산 전부에 대해 이루어지므로 특정한 재산은 상속하고 특정한 재산이나 채무만 포기하는 것은 허용되지 않습니다.

판례는 상속 포기서에 첨부된 재산 목록에서 누락된 상속 재산에도 상속 포기의 효력이 미치는지 여부와 관련해 「상속의 포기는 상속인이 법원에 대해 하는 단독의 의사 표시로써 포괄적·무조건적으로 해야 하므로, 상속 포기는 재산 목록을 첨부하거나 특정할 필요가 없다고 할 것이고, 상속 포기서에 상속 재산의 목록을 첨부했다 하더라도 그 목록에 기재된 부동산 및 누락된 부동산의 수효 등과 제반 사정에 비춰 상속 재산을 참고 자료로 예시한 것에 불과하다고 보여지는 이상, 포기 당시 첨부된 재산 목록에 이 사건 재산이 포함되어 있지 않았다 하더라도 상속 포기의 효력은 이 사건 재산에 미친다고 봐야 할 것이다」라고 했습니다.

즉, 상속 포기는 상속 재산에 대해 포괄적으로 하는 것이기에 특정 재산에 대해서만 선택적으로 포기할 수 없음은 물론이고 상속 포기서에 포기 대상 목록을 첨부해 신고할 필요도 없습니다. 따라서 사례처럼 설령 상속 포기 신고서에 첨부된 재산 목록에서 누락된 부동산이 존재한다고 하더라도 이 역시 상속 포기의 효력이 미칩니다.

한정 승인 제도를 활용합니다

상속을 받더라도 애초에 상속 재산 범위 내에서만 상속 채무를 부담할 수 있도록 한다면, 이 또한 상속인을 과도한 상속 채무로 인한 위험으로부터 보호할 수 있는 수단이 될 것입니다. 우리 민법도 이와 같은 입장을 취해서 상속 포기 제도 외에 상속으로 취득할 재산의 한도에서 피상속인의 채무를 부담하는 것을 조건으로 상속을 승인하는 제도를 별도로 두고 있습니다. 이를 '한정 승인 제도'라고 합니다.

상속인은 상속 개시 있음을 안 날로부터 3월 내에 한정 승인을 할 수 있는데(민법 제1019조 제1항), 이때 상속 재산의 목록을 첨부해서 법원에 한정 승인의 신고를 해야 합니다(민법 제1030조 제1항). 한정 승인은 상속인의 재산과 피상속인의 재산을 분리해 한정 승인을 한 상속인으로 하여금 상속으로 얻은 재산의 한도에서만 피상속인의 채무와 유증의 변제를 하도록 하는 데 그 의의가 있습니다(민법 제1028조). 한정 승인을 한 상속인은 그 고유 재산에 대하는 것과 동일한 주의로 상속 재산을 관리해야 하고(민법 제1022조 본문), 상속 채권자에 대한 공고와 최고 절차 등을 거쳐 상속 채무를 변제 및 청산해야 합니다(민법 제1032조부터 민법 제1040조).

우리 민법은 이처럼 한정 승인 제도를 두고 있음에도 불구하고, 상속인이 상속 개시 있음을 안 날로부터 3월 내에 상속 채무가 상속 재산을 초과하는 사실을 중대한 과실 없이 알지 못하고 단순 승인을 한 경우, 그 사실을 안 날부터 3월 내에 한정 승인을 할 수 있다고 해서 상속인을 거듭 보호하고 있는데, 이를 '특별 한정 승인 제도'라고 합니다(민법 제1019조 제3항).

Q 20

'상속인이 상속 개시 있음을 안 날'
의 의미는 무엇인가요?

① 2018년 1월 26일 아버지가 돌아가셨습니다. 아버지는 돌아가시기
전에 모든 재산을 큰형에게 물려주겠다고 유언을 하셨고, 어머니와
다른 형제들은 그렇게 상속이 끝난 줄로만 알고 있었습니다.
그런데 저와 어머니는 2020년 2월 17일경 서울중앙지방법원으로
부터 변론 기일 소환장을 받게 되었는데, 그 내용은 A 은행이
어머니와 형제들을 상대로 상속받은 아버지의 채무를 변제하라며
대여금 반환 청구의 소를 제기했다는 것이었습니다. 저와 어머니는
2020년 2월 17일에야 상속 채무 사실을 알게 된 것이니,
그로부터 3개월 내에 상속 포기 신고를 하면 상속 채무를 면할 수
있는 것이 아닌지요?

② 2019년 7월 26일 형이 갑작스러운 사고로 사망했습니다. 저희
부모님은 일찍이 돌아가셨고, 형은 결혼하지 않았기에 저는 장례를
치르고 형의 신변을 정리했습니다. 그러던 중 2019년 11월 17일

저는 신용보증기금이 제 명의 아파트를 가압류했다는 결정문을 받게 되었습니다. 자초지종을 파악해보니, 형이 회사와 연대해 신용보증기금에 대해 연대 보증 채무를 부담한 상태였고, 신용보증기금은 형의 사망 사실을 알고는 상속인인 저에게 채무 변제를 독촉하려고 준비 중이었습니다. 저는 2019년 12월 17일 곧바로 한정 승인 신청을 했으나 기간이 지났다는 이유로 기각되었습니다. 저는 신용보증기금의 가압류 결정문을 받고 나서야 상속 채무가 있음을 알았고, 그로부터 3개월 내인 2019년 12월 17일에 한정 승인 신고를 했는데 왜 기각이 된 것인지요?

안미현 변호사

> ①의 상속 포기 신고와 ②의
> 한정 승인 신고는 모두 기간이
> 지났으므로 효력이 없습니다

상속인들에게는 피상속인의 재산을 상속받을 것인지(민법 제1026조), 포기할 것인지(민법 제1041조), 아니면 상속 재산 범위 내로 책임을 제한하는 조건으로 상속받을 것인지를 선택할 자유가 주어집니다(민법 제1028조). 그러나 상속인들에게 각 경우를 선택할 수 있는 기한을 무한정 주게 되면 상속인의 채권자나 상속 채권자, 동순위나 후순위 상속인에게 이르기까지 수많은 이해관계인을 곤란하게 하고 그들의 법적 지위를 불안정하게 하는 결과를 초래하게 됩니다. 그래서 우리 민법은 이와 같은 문제를 해결하기 위해 상속 승인과 포기의 기간을 분명하게 정하고 있습니다.

상속인은 상속 개시 있음을 안 날로부터 3월 내에 단순 승인이나 한정 승인 또는 포기를 할 수 있고(민법 제1019조 제1항), 승인과 포기에 앞서 상속 재산을 조사할 수도 있습니다(민법 제1019조 제2항). 상속인이 이 기간 내에 승인과 포기를 하지 않으면 상속인은 단순 승인을 한 것으로 간주되고(민법 제1026조 제2호), 제한 없이 피상속인의 권리와 의무를 승계하게 됩니다(민법 제1025조).

'상속 개시 있음을 안 날'의 정확한 의미

사례를 살펴보면 ❶과 ❷ 모두 상속이 이루어지고 나서 뒤늦게 상속 채무의 존재를 알게 된 이후에 상속 승인과 포기의 신고를 했습니다. 이때 각 경우의 신고가 유효한지는 그것이 민법 제1019조 제1항에서 정하고 있는 '상속 개시 있음을 안 날'로부터 3개월 내에 이루어졌는지 여부에 달려 있습니다. 여기서 '상속 개시 있음을 안 날'이란 상속인이 상속 개시의 사실과 자기가 상속인이 된 사실을 인식한 날을 의미한다고 해석됩니다.

대법원은 이에 대해 「민법 제1019조 제1항 본문에 의하면 재산 상속인은 상속 개시 있음을 안 날로부터 3월 내에 상속을 포기할 수 있게 규정되어 있는 바 여기에서 상속 개시 있음을 안 날이라 함은 상속인이 상속 개시의 원인 되는 사실의 발생(즉, 피상속인의 사망)을 앎으로써 자기가 상속인이 되었음을 안 날을 말하는 것이지, 상속 재산의 유무를 안 날을 뜻하거나 상속 포기 제도를 안 날을 의미하는 것은 아니다」라고 일관되게 판시하고 있습니다. 또한 「법률은 이를 알지 못했다는 사유만으로 그 적용이 배제될 수 없는 것이고 상속의 포기는 민법에 그 방식이 법정 되어 있으므로 이에 따라서 행해져야 유효한 것이고 그렇지 못한 경우에는 효력이 없는 것이다. 또한 상속 포기에 관한 민법의 규정은 상속 개시 있음을 안 날을 기산일로 해서 3개월간의 고려 기간을 주고 이 기간 동안 상속 재산의 유무를 조사하고 상속 포기 여부의 결정을 할 시간을 주고 있는 것이며 상속 재산을 안 날로부터 기산하려는 규정은 아니다」라고도 판시했습니다(대법원 1986. 4. 22. 자 86스10 결정).

판례는 이와 같은 입장에서 ❶ 상속인들이 피상속인의 사망 당시, 적극 재산 및 소극 재산의 존재를 전혀 몰랐다 하더라도(대법원 1984. 8. 23. 자 84스17,18,19,20,21,22,23,24,25 결정), ❷ 상속인이 피상속인의 연대 보증 사실을 알지 못했던 경우라도(대법원 1986. 4. 22. 자 86스10 결정) 피상속인의 사망으로 자기가 상속인이 되었음을 안 날부터 승인, 포기의 기간이 진행되는 것이라고 판단했습니다.

이와 같은 판례의 태도에 비춰보면 ❶과 ❷의 경우, 비록 각 상속인들이 피상속인의 사망 당시 상속 채무 내지는 연대 보증 채무의 존재를 알지 못했다 하더라도 피상속인이 사망함으로써 자기가 상속인이 되었다는 사실은 분명히 알았을 것이므로 그때부터를 민법 제1019조 제1항에서 정한 3개월의 기산점으로 봐야 합니다. 그렇다면 ❶과 ❷ 각 경우의 상속 포기와 한정 승인은 상속 개시 있음을 안 날로부터 3개월이 지난 후에 접수된 신고임이 분명하므로 당연히 효력이 없습니다.

부모가 상속 포기를 하면
아들이 상속인이 되나요?

갑자기 제 아들이 소장을 받게 되어 놀라서 문의를 드립니다.
아버지가 1년 전 채무만 남기고 돌아가셔서 어머니와 저,
그리고 제 동생은 모두 상속 포기 신고를 했습니다.
저는 그렇게 다 끝난 줄로만 생각하고 있었습니다.

그런데 오늘 아들로부터 연락이 왔습니다. 할아버지의 채권자라면서
빌려준 돈을 할아버지의 재산을 상속한 손자가 갚으라는 내용의 소장을
받았다는 것입니다. 저는 제가 상속 포기를 하면 제 아들이 상속인이
되는지 전혀 몰랐습니다. 어떻게 해야 하나요?

전영주 변호사

> 아들이 소장을 받은 날로부터
> 3개월 이내에 상속 포기 또는
> 한정 승인 신고를 하면 됩니다

선순위 상속인이 상속 포기를 하면 다음 상속 순위에 있는 사람에게 상속인의 지위가 넘어갑니다. 선순위자가 상속을 포기함에 따라 후순위자가 상속인이 된 경우에 그는 본인이 상속인이 된 사실을 안 날로부터 3개월 이내에 상속의 승인 또는 포기를 할 수 있습니다. 즉, 사례에서 의뢰인의 아들은 소장을 받은 날로부터 3개월 이내에 상속 포기 또는 한정 승인 신고를 하면 됩니다.

상속인은 상속 개시 있음을 안 날로부터 3개월 내에 단순 승인이나 한정 승인 또는 포기를 할 수 있습니다(민법 제1019조 제1항). 이때 '상속 개시 있음을 안 날'이란 상속인이 상속 개시의 사실과 자기가 상속인이 된 사실을 인식한 날을 의미합니다. 그러므로 만일 1순위 상속인이 전부 상속을 포기해 2순위 상속인이 상속인이 되는 경우, 2순위 상속인은 1순위 상속인 모두가 상속을 포기한 결과 본인이 상속인이 되는 사실을 안 날로부터 3개월 이내에 상속의 승인 또는 포기를 할 수 있습니다. 다시 말해서 상속인이 여러 명 있는 때에는 3개월의 기간이 각 상속인에 대해 별도로 진행됩니다.

후순위 상속인의 경우 자신이 상속인이 되었음을 알게 된 시점이 중요합니다.

사례에서 1순위 상속인은 처와 자녀, 2순위 상속인은 손자녀입니다. 선순위 상속인으로서 피상속인의 처와 자녀들이 모두 상속을 포기한 경우에는 피상속인의 손자녀 등 그다음 상속 순위에 있는 사람이 상속인이 됩니다. 그런데 2순위 상속인인 손자녀는 소장을 받기 전까지 1순위 상속인이 전부 상속을 포기했다는 사실을 전혀 알지 못했던 것으로 보입니다.

이 경우 우리 법원은 일반인의 입장에서는 피상속인의 처와 자녀가 상속을 포기한 경우 피상속인의 손자녀가 상속인이 된다는 사실을 알기는 어렵다고 보고 있습니다. 1순위 상속인이 상속을 모두 포기해 손자녀가 2순위 상속인이 되었다는 사실은 상속 순위에 관한 민법 제1000조 제1항 제1호(1순위 상속인으로 규정된 '피상속인의 직계 비속'에는 피상속인의 자녀뿐만 아니라 피상속인의 손자녀까지 포함된다)와 상속 포기의 효과에 관한 민법 제1042조 내지 제1044조의 규정들을 모두 종합적으로 해석함으로써 비로소 도출되며, 이에 대한 명시적 규정이 존재하지 않기 때문에 일반인의 입장에서는 알기 어렵다고 보는 것입니다.

즉, 손자녀의 3개월 고려 기간은 조부의 사망으로 상속이 개시되었다는 사실뿐만 아니라 1순위 상속인의 상속 포기로 인해 자신이 상속인이 된 사실을 알게 된 때로부터 시작되는 것입니다. 그러므로 사례에서 의뢰인의 아들은 소장을 받은 날로부터 3개월 이내에 상속 포기 또는 한정 승인 신고를 하면 됩니다.

Q 22

상속인이 된 줄 몰랐는데,
소송을 당했습니다

저희 외할머니는 2018년 8월 6일에 돌아가셨습니다. 외할머니는
외할아버지와의 사이에서 엄마와 이모, 두 딸을 두었는데, 외할머니가
돌아가신 직후인 2018년 9월 10일경 엄마와 이모는 법원에 상속
포기 신고를 했고 할아버지는 한정 승인 신고를 하셨습니다. 그로부터
5개월 뒤, 저와 이모의 딸인 사촌 동생은 법원에서 발송한 대여금 반환
청구의 소의 변론 기일 소환장을 받게 되었습니다. 내용을 살펴보니
외할머니가 살아계실 때 1억 원의 돈을 빌리셨는데, 외할머니가
돌아가셨으니 상속인인 외할아버지와 저, 사촌 동생이 대신 채무를
변제해야 한다는 것이었습니다.

① 외할아버지는 한정 승인을 하셨으니 대여금 반환 청구의
　소의 당사자가 될 수 있다고 생각합니다. 그러나 저와 사촌
　동생이 왜 이 사건의 피고인지 잘 이해가 되지 않습니다.
　저와 제 사촌 동생까지 이 사건의 피고인 게 맞는지요?

② 저와 제 사촌 동생이 외할머니의 채무 1억 원에 대해 책임을
지지 않으려면 어떻게 해야 하나요?

A 안미현 변호사

후순위 상속인의 경우, 선순위
상속인의 상속 포기로 자신이
상속인이 되었음을 분명히 인식한
때로부터 상속 포기 및 한정 승인의
기간을 기산해야 합니다

❶ 선순위 상속인의 상속 포기의 효과

사례의 ❶번 질문에서 의뢰인과 사촌 동생이 외할머니의 채무를 변
제해야 하는 공동 상속인에 해당하는지 여부는 의뢰인과 사촌 동생의
어머니인 엄마와 이모가 행한 상속 포기 신고의 효과가 무엇인지와
직접적인 연관이 있습니다.

민법 제1019조 제1항 본문은 「상속인은 상속개시있음을 안 날로부터 3월내에 단순승인이나 한정승인 또는 피고를 할 수 있다」고 정하고 있는데, 사례의 엄마와 이모는 외할머니가 돌아가신 2018년 8월 6일부터 3월 내인 2018년 9월 10일경 상속 포기 신고를 했으므로 특별한 사정이 없는 한 엄마와 이모의 각 상속 포기 신고는 유효합니다. 엄마와 이모는 상속 포기 신고를 함으로써 외할머니의 사망 당시인 2018년 8월 6일로 소급해서 그때부터 아예 상속인이 아닌 것으로 정리되었습니다(민법 제1042조).

엄마와 이모가 상속 포기를 하게 되면서 우선은 외할아버지가 외할머니의 재산을 상속받는 형태가 됩니다. 하지만 우리 민법 제1003조 제1항, 제1000조 제1항 제1호와 제2호에 따르면 피상속인의 직계 비속이나 피상속인의 직계 존속이 있는 경우에는 그 상속인과 동순위로 공동 상속인이 된다고 정하고 있습니다. 따라서 상속을 포기한 엄마의 직계 비속인 의뢰인, 상속을 포기한 이모의 직계 비속인 사촌 동생이 존재하는 이상, 외할아버지는 의뢰인 및 사촌 동생과 함께 동순위의 공동 상속인이 될 수밖에 없습니다.

대법원 또한 「상속을 포기한 자는 상속 개시된 때부터 상속인이 아니었던 것과 같은 지위에 놓이게 되므로(대법원 2006. 7. 4. 자 2005마425 결정 등 참조), 피상속인의 배우자와 자녀 중 자녀 전부가 상속을 포기한 경우에는 배우자와 피상속인의 손자녀 또는 직계 존속이 공동으로 상속인이 되고, 피상속인의 손자녀와 직계 존속이 존재하지 아니하면 배우자가 단독으로 상속인이 된다」고 분명하게 판시하고 있습니다(대법원 2015. 5. 14. 선고 2013다48852 판결).

정리해보면, 의뢰인과 사촌 동생은 외할아버지와 함께 동순위의 공동 상속인이 되었고, 피상속인인 외할머니의 대여금 반환 채무는 상속인들에게 상속되었으므로, 의뢰인과 사촌 동생은 대여금 반환 청구의 소의 피고가 될 수밖에 없습니다.

❷ '상속 개시 있음을 안 날'의 의미

의뢰인과 사촌 동생이 상속인에 해당하는 이상, 사실 현 상황에서 의뢰인과 사촌 동생이 원고의 대여금 반환 청구에 대해 기각을 구하기는 쉽지 않습니다. 그러나 만약 의뢰인과 사촌 동생이 상속인으로서의 지위를 포기할 수 있다면 의뢰인과 사촌 동생은 대여금을 반환해야 할 책임에서 벗어날 수 있는데요. 그것은 현재 의뢰인과 사촌 동생이 상속 포기를 할 수 있는 상황인지에 달려 있습니다.

민법 제1019조 제1항에서 승인과 포기 신고의 기산점으로 정하고 있는 '상속 개시 있음을 안 날'은 피상속인의 사망으로 상속이 개시되었다는 사실뿐만 아니라 자기가 상속인이 된 사실을 실제로 알아야 함을 의미합니다. 따라서 사실 관계를 착각했거나 법의 내용을 잘 알지 못해서 자기가 상속인이 된 사실을 알 수 없었다면 민법 제1019조 제1항에서 정하고 있는 기간은 진행되지 않습니다.

대법원 또한 「상속인은 상속 개시 있음을 안 날로부터 3월 내에 상속 포기를 할 수 있고(민법 제1019조 제1항), 상속 개시 있음을 안 날이란 상속 개시의 원인이 되는 사실의 발생을 알고 이로써 자기가 상속인이 되었음을 안 날을 의미하지만(대법원 1986. 4. 22. 자 86스10 결정 참조), 종국적으로 상속인이 누구인지를 가리는 과정에서 법률상 어려운 문제가 있어 상속 개시의 원인 사실을 아는 것만으로는 바로 자신이 상속인이 된 사실까지 알기 어려운 특별한 사정이 있는 경우에는 자신이 상속인이 된 사실까지 알아야 상속이 개시되었음을 알았다고 할 것이다. 그런데 피상속인의 배우자와 자녀 중 자녀 전부가 상속을 포기한 때에는 피상속인의 손자녀가 배우자와 공동으로 상속인이 된다는 것은 상속의 순위에 관한 민법 제1000조, 배우자의 상속 순위에 관한 민법 제1003조, 상속 포기의 효과에 관한 민법 제1042조 등의 규정들을 종합적으로 해석해 비로소 도출되는 것이지 이에 관한 명시적 규정이 존재하는 것은 아니므로 일반인의 입장에서 피상속인의 자녀가 상속을 포기하는 경우 자신들의 자녀인 피상속인의 손자녀가 피상속인의 배우자와 공동으로 상속인이 된다는 사실까지 안다는 것은 오히려 이례에 속한다(대법원 2005. 7. 22. 선고 2003다43681 판결)」고 보아, 법의 내용을 잘 알지 못해 상속이 개시된 사실이나 자기가 상속인이 된 사실을 알지 못한 경우에는 민법 제1019조 제1항에서 정한 기간이 진행되지 않는다고 했습니다.

이와 같은 판례의 태도에 비춰보면, 의뢰인과 사촌 동생은 외할머니의 사망 사실은 알았어도 엄마와 이모가 상속을 포기함으로써 자신들이 상속인이 되었다는 사실까지는 인식하지 못했음이 분명하므로, 의뢰인과 사촌 동생에 대해서는 아직 민법 제1019조 제1항에서 정한 기간이 지나지 않았다고 봐야 합니다. 따라서 의뢰인과 사촌 동생이 외할머니의 채무에서 벗어나려면 엄마와 이모가 상속 포기를 함으로써 자신들이 상속인이 되었음을 안 날로부터 3개월 이내에 신속하게 상속 포기 신고를 해야 합니다.

만약 의뢰인과 사촌 동생의 상속 포기 신고의 수리가 사례의 대여금 반환 청구 소송 중에 이루어진다면, 의뢰인과 사촌 동생은 이 소송에서 상속 포기의 사실을 주장하면 되지만, 혹여 대여금 반환 청구 소송이 종결된 다음에 상속 포기 신고의 수리가 이루어진다면, 의뢰인과 사촌 동생은 대여금 반환 청구 소송의 원고를 상대로 '청구 이의의 소'를 제기해서 상속 포기로 인해 의뢰인과 사촌 동생이 더 이상 외할머니의 채무를 갚아야 할 채무자가 아니라는 점을 분명히 주장 및 입증해야 합니다.

선순위 상속인보다 먼저
상속 포기를 할 수 있나요?

얼마 전 할아버지가 돌아가셨습니다. 아버지는 외아들이었는데,
할아버지가 재혼을 하셔서 이복형제가 2명이 있습니다. 할아버지는
제가 초등학교 때 재혼을 하셨는데, 아버지는 할아버지의 재혼이
싫으셨는지 아니면 새할머니와 이복형제들과의 사이가 좋지
않아서인지, 그 이후로는 할아버지의 집에 자주 가지 않으셨습니다.

그러다 보니 저희 가족은 할아버지 장례식에서 정말 오랜만에
아버지의 이복형제들과 만났지만, 아버지는 단 한마디의 말도
나누지 않으셨습니다. 제가 장례식장에 앉아서 밥을 먹고 있는데
주변 사람들로부터 할아버지의 사업이 크게 망해 빚만 남기고
돌아가셨다는 이야기를 전해 들었습니다. 이후 저는 집으로 돌아와
아버지에게 할아버지가 진 빚이 많은 것 같다고, 혹시 아시는 게
있는지 여쭤봤습니다. 하지만 아버지는 할아버지의 재산에 대해
전혀 알지 못한다고 하셨습니다. 그길로 아버지는 상속 포기 신고를

한다고 하셨고, 저도 그렇게 하는 것이 좋다고 생각했습니다.

여기서 궁금한 점이 있습니다. 할머니와 아버지의 이복형제분들이 모두 상속 포기를 하면 제가 할아버지 재산을 상속받게 되므로 저도 상속 포기 신고를 해야 한다고 들었습니다. 그렇다면 저도 얼른 상속 포기 신고를 해야 하는 것은 아닌지 걱정이네요. 할머니와 아버지의 이복형제분들과는 연락조차 되지 않는데, 제가 모르는 사이에 상속 포기 고려 기간이 지나버릴 수도 있다는 생각이 듭니다.

혹시 이런 경우 제가 아버지와 함께 상속 포기 신고를 해도 되나요?

A 전영주 변호사

선순위 상속인과는 상관없이 미리 상속 포기가 가능합니다

선순위 상속인이 아직 상속 포기를 하지 않은 경우에도 미리 상속 포 기 신고를 할 수 있습니다. 상속에 있어서는 ❶피상속인의 직계 비속,

❷피상속인의 직계 존속, ❸피상속인의 형제자매, ❹피상속인의 4촌 이내의 방계 혈족의 순위로 상속인이 됩니다(민법 제1000조 제1항). 사례의 경우, 처와 자녀들이 1순위 상속인이고, 손자녀인 의뢰인은 2순위 상속인입니다. 그러므로 의뢰인의 경우 1순위 상속인들 중 단 한 명이라도 상속 재산을 단순 승인하거나 한정 승인을 하면 상속인이 되지 않습니다. 그러나 1순위 상속인의 소재를 알 수 없거나 연락이 불가능해 1순위 상속인들이 상속 재산에 대해 상속을 승인 또는 포기했는지 여부를 확인하기 어려울 수 있습니다.

그러나 1순위 상속인들의 소재를 알 수 없거나 연락이 불가능해, 1순위 상속인들이 상속 재산에 대해 상속을 승인 또는 포기했는지 여부를 확인하기 어려울 수 있습니다. 이 경우 판례는 「상속인이 상속 개시 있음을 안 날로부터 3월 내에 상속 포기 신고를 할 수 있도록 한 숙려 기간 제도는 상속인의 이익을 위한 것이므로, 후순위 상속인의 숙려 기간은 선순위 상속인의 상속 포기 신고가 적법한 것으로 수리된 이후 이를 현실적으로 인식하여 그 자신이 상속인이 되었음을 안 날로부터 기산될 수밖에 없지만, 피상속인의 사망으로 상속이 개시된 이상 각 상속인은 위 숙려 기간의 도과로 단순 승인의 효력이 생기기 전까지 상속 포기 신고를 할 수 있는 것으로, 각 상속인이 승인과 포기를 선택할 수 있는 이 권리를 그 상속 순위에 따라 제한할 법문상의 근거가 없을 뿐더러, 선순위 상속인의 상속 포기 신고가 적법하게 수리되는 것은 후순위 상속인이 자신에 대한 상속 개시의 효력을 전면적으로 거절한다는 그 상속 포기의 당연한 전제에 해당하여 상속 포기 신고에 금지되는 조건으로도 볼 수 없는 만큼, 후순위 상속인은 선순위 상속인의 상속 포기 신고가 적법하게 수리되기를 기다림이 없이 그 상속 포기를 하는 것이 가능하고, 상속 포기 신고의 수리는 일응 상속 포기의 요건이 구비되었음을 인정하는 것에 불과하며 상속 포기의 효력은 상속 포기의 신고 그 자체로 발생하는 것이므로, 결국 후순위 상속인의 상속 포기는 오로지 현실적인 그 효력의 발생에 있어 선순위 상속인의 상속 포기 신고가 적법한 것으로 수리되어 상속 개시된 때에 소급하여 효력이 있음을 요할 따름이고, 각 신고 및 수리의 선후라는 사정 등에 의하여 그 상속 포기의 효력이 좌우될 것은 아니다」라고 해서 선순위 상속인이 아직 상속 포기를 하지 않은 경우에도 후순위 상속인이 미리 상속 포기 신고를 할 수 있다고 보고 있습니다.

그러므로 의뢰인의 경우, 아버지가 상속 포기 신고를 할 때 함께 가정 법원에 가서 상속 포기 신고를 하면 됩니다.

친권자가 자녀들의 상속 포기를 마음대로 해도 되나요?

저는 생모와 함께 살고 있는 미성년자입니다. 저는 아버지의 혼외자이지만 호적상으로는 아버지와 계모가 제 부모님으로 되어 있고, 대학교를 다니는 이복형이 한 명 있습니다.

아버지는 수십 억대의 자산가셨는데, 아버지가 돌아가신 후에도 저는 재산을 하나도 상속받지 못했습니다. 알고 보니 이복형이 아버지의 모든 재산을 상속받았더군요. 어떻게 저도 모르게 상속이 이루어졌나 확인해보니 너무 어이없게도 엄마가 미성년자인 저를 대리해 제 몫의 상속분을 모두 포기해버렸고, 엄마 또한 상속을 포기해, 결국 모든 상속 재산이 이복형에게 돌아간 것이었습니다.

제가 알아보니 자녀들 간에 이해가 상반되는 행위의 경우, 친권자는 자녀를 대리하는 행위를 함에 있어서 법원에 특별 대리인의 선임을 청구해야 한다고 들었는데, 그렇다면 특별 대리인을 선임하지 않은 이 상속 포기는 적법하지 않은 것 아닌가요?

A
전영주 변호사

민법에서 규정하는 이해상반 행위인지 여부를 따져봐야 합니다

민법 제921조는 다음과 같이 친권자와 그 자녀 간 또는 수인의 자녀 간의 이해상반 행위가 있는 경우, 법정 대리인인 친권자가 자녀를 대리하려면 법원에 특별 대리인의 선임을 청구해야 한다고 규정하고 있습니다.

> **Tip**
>
> **민법 제921조**
> **(친권자와 그 자간 또는 수인의 자간의 이해상반행위)**
>
> ① 법정대리인인 친권자와 그 자 사이에 이해상반되는
> 행위를 함에는 친권자는 법원에 그 자의 특별대리인의
> 선임을 청구하여야 한다.
> ② 법정대리인인 친권자가 그 친권에 따르는 수인의 자
> 사이에 이해상반되는 행위를 함에는 법원에 그 자 일방의
> 특별대리인의 선임을 청구하여야 한다.

여기에서 이해상반 행위란 친권자에게는 이익이 되나 미성년인 자에게는 불이익이 되는 행위 또는 미성년인 자의 일방에게는 이익이 되나 다른 미성년인 자에게는 불이익이 되는 행위를 말합니다. 이러한 이해상반 행위를 친권자가 행할 경우 그 친권자의 친권 행사에는 제한이 따릅니다. 어떠한 행위가 이해상반 행위에 해당하느냐에 관해 실질적 판단설, 형식적 판단설, 실질 관계 객관적 고려설 등의 학설이 존재하나, 판례는 「제921조 제1항의 이해상반 행위란 행위의 객관적 성질상 친권자와 자 사이에 이해의 대립이 생길 우려가 있는 행위를 가리키는 것으로서 친권자의 의도나 그 행위의 결과로 실질적 이해의 대립이 생겼는가의 여부는 묻지 아니하는 것이다(대판 96다10270)」라고 해서 기본적으로 형식적 판단설을 따르고 있습니다. 즉, 원칙적으로 법정 대리인인 친권자가 그 친권에 따르는 여러 명의 자녀 사이에 이해가 상반되는 법률 행위를 할 경우 특별 대리인을 선임해야 하는 것이 원칙입니다.

이해상반 행위 제한 규정의 함정

그런데 민법 제921조 제2항의 이해상반 행위는 이해상반 행위의 당사자가 쌍방이 모두 친권에 복종하는 미성년자일 경우에 한합니다. 사례의 경우, 한 명의 자녀는 성년이고, 의뢰인의 경우는 미성년자이기 때문에 앞선 이해상반 행위의 제한 규정이 적용되지 않습니다. 우리 판례는 유사한 사례에서 「친권자가 미성년자 쌍방을 대리할 수는 없는 것이므로 그 어느 미성년자를 위하여 특별 대리인을 선임하여야 한다는 것이지 성년이 되어 친권자의 친권에 복종하지 아니하는 자와 친권에 복종하는 미성년자인 자 사이에 이해상반이 되는 경우가 있다 하여도 친권자는 미성년자를 위한 법정 대리인으로서 그 고유의 권리를 행사할 수 있으므로 그러한 친권자의 법률 행위는 같은 조항 소정의 이해상반 행위에 해당한다 할 수 없다(대판 1989. 9. 12. 88다카28044)」라고 해서 친권자와 미성년자가 상속 포기 신고를 하고 성년자가 단독 상속하는 경우 특별 대리인을 선임할 필요가 없다고 봤습니다.

다시 말해서 성년인 자와 미성년자인 자 사이에 이해관계가 대립된다고 하더라도 친권자의 대리 행위를 이해상반 행위로 볼 수 없습니다. 그러므로 앞에서 언급한 사안과 같은 상속 포기는 우리 민법 규정상 적법한 것입니다. 그러나 이는 미성년자인 자녀에게 지나치게 불공평할 수 있으므로 구체적인 사안을 통해 친권의 남용을 주장해볼 필요가 있다고 생각됩니다.

Q 25

돈을 빌린 사람이 일부러
상속 포기를 한 것 같습니다

저는 A에게 5억 원을 빌려주었는데, A가 돈을 갚지 않아 소송까지
진행해 승소 판결을 받았습니다. 하지만 승소 판결을 받은 후에도
A에게 집행할 만한 재산이 전혀 없어서 이자는커녕 원금 한 푼도
변제받지 못하고 있습니다.

그런데 최근 A의 부친이 사망해 부동산 등 상속 재산을 남겼지만,
A가 상속을 포기해 A의 동생이 모든 재산을 상속받았다는 사실을
알게 되었습니다. 상속 재산의 일부만 상속받았더라도 저에 대한
채무를 변제할 수 있었을 텐데, 일부러 상속을 포기해 채권을 추심하지
못하게 하다니 너무 억울합니다. 저에 대한 채무를 상환하지 않기 위해
A가 상속 포기를 한 것인데, 이는 사해 행위 아닌가요?
사해 행위 취소의 소송을 제기할 수 있을지 궁금합니다.

전영주 변호사

상속 포기 행위는 사해 행위 취소의 대상이 되지 않습니다

채무자가 채권자를 해함을 알고 재산권을 목적으로 한 법률 행위를 한 때에는 채권자는 그 취소 및 원상 회복을 법원에 청구하는 사해 행위 취소의 소를 제기할 수 있습니다(민법 제406조 제1항). 그런데 상속인에게 채권자가 있는 경우, 상속인이 상속 포기를 하는 것이 채권자들에 대해 사해 행위가 되는지 여부가 문제 됩니다.

우리 법원은 사례와 같이 상속인이 자신에게 채권자가 있음에도 상속 포기를 해서 상속인의 지위를 잃게 된 경우 이와 같은 상속 포기가 사해 행위 취소의 대상이 되지 않는다고 보고 있습니다. 즉, 상속의 포기는 단순히 재산법적 행위에 해당하는 것이 아니라 피상속인 또는 후순위 상속인을 포함해 다른 상속인 등과의 인격적 관계를 전체적으로 판단해서 행해지는 '인적 결단'으로써의 성질을 가집니다. 그러므로 상속인으로서의 자격 자체를 좌우하는 상속 포기의 의사 표시에 사해 행위에 해당하는 법률 행위에 대해 채권자 자신과 수익자 또는 전득자 사이에서만 상대적으로 그 효력이 없는 것으로 하는 채권자 취소권의 적용이 있다고 하면, 상속을 둘러싼 법률관계는 그 법적 처리의 출발점이 되는 상속인 확정의 단계에서부터 복잡하게 얽히게 되는 것을 면할 수 없습니다. 또한 상속인의 채권자의 입장에서는 상속의 포기가 그의 기대를 저버리는 측면이 있다고 하더라도 채무자인 상속인의 재산을 현재의 상태보다 악화시키는 것은 아닙니다. 그러므로 이러한 점을 종합적으로 고려해보면 상속의 포기는 민법 제406조 제1항에서 정하는 '재산권에 관한 법률 행위'에 해당하지 아니하므로 사해 행위 취소의 대상이 된다고 할 수 없습니다.

상속 재산 분할의 경우

한편, 판례는 앞서 언급한 바와 같이 상속 포기는 사해 행위 취소의 대상이 되지 않는다고 보고 있으나, 상속 재산 분할의 경우는 재산권을 목적으로 하는 법률 행위이기 때문에 당연히 사해 행위 취소의 대상이 된다고 보고 있습니다. 판례가 상속 포기와 상속 재산 분할을 구분하는 이유는 상속 재산 분할 협의는 이미 상속이 개시되어 상속인들이 공유하고 있는 재산을 어떻게 분배할지 확정시키는 행위인 반면, 상속 포기는 상속인의 지위를 처음부터 없애는 것으로써 명백한 차이가 있기 때문입니다.

일단 상속이 개시되면 상속 재산은 공동 상속인 사이에서 잠정적 공유가 되고, 그 공유 재산을 어떻게 정리해서 소유권을 확정시킬 것인지 정하는 절차가 상속 재산 분할 협의 과정입니다. 따라서 자신의 지분을 다른 상속인에게 넘겨 그 재산 분할 결과가 채무자 자신이 받게 될 구체적 상속분에 상당하는 정도에 미달하는 경우에는 사행 행위가 될 수 있습니다.

상속 채무가 있다는 사실을
모른 채 상속 재산을 써버렸습니다

아버지가 돌아가신 후 재산 조회를 해보니 아버지 명의로 보험과
예금 등이 있었고, 채무는 발견되지 않았습니다. 아버지가 돌아가신
후 돈을 지출할 일이 많았는데, 때마침 아버지의 통장과 카드를
갖고 있어서 예금을 모두 인출해 장례비용 등을 처리하고,
나머지 돈 일부는 제가 개인적으로 사용했습니다.

　그런데 얼마 지나지 않아 아버지가 A에게 돈을 빌린 후 상환하지
않은 수천만 원에 달하는 채무가 있다는 사실을 알게 되었습니다.
A는 상속인인 저한테 그 빚을 갚으라고 하는데, 지금이라도
상속 포기가 가능할까요?

> 상속인이 상속 재산을 처분한
> 경우 상속 포기가 불가능합니다

상속인이 상속 재산을 처분한 경우 단순 승인으로 봐서 상속 포기가 불가능합니다. 다만, 상속 채무가 상속 재산을 초과하는 사실을 중대한 과실 없이 3개월의 기간 내에 알지 못한 경우에는 그 사실을 안 날로부터 3개월 내에 한정 승인을 할 수 있습니다.

법정 단순 승인에 대해 알아봅니다

상속 채무가 상속 재산을 초과하는 경우, 상속인은 상속 포기를 하거나 한정 승인을 할 수 있습니다. 그런데 상속인의 잘못된 행동으로 인해 단순 승인으로 간주되어 상속인이 피상속인의 채무까지 모두 부담하게 되는 경우가 있습니다. 우리 민법에서는 이를 법정 단순 승인이라고 하여 ❶상속인이 상속 재산에 대한 처분 행위를 하는 경우, ❷상속인이 법정 기간 내 한정 승인이나 포기를 하지 않는 경우, ❸상속인이 한정 승인 또는 포기를 한 후에 상속 재산을 은닉하거나 부정 소비하거나 고의로 재산 목록에 기입하지 아니하는 경우를 그 사유로 정하고 있습니다(민법 제1026조).

Tip

민법 제1026조(법정단순승인)

다음 각호의 사유가 있는 경우에는 상속인이 단순승인을 한 것으로 본다.
① 상속인이 상속재산에 대한 처분행위를 한 때
② 상속인이 제1019조 제1항의 기간내에 한정승인 또는 포기를 하지 아니한 때
③ 상속인이 한정승인 또는 포기를 한 후에 상속재산을 은닉하거나 부정소비하거나 고의로 재산목록에 기입하지 아니한 때

민법 제1026조 제1호 소정의 '상속인이 상속 재산에 대한 처분 행위를 한 때'에 해당해 단순 승인한 것으로 보아 상속인은 상속 포기를 할 수 없습니다. 여기서 '처분'이라고 함은 상속 재산의 현상이나 성질을 변경하는 행위를 의미하고, 처분 행위는 법률 행위와 사실 행위를 가리지 않습니다. 우리 법원은 상속 재산인 예금을 인출하는 행위, 피상속인의 채권을 추심하는 행위, 상속 재산을 매각하는 행위, 피상속인의 임대차 보증금 등을 수령하는 행위, 피상속인의 급여 및 퇴직금을 수령하는 행위를 처분 행위로 보고 있습니다.

사례의 경우 의뢰인이 상속 재산으로 장례비용만 지출했다면 장례비용은 처분 행위가 아닌 보존 행위이므로 이는 법정 단순 승인으로 보지 않아서 상속 포기가 가능하나, 장례비용을 초과해 지출을 한 경

우에는 법정 단순 승인 사유로 보게 됩니다. 법정 단순 승인 사유가 있는 경우에는 한정 승인이나 상속 포기를 할 수 없으므로 유의해야 합니다. 그러므로 한정 승인이나 포기의 심판문을 받기 전에는 가급적 상속 재산에 대한 어떠한 행위도 하지 않는 것이 안전할 것입니다.

한정 승인을 신청하면서
재산을 고의로 누락했습니다

저의 아버지는 할아버지로부터 많은 유산을 물려받으셨습니다. 그래서
일을 전혀 하지 않고 돈을 흥청망청 쓰셨고, 말년에는 도박에까지
빠져서 가산을 전부 탕진해버리셨습니다. 그 많던 상속받은 부동산
들은 다 경매로 넘어갔고, 남은 재산은커녕 채무가 얼마나 있는지
저로서는 짐작도 가지 않습니다. 그래서 저희 3남매는 아버지가
돌아가신 후 재산에 대해 한정 승인이나 상속 포기 신고를 하기로
결정했습니다. 그런데 아버지 명의로 되어 있던 할아버지 상속 재산을
살펴보던 중 여전히 수천 평의 땅이 아버지 명의로 남아 있다는
사실을 알게 되었습니다. 지방에 있는 땅이라 아버지가 처분하지
못하셨던 것 같습니다. 정말 이 땅만큼은 지키고 싶은데,
다음과 같이 해도 되는지 말씀 부탁드립니다.

① 한정 승인 신고를 하면서 재산 목록에 이 땅을 기재하지
   않으면 어떨까요?

② 상속 포기 신고를 한 직후 심판이 고지되기 전에
　이 땅을 처분해버리면 법적으로 문제가 없지 않을까요?

A 전영주 변호사

고의로 누락시켜도
법정 단순 승인으로 봅니다

우선 ❶번 질문에 대해 말씀드리겠습니다. 한정 승인 신고를 할 때 고의로 재산 목록에 상속 재산을 기입하지 않은 경우 단순 승인이 되어 부동산도 지키지 못할 뿐만 아니라 피상속인의 모든 채무를 상속받아 변제해야 합니다.

　우리 민법은 상속인이 한정 승인 또는 포기를 한 후에 상속 재산을 은닉하거나 부정 소비하거나 고의로 재산 목록에 기입하지 아니하는 경우 상속인이 상속 재산을 단순 승인한 것으로 보고 있습니다(민법 제1026조 제3호). 여기에서 '고의로 재산 목록에 기입하지 아니한 때'라는 것은 한정 승인을 함에 있어 상속 재산을 은닉해 상속 채권자를 사해할 의사로써 상속 재산을 재산 목록에 기입하지 않는 것을 의미합니다(대법원 2003. 11. 14. 선고 2003다30968 판결). 그러므로 만일 의뢰인이 한정 승인 신고를 하면서 고의로 재산 목록에 일부 부동산을 기재하지 않은 사실이 밝혀지면 당연히 의뢰인은 땅을 지키기는커녕 피상속인의 모든 채무를 상속받게 되어 변제해야 합니다.

상속 포기 심판이 고지되기 전에 상속 재산을 처분한 것은
법정 단순 승인 사유에 해당합니다

다음으로 ❷번 질문에 대해 말씀드리겠습니다. 상속인이 가정 법원에 상속 포기의 신고를 했으나 이를 수리하는 심판이 고지되기 전에 상속 재산을 처분한 경우, 민법 제1026조 제1호에 따라 상속의 단순 승인으로 봅니다. 민법 제1026조 제1호는 상속인이 상속 재산에 대한 처분 행위를 한 때에 단순 승인을 한 것으로 본다고 규정하고 있습니다. 그런데 상속의 한정 승인이나 포기의 효력이 생긴 이후에는 더 이상 단순 승인으로 간주할 여지가 없으므로 이 규정은 한정 승인이나 포기의 효력이 생기기 전에 상속 재산을 처분한 경우에만 적용됩니다.

상속의 한정 승인이나 포기는 상속인의 의사 표시만으로 효력이 발생하는 것이 아니라 가정 법원에 신고를 해서 심판을 받아야 하며, 심판은 당사자가 이를 고지받음으로써 효력이 발생합니다. 이는 한정 승인이나 포기의 의사 표시의 존재를 명확히 해 상속으로 인한 법률관계가 획일적으로 처리되도록 함으로써 상속 재산에 이해관계를 갖는 공동 상속인이나 차순위 상속인, 상속 채권자, 상속재산의 처분 상대방

등 제3자의 신뢰를 보호하고 법적 안정성을 도모하고자 하는 것입니다.

따라서 상속인이 가정 법원에 상속 포기의 신고를 했더라도 이를 수리하는 가정 법원의 심판이 고지되기 이전에 상속 재산을 처분했다면, 이는 상속 포기의 효력 발생 전에 처분 행위를 한 것이므로 민법 제2016조 제1호에 따라 상속의 단순 승인으로 보게 됩니다(대법원 2016. 12. 29. 선고 2013다73520 판결).

생명 보험금 수령도
단순 승인으로 간주되나요?

얼마 전 저의 아버지는 교통사고로 돌아가셨습니다. 여전히 돌아가셨다는 사실이 실감 나지 않는데, 상속 재산을 정리하는 일도 보통 일은 아닌 것 같습니다. 이번에 아버지 재산을 정리하다 보니 아버지의 채무가 생각보다 많다는 사실을 알게 되었습니다. 하지만 달리 재산은 없었던 터라 저는 어떻게 할까 고민하다가 가정 법원에 상속 포기 신고를 했고, 그렇게 상속 포기 신고가 수리되었습니다. 그리고 상속 포기 후 아버지의 생명 보험금은 제가 수령했습니다.

　그런데 그 후 아버지의 채권자라는 A가 제가 생명 보험금을 수령한 사실을 알고는, 제가 피상속인의 생명 보험금을 받았으니 상속 포기는 효력이 없고 상속 재산을 단순 승인한 것으로 봐야 한다면서 저에게 아버지의 채무를 상환하라고 소를 제기했습니다. 제가 아버지의 생명 보험금을 수령한 행위가 단순 승인으로 간주되는 건가요?

전영주 변호사

생명 보험금은 상속인의
고유 재산입니다

생명 보험의 수익자가 '법정 상속인'이라고 기재되어 있고, 이에 따라 법정 상속인이 생명 보험금을 수령한 것이라면 이는 상속인의 고유 재산이므로 상속 재산이라고 볼 수 없고, 따라서 이를 민법 제1026조의 법정 단순 승인으로 볼 수 없습니다.

상속인이 지급 받을 수 있는 망인에 대한 보험금은 크게 생명 보험 계약과 상해 보험 계약이 있습니다. 생명 보험 계약이란 보험자가 상대방 또는 제3자의 생사에 관한 보험 사고가 생길 경우 일정한 금액을 지급할 것을 약정한 것이고, 상해 보험 계약은 보험자가 피보험자의 신체의 상해에 관한 보험 사고가 생길 경우 보험 금액 기타의 급여를 지급할 것을 약정한 것입니다. 상속에 있어서 생명 보험 계약과 상해 보험 계약은 그 법적 성격이 크게 다른데, 생명 보험에 관한 보험 지급 청구권은 사망 보험금 수익자로 기재된 '법정 상속인'에게 귀속되는 것으로 이는 상속인들의 고유 재산으로 봐야 하며 상속 재산이라고 할 수는 없습니다(대법원 2001. 12. 28. 선고 2000다31502 판결 참조). 반면, 상해 보험 계약의 경우 피보험자에게 보험금이 지급되는 것으로 이는 상속 재산이 됩니다.

사례의 경우, 의뢰인의 아버지가 가입한 보험 계약을 구체적으로 검토해봐야겠지만, 보험 계약의 법적 성격이 사망 보험금이고 사망 보험의 수익자가 '법정 상속인'이라고 기재되어 있다면, 의뢰인이 보험금을 수령하는 것은 상속 재산의 처분이라고 볼 수 없습니다. 따라서 이는 민법 제1026조의 법정 단순 승인 사유에 해당한다고 볼 수 없습니다.

단순 승인 후 상속 채무를 알게 되었습니다

오랫동안 남편이 암으로 투병하다가 사망한 지 벌써 반년이
흘렀습니다. 시간이 어떻게 지나갔는지 생각도 나지 않고
이제야 조금 마음을 추스르고 정신을 차렸는데, 소장을 받게
되었습니다. 남편의 채권자라면서 남편이 생전에 무려 2억 원이나
빌렸다며 그 돈을 상속인인 저에게 변제하라는 내용이었습니다.
병상에 있는 남편을 돌보느라 오랜 기간 돈을 벌지 못해 병원비도
연체했고, 남편이 사망한 후 지인들에게 돈을 빌려서겨우 갚았는데,
저는 도저히 2억 원이나 되는 큰돈을 마련할 수가 없습니다.
지금이라도 한정 승인을 할 수 있을까요?

특별 한정 승인 제도가 있습니다

상속인이 중대한 과실 없이 상속 채무의 초과 사실을 알지 못하고 단순 승인을 한 경우에는 한정 승인을 할 수 있습니다. 그러나 사례의 경우에는 피상속인이 병원비를 지급하지 못했을 정도로 피상속인의 재산 상태가 좋지 않았다는 사실을 상속인이 충분히 알 수 있었던 바, 이런 경우에는 중대한 과실 없이 채무 초과 상태를 알지 못했다고 보기 어려워서 한정 승인을 할 수 없습니다.

특별 한정 승인 제도에 대해 알아봅니다

우리 민법은 상속으로 인한 법률관계를 최대한 빨리 확정시키기 위해 상속 포기와 한정 승인에 일정한 시기적 제한을 가하고 있습니다.

Tip

민법 제1019조(승인, 포기의 기간)

① 상속인은 상속개시있음을 안 날로부터 3월내에 단순승인이나 한정승인 또는 포기를 할 수 있다.
그러나 그 기간은 이해관계인 또는 검사의 청구에 의하여 가정법원이 이를 연장할 수 있다.

② 상속인은 제1항의 승인 또는 포기를 하기 전에 상속재산을 조사할 수 있다.

③ 제1항의 규정에 불구하고 상속인은 상속채무가 상속재산을 초과하는 사실을 중대한 과실없이 제1항의 기간내에 알지 못하고 단순승인(제1026조 제1호 및 제2호의 규정에 의하여 단순승인한 것으로 보는 경우를 포함한다)을 한 경우에는 그 사실을 안 날부터 3월내에 한정승인을 할 수 있다.

즉, 상속 재산의 승인과 포기를 할 수 있는 기간은 상속인이 상속 개시 있음을 안 날로부터 3개월 이내입니다. 그런데 상속인이 피상속인에게 채무가 많다는 사실을 알지 못하다가 뒤늦게 채권자의 소장 등을 받고 나서야 이러한 사실을 알게 되는 경우가 있습니다. 이렇게 상속받은 채무가 상속받은 재산을 초과한다는 사실을 중대한 과실 없이 알지 못하고 뒤늦게 알게 된 경우, 상속인은 상속 채무가 상속 재산을 초과하는 사실을 알게 된 날로부터 3개월 내 한정 승인을 신청해 구제받을 수 있습니다. 이를 특별 한정 승인 제도라고 합니다.

여기에서 '중대한 과실 없이 상속 채무의 초과 사실을 알지 못했다'는 것은 '상속인이 조금만 주위를 기울였다면 상속 채무가 상속 재산을 초과한다는 사실을 알 수 있었음에도 이를 게을리함으로써 그러한 사실을 알지 못한 것'을 의미합니다(대판 2010. 6. 10. 선고 2010다7904). 중대한 과실 없이 알지 못했다는 점에 대한 입증 책임은 상속인에게 있고, 이 기간은 제척 기간입니다. 다시 말해, 특별 한정 승인 제도에서 요구하는 '중대한 과실 없이 상속 채무의 초과 사실을 알지 못했다'는 정도는 매우 엄격한 기준으로 판단되는 것입니다.

그런데 사례와 같이 상속인이 망인의 배우자이며, 오랜 기간 피상속인을 간호해왔고, 피상속인이 사망 직전 암으로 투병 생활을 하다가 병원비도 다 못 내고 사망한 점 등의 사정을 종합하면 의뢰인이 조금만 주의를 기울였다면 피상속인의 상속 채무가 상속 재산을 초과한다는 사실을 상속 개시일로부터 3개월 내 알 수 있었다고 보이므로 이를 알지 못한 데 중과실이 인정될 여지가 충분하다고 할 것입니다.

Q30

상속을 포기하기로 약속했는데, 다시 상속권을 주장할 수 있나요?

얼마 전 아버지가 돌아가셨습니다. 그런데 저희 집 사정이 좀
복잡합니다. 어린 시절 저와 동생을 남기고 어머니가 돌아가시자
아버지는 재혼을 하셨고, 새어머니와 사이에 막내가 태어났습니다.
아버지는 저희 3형제가 잘 지내길 누구보다 바라셨고, 혹여라도
아버지 사후에 새어머니와 재산 다툼이 생기지 않도록 5년 전 단독
주택을 매수하면서 새어머니 명의로 해주기까지 하셨습니다. 그런데
아버지보다 새어머니가 먼저 돌아가셨고, 막내는 새어머니 명의의
단독 주택을 본인이 상속받고 싶다는 의사를 밝혔습니다.
막내는 "제가 어머니 명의 주택을 상속받는 대신 나중에 아버지가
돌아가시면 상속분을 주장하지 않겠습니다"라고 하며 아버지를
적극적으로 설득했고, 아버지는 자신이 죽고 나서 자식들 간 분쟁이
생기는 걸 막고자 막내로부터 '향후 아버지가 사망하더라도 아버지의
상속 재산에 대해서는 상속을 포기한다'라는 각서를 받은 후 이를

저와 동생에게 주셨습니다. 그러다 지난달 아버지가 돌아가셨고, 아버지의 상속 재산으로는 예금이 남아 있는 상황인데, 막내가 자신도 상속권자라며 법정 상속분대로 예금을 분할하자고 요구해왔습니다. 상속을 포기하기로 약속하고 이미 새어머니의 상속 재산을 단독으로 상속받은 막내가 아버지 재산에 대해 또 상속을 요구할 수 있나요? 아니면 막내가 이미 상속받은 부분을 취소할 수는 없을까요?

A 김자연 변호사

피상속인 사망 전에 한 상속 포기는 무효입니다

상속 개시 전에 한 상속 포기 약정은 효력이 없으므로 막내는 자신의 상속권을 주장할 수 있습니다. 상속의 포기는 상속이 개시된 후, 즉 피상속인의 사망 후 3개월 내에만 가능하며, 가정 법원에 신고하는 등 일정한 절차와 방식을 따라야만 그 효력이 있습니다. 다시 말해 피상속인 사망 전에 한 상속 포기의 약정은 무효인 것입니다(이는 유류분 포기 약정도 마찬가지입니다).

사례에서 의뢰인의 막냇동생이 작성한 상속 포기서는 상속 개시 전에 한 상속 포기 약정으로 법적 효력이 없다고 할 것입니다(민법 제1041조, 제1019조 제1항). 만일 막냇동생이 피상속인의 사망 후 스스로 법원에 상속 포기 신고를 했다면 법원의 상속 포기 심판에 따라 상속 포기의 효력이 발생할 것이나, 만일 그렇지 않고 상속권을 주장한다면 이는 상속인으로서의 권리 행사로 막을 수 없다 하겠습니다.

> **Plus**
>
> ### 상속 개시 전 상속 포기에 관한 판례
>
> 상속인 중의 1인이 피상속인의 생존 시에 피상속인에 대하여 상속을 포기하기로 약정하였다고 하더라도, 상속 개시 후 민법이 정하는 절차와 방식에 따라 상속 포기를 하지 아니한 이상, 상속 개시 후에 자신의 상속권을 주장하는 것은 정당한 권리 행사로서 권리 남용에 해당하거나 또는 신의칙에 반하는 권리의 행사라고 할 수 없을 것이다(대법원 1998. 7. 24. 선고 98다9021 판결).

상속 재산 분할 청구 또는 유류분 반환 청구 소송의 필요성

의뢰인의 막냇동생이 아버지와 작성한 각서에 '새어머니 명의 주택을 상속받는 조건으로'라는 조건부 각서라는 점이 명시되어 있지 않고, 그에 따르더라도 사전 상속 포기가 무효라는 점이 대법원의 일관된 태도인 바, 그 무효의 대상은 사전에 작성한 상속 포기 각서에 한정되는 것입니다. 결국 막냇동생이 상속을 받은 재산은 그대로 막냇동생의 상속 재산으로 인정될 것입니다.

　사례에서 아버지의 상속 재산인 예금 채권은 기본적으로 가분 채권으로서 상속 재산 분할 대상은 아닙니다. 하지만 공동 상속인 중 초과 특별 수익자가 있는 경우에는 예외적으로 가분 채권도 상속 재산 분할 대상이 될 수 있다는 것이 대법원의 태도입니다. 그러므로 의뢰인은 상속 재산 분할 청구나 유류분 반환 청구 소송을 제기하면서 막냇동생이 아버지에게 작성해준 각서를 재판부에 제출해 아버지가 새어머니에게 증여해준 집이 막냇동생에게 상속된 부분을 특별 수익 부분으로 공제되어야 하는 재산으로 주장해 재판부에서 이를 적극 고려해주도록 해야 할 것입니다.

Q 31

상속을 포기했는데,
상속세를 내야 하나요?

2019년 초, 아버지는 저와 쌍둥이 동생의 결혼비용으로
각 3억 원씩, 총 6억 원을 증여하셨고, 저와 동생은 위
증여가액에 해당하는 증여세 4,000만 원을 납부했습니다.
그러다 1년 뒤 코로나19 사태로 인해 아버지는 막대한 사업
손실로 상당한 부채를 떠안게 되셨고, 설상가상으로 심근 경색으로
돌아가셨습니다. 저와 동생은 부채를 상속받을 수는 없기에 상속
포기를 했습니다. 그런데도 상속세를 내야 하나요?

상속을 포기하더라도
상속세는 내야 합니다

상속인이 상속을 포기하더라도 상속세 및 증여세법상 상속세 납부 의무가 있고, 의뢰인의 경우 사전 증여 받은 금액에 대해 상속세를 납부해야 합니다. 상속 재산보다 상속 부채가 많은 경우 상속인은 상속 개시가 있음을 안 날로부터 3월 내에 가정 법원에 상속 포기의 신고를 할 수 있습니다(민법 제1019조).

의뢰인의 사례처럼 상속 재산보다 상속 부채가 많아 상속 포기를 한 경우, 상속세를 납부해야 하는지가 문제 되는데, 상속세 및 증여세법 제2조 제4호는 사전 증여를 받은 자가 상속을 포기함으로써 상속세 납세 의무를 면하는 것을 방지하기 위해 '상속인'에 상속을 포기한 사람을 포함하고 있습니다.

Plus

상속인의 범위와 관련된 판례

구 상속세법(1990.12.31. 법률 제4283호로 개정되기 전의 것) 제4조 제1항 소정의 '상속인'이라 함은 상속 개시 당시 상속인의 지위에 있었던 자를 가리키는 것으로서, 상속 개시 후에 상속을 포기한 자도 위 법 조항 소정의 상속인에 해당한다(대법원 1993. 9. 28. 선고 93누8092 판결).

상속세 및 증여세법에서는 상속인이 상속 개시 전 10년 이내에 증여 받은 재산가액(제13조 제1항 제1호)과 상속 개시 전 피상속인이 처분한 재산가액 또는 채무 부담액으로 그 사용처가 불분명한 경우에는 상속받은 것으로 추정해 그 용도 불분명한 금액 상당액을 상속세 과세가액에 가산(제15조 제1항)해 상속세를 부과하고 있습니다. 상속인 중 상속 포기자의 경우에도 상속 개시 전에 피상속인으로부터 증여 받은 재산이 있을 수 있으며, 또한 상속 개시 전에 피상속인이 처분한 재산가액 또는 채무 부담액으로서 상속 추정되는 금액 중 일부가 사실상 상속 포기자에게 귀속되었을 가능성도 있기 때문입니다.

사례처럼 상속 개시 당시에는 부채가 많아 상속을 포기했을지라도 사전에 증여 받은 6억 원에 대해서는 상속세를 납부해야 하고, 이때 사전 증여 시 납부한 증여세는 기납부세액으로 공제됩니다.

구하라법에 대한 단상 양소영 대표 변호사

최근 고인이 된 가수 구하라 씨의 상속과 관련해 논란이 많습니다. 핵심은 우리나라 민법상 '부양 의무를 해태한 부모'에 대해 상속을 제한하는 규정이 없다 보니 이러한 규정을 만들어야 한다는 것이며, 이러한 내용을 담은 민법 개정안이 20대 국회에 이어 21대 국회에도 제출되었습니다.

우리나라 민법은 제1000조 이하에서 상속인의 범위를 규정하는데, 그 범위는 피상속인의 배우자, 피상속인의 직계 비속, 피상속인의 직계 존속, 피상속인의 형제자매, 피상속인의 4촌 이내의 방계 혈족입니다. 더불어 민법은 상속 결격 제도도 규정하는데, 그 사유는 피상속인 등 일정한 자에 대한 살인 또는 살인 미수나 상해 치사, 피상속인의 유언에 관한 부정행위에 한합니다. 즉, 피상속인에 대한 유기나 부양 의무 해태, 학대 등은 상속 결격이나 상속 박탈 사유로 규정하고 있지 않습니다. 그렇다 보니 소위 자격이 없는 부모가 상속을 받는 것이 일반인들의 도덕 감정에 반하는 부분이 있음에도 상속 결격자로서 상속권을 박탈하는 것이 현행법상으로는 불가능하다는 것입니다.

우선 상속 제도가 이어져온 근거와 기능은 첫째, 피상속인이 자식들에게 재산을 물려주고 싶다는 의사, 둘째, 실제로 가족들의 협동 노력으로 축적된 가족 단체의 공유 재산의 승계라는 측면, 셋째, 피상속인이 자신의 재산으로써 유족의 부양과 생활을 보장한다는 것, 넷째, 혈연의 대가로써 기능한다는 복합적인 측면이 있습니다. 그리고 현행 민법은 피상속인은 혈연이 있는 자들에게 상속시키고 싶을 것이라는 추정적 의사를 전제로 하고 있습니다.

그러나 현대 사회에서 호적 제도는 법적으로 소멸되었고, 제사를 모시는 가족도 현저히 줄어들어 가까운 미래에는 아예 사라질 것으로 예상되고 있으며, 생전에 증여를 받은 자식이 부모를 돌보지 않고 유기·방치하는 경우가 비일비재하고, 공동으로 재산을 이루는 경우가 과거 농업 경제 시대와 달라 많지 않습니다. 이러한 현실 속에서 단순히 혈연관계라 하여 자신의 재산을 무조건 상속하고자 하는 피상속인의 의사가 있다고 추정하는 것이 오히려 현실에 부합하지 않을 수도 있습니다.

세계 각국의 상속권 박탈 제도를 살펴보면, 이렇듯 '단순한 혈연관계에 의거해' 피상속인의 재산을 '아무런 제한 없이' 상속하는 것은 오히려 보편적 정의와 인륜에 반하는 결과를 초래할 수 있다는 논리가 더 설득력이 있음을 알 수 있습니다.

일본은 유류분을 갖는 추정 상속인이 피상속인에 대해 학대를 하거나 중대한 모욕을 가한 때 또는 추정 상속인에게 그 밖의 현저한 비행이 있는 때에는 법원에 그에 대한 청구를 하여 추정 상속인의 상속권을 박탈할 수 있습니다. 대만은 피상속인에 대한 중대한 학대 또는 모욕한 사정이 있어 피상속인이 상속할 수 없다고 한 경우를 상속 결격의 한 가지로 규정합니다.

이처럼 세계 각국은 범죄나 유언에 관한 부정행위 외에도 부양 의무 불이행 등 피상속인에 대한 유기·학대 등을 상속권 박탈이나 상속 결격 사유로 규정하고 있으므로 이를 참고해 우리나라도 이에 대한 입법을 서두를 필요가 있습니다.

상속, 나누거나 남기거나

상속 재산 분할·분여 | 유류분 | 기여분

어머니가 물려받은 전 재산, 자식들이 돌려받을 수 있나요?

저희 아버지는 어머니와의 사이에 3남매를 두고 43년간
결혼 생활을 이어오셨습니다. 아버지는 돌아가시기 7년 전에
어머니에게 사시던 집을 증여하셨습니다. 그 집이 아버지의
유일한 재산이었습니다. 그래서 아버지가 돌아가신 후
아버지로부터 아무런 재산도 상속받지 못한 저희 3남매는
어머니를 상대로 유류분 반환 청구를 했습니다.
이 내용이 받아들여질지 궁금합니다.

A 백수현 변호사

유류분 제도를
살펴봐야 합니다

의뢰인의 사례는 실제 사례로, 그 사례에서 대법원은 어머니가 자녀들에게 유류분을 반환할 필요가 없다고 판단했습니다.

피상속인은 생전에 자신의 재산을 자유롭게 증여하거나, 유언을 통해 제3자나 공동 상속인들 중 1인에게 처분할 수 있습니다. 그리고 이때 증여나 유증을 받지 못한 상속인의 최소한의 생계 보장 및 공평한 상속 분배를 위해 우리 민법에 둔 것이 바로 유류분 제도입니다. 유류분이란 상속인이 법정 상속분 중에 일정 비율을 반드시 취득할 수 있도록 법률상 보장하는 제도로, 피상속인의 직계 비속과 배우자는 법정 상속분의 1/2의 유류분권을 갖습니다.

의뢰인의 사례를 원칙대로 살펴보면, 의뢰인의 어머니가 아버지로부터 증여 받은 집은 공동 상속인 중 1인의 특별 수익에 해당합니다. 비록 이 집이 7년 전에 증여 받은 것이라고 해도 유류분 산정의 기초 재산이고, 의뢰인의 형제분들은 해당 부동산 중 각 1/9씩의 유류분을 갖게 되기 때문에 어머니는 그만큼 반환했어야 합니다. 실제 사례에서 1심, 2심 법원도 부동산 외에는 아무런 재산이 없던 아버지가 이를 모두 어머니에게 증여했다는 사실만으로 증여 재산 전부를 특별 수익에 해당한다고 보고 자녀들에게 유류분을 반환하도록 판결했습니다.

그런데 대법원의 판단은 달랐습니다. 대법원은 「생전 증여를 받은 상속인이 배우자로서 일생 동안 피상속인의 반려가 되어 그와 함께 가정 공동체를 형성하고 이를 토대로 서로 헌신하며 가족의 경제적 기반인 재산을 획득·유지하고 자녀들에게 양육과 지원을 계속해온 경우, 생전 증여에는 위와 같은 배우자의 기여나 노력에 대한 보상 내지 평가, 실질적 공동 재산의 청산, 배우자 여생에 대한 부양 의무 이행 등의 의미도 함께 담겨 있다고 봄이 타당하므로 그러한 한도 내에서는 생전 증여를 특별 수익에서 제외하더라도 자녀인 공동 상속인들과의 관계에서 공평을 해친다고 말할 수 없다」고 판단함으로써 이를 특별 수익으로 보지 않은 것입니다(대판 2010다66644). 이는 결과적으로 생존 배우자를 보호한 데 의미가 있는 판결입니다.

기여분 제도에 대해

물론 이와 같은 취지로 공동 상속인 중에 피상속인을 특별히 부양하거나 피상속인의 재산 유지 또는 증가에 특별히 기여한 자가 있는 경우 상속분 산정에 그러한 부양이나 기여를 고려하여 공동 상속인 간의 실질적 평등을 도모하기 위해 현행 민법 제1008조의2에 기여분 제도라는 것을 두고 있습니다.

그러나 기여분에서 고려되는 특별한 부양이란 성년인 자녀가 장기간 부모와 동거하면서 생계 유지의 수준을 넘는 부양자 자신과 같은 생활 수준을 유지하는 부양을 한 경우 등을 말하고, 특별한 기여 또한 통상의 수준을 넘는 노무의 제공 또는 재산상의 급여를 의미하므로, 현실적으로 배우자의 일반적인 내조와 헌신은 통상적인 기여에 불과하다는 이유로 기여분이 잘 인정되지 않습니다. 생존 배우자의 피상속인에 대한 간병 내지 가사 노동도 통상의 상호 부양, 협조 의무에 따른 것이므로 특별한 기여 또는 부양이라고 인정되기 어렵습니다.

따라서 앞서 언급한 대법원 판결은 예외적으로나마 피상속인의 배우자에게 특별 수익 반환 의무를 면제해줌으로써 배우자 사망 후 남은 배우자를 보호한 데 의미가 있다고 하겠으나, 궁극적으로는 배우자 상속분 상향 등 피상속인 배우자의 생계 보호 등을 위한 조치가 입법적으로 마련되어야 하지 않을까 싶습니다.

Q 33

상속 채무의
분담 방법이 궁금합니다

저는 자금난을 겪던 지난해 아버지로부터 4,000만 원을 증여 받아
사업 자금으로 사용했습니다. 그러나 경영난을 이기지 못한 채
사업을 접었고, 재산을 모두 처분해 채무를 갚으려고 노력했지만
아직 남아 있는 채무가 1억 원입니다. 제가 채무 문제로
채권자들로부터 시달리던 중 형이 모시던 아버지가 돌아가셨고,
저희 4남매는 공동으로 아버지의 유일한 재산인 시가 4억 원 상당의
집을 상속받았습니다. 저는 지난해 4,000만 원을 증여 받기도 했고,
어차피 상속을 받아봤자 빚을 갚는 데 다 들어갈 것이라 상속분을
이전하기로 했습니다. 이에 대해 모두 동의해 저희 4남매는
아버지가 지난해 저에게 사업 자금을 지원하느라 친구분한테 빌린
4,000만 원의 채무를 형이 면책적으로 인수하는 조건으로
집을 형 단독 소유로 하는 상속 재산 분할 협의를 했습니다.
여기서 궁금한 내용이 있습니다.

① 저의 채권자가 저에게 돈을 받아갈 수 있을까요?

② 만약 형이 상속 재산 분할 협의 내용과는 달리 집만 가져가고 아버지 친구분에게 갚아야 할 4,000만 원을 갚지 않을 때 저를 비롯한 나머지 형제들이 갚아야 할까요?

A 백수현 변호사

상속 재산 분할에 관한 협의를 했어도 갚을 돈은 갚아야 합니다

결론적으로 의뢰인의 채권자는 상속 재산 분할 협의가 없었다면 원래 의뢰인이 상속받았을 몫을 되찾아 자신의 채권을 회수할 수 있습니다. 그리고 형이 약속을 어기고 채무를 갚지 않으면, 나머지 형제분들이 4,000만 원의 채무 중 상속분만큼, 즉 1,000만 원씩 변제할 책임이 있습니다.

상속 재산 분할 협의 vs 상속 포기

만약 상속 재산 분할 협의가 없었다면 의뢰인의 상속분은 7,000만 원, 나머지 형제분들의 상속분은 1억 1,000만 원입니다.

- 의뢰인: {(상속 재산 4억 원+의뢰인의 특별 수익 4,000만 원)
  × 1/4} – 특별 수익 4,000만 원 = 7,000만 원
- 나머지 형제: (상속 재산 4억 원 + 의뢰인의 특별 수익 4,000만원)
  × 1/4 = 1억 1,000만 원

또 의뢰인의 아버지가 지인으로부터 빌리고 갚지 못한 채무 4,000만 원은 상속 개시와 동시에 당연히 법정 상속분에 따라 분할되어 각 상속인들에게 귀속되므로(대법원 1997. 6. 24. 선고 97다8809 판결) 의뢰인을 포함한 4남매는 각 1,000만 원씩의 상속 채무를 부담합니다. 따라서 의뢰인의 채권자는 의뢰인이 원래 상속분대로 상속을 받았다면 자신의 채권 1억 원 중 적어도 일부는 회수했을 가능성이 있었지만, 의뢰인이 상속분을 모두 형에게 양도하는 바람에 결국 채권을 회수하지 못하게 된 것이므로, 상속분을 양도받은 형을 상대로 상속 재산 분할 협의가 사해 행위에 해당하므로 의뢰인의 상속분에 해당하는 범위 내에서 취소하고, 그만큼 가액을 반환하라는 소송을 제기할 수 있습니다.

대법원은 「이미 채무 초과 상태에 있는 채무자가 상속 재산의 분할 협의를 하면서 자신의 상속분에 관한 권리를 포기함으로써 일반 채권자에 대한 공동 담보가 감소된 경우에는 원칙적으로 채권자에 대한 사해 행위에 해당한다」고 판단한 바 있습니다(대법원 2007. 7. 26. 선고 2007다29119 판결, 대법원 2008. 3. 13. 선고 2007다73765 판결).

사례에서 상속 재산 분할 협의는 상속 포기와 실질적으로 같지만, 우리 법원은 「상속의 포기는 민법 제406조 제1항에서 정하는 '재산권에 관한 법률 행위'에 해당하지 아니하여 사해 행위 취소의 대상이 되지 못한다」고 판단하고 있으므로, 결과적으로 의뢰인의 채권자는 의뢰인이 상속 포기를 하지 않고 상속 재산 분할 협의를 한 게 천만다행이었습니다.

상속 재산 분할 협의와 상속 채무

만약 상속인들이 상속 채무에 관해서도 마음대로 분할할 수 있다면 재산 없는 상속인에게 채무를 몰아주는 것이 가능할 수 있습니다. 그러므로 상속 재산 분할 협의가 가능한 재산은 적극 재산에 한정되고, 소극 재산인 채무는 법정 상속분대로 상속인들에게 자동적으로 귀속되고 상속인들끼리 분할 협의를 할 수 없습니다. 상속 채권자를 보호하기 위해서입니다.

사례에서도 의뢰인의 형이 자신의 상속분보다 많은 형제들의 상속 채무를 떠안고 그들의 채무를 면제해주기로 하는 것은 성격상 면책적 채무 인수에 해당하므로 의뢰인 4남매가 합의해 정할 수는 없고 채권자의 동의가 필요합니다. 따라서 상속 채권자가 상속 재산 분할 협의 내용에 동의하지 않고, 형을 제외한 의뢰인 및 나머지 형제들을 상대로도 채무 변제를 요구할 경우 의뢰인 및 나머지 형제들은 상속 재산 분할 협의에도 불구하고 자신의 상속분만큼 채무를 변제할 수밖에 없습니다.

Q 34

사실혼 배우자도 기여분을
주장할 수 있나요?

저는 전남편과 이혼한 후 지금의 남편을 만났습니다. 전남편과
몇 년에 걸친 소송으로 이혼을 했기 때문에 지금의 남편과는 혼인
신고를 하지 않고 살았습니다. 저는 재혼 후 남편이 하던 식당에 매일
출근해서 열심히 식당일을 도왔고, 그렇게 10년 동안 함께 열심히
일한 덕분에 식당도 확장하고 집도 사는 등 재산을 불렸는데,
어느 날 갑자기 남편이 교통사고로 사망을 하고 말았습니다.

그런데 문제는 남편의 장례가 끝나자마자 남편의 전처 자식들이
찾아와서는 남편 명의로 되어 있던 식당과 집이 모두 상속 재산이고
법정 상속인은 자신들이며 혼인 신고를 하지 않은 저는 상속인이
아니라면서 재산을 모두 내놓고 집에서도 나가라고 하는 것입니다.
사실 제가 아니었다면 남편의 식당은 진작 문을 닫았을 것인데, 저의
노력으로 남편의 식당이 자리를 잡고 지금의 자리로 확장까지 하게
되어 사실 식당과 집에 대한 저의 기여는 절대적이라고 생각합니다.

제가 전처 자식들에게 식당과 집에 대한 저의 기여가 크니

기여한 바를 인정해달라고 주장할 수 있을까요?

이미숙 변호사

A

사실혼 배우자는 기여분을
주장할 수 없습니다

상속 재산에 대한 기여분은 공동 상속인만 주장이 가능한데, 혼인 신고를 하지 않은 사실혼 배우자는 상속인이 아니므로 기여분을 주장할 수 없습니다. 따라서 사실혼 배우자인 의뢰인은 전처 자식들에게 식당과 집에 대한 기여를 인정해달라고 주장할 수 없고 상속인도 아니므로 결국 식당과 집은 전처 자식들이 상속받게 됩니다.

'기여분'이란 공동 상속인 중에서 상당한 기간 동거, 간호 그 밖의 방법으로 피상속인을 특별히 부양하거나 피상속인의 재산의 유지 또는 증가에 관해 특별히 기여한 자가 있을 경우, 이를 상속분의 산정 시

고려하는 것입니다. 기여분 제도는 공동 상속인 중 상속 재산의 유지 등에 기여한 상속인에 대해 더 많은 몫을 인정함으로써 공동 상속인 간의 공평을 실현하는 제도입니다.

우리 민법은 민법 제1008조의2에서 기여분 제도를 규정하고 있는데, 공동 상속인 중에 '상당한 기간 동거·간호 그 밖의 방법으로 피상속인을 특별히 부양'하거나 '피상속인의 재산의 유지 또는 증가에 특별히 기여'한 자가 있을 때에는 상속 개시 당시의 피상속인의 재산 가액에서 공동 상속인의 협의로 정한 그 자의 기여분을 공제한 것을 상속 재산으로 보고, 기여 상속인의 경우 상속분에 기여분을 가산한 액을 상속분으로 하며, 이러한 기여분의 협의가 되지 않거나 협의할 수 없는 때에는 가정 법원이 기여자의 청구에 의해 기여분을 정하도록 규정하고 있습니다.

기여분이 인정되는 경우 기여분은 상속 재산에서 제외되므로 공동 상속인들은 기여분을 제외한 나머지 상속 재산을 각자의 상속분에 따라 상속받게 되고, 기여 상속인은 최종적으로 기여분과 기여분을 제외한 상속 재산 중 자신의 상속분을 합한 금액을 받게 됩니다.

기여분을 주장할 수 있는 경우

기여분은 상속 재산 분할 청구가 있는 경우(민법 제1013조 제2항) 또는 상속 재산 분할 후에 인지 또는 재판의 확정에 의해 공동 상속인이 된 자의 가액 지급 청구가 있는 경우(민법 제1014조)에 할 수 있습니다. 이러한 기여분은 공동 상속인만 주장할 수 있고, 공동 상속인이 아닌 자는 기여분을 주장할 수 없습니다. 따라서 상속을 포기한 자나 혼인 신고를 안 한 사실혼 배우자는 상속인이 아니므로 기여분을 주장할 수 없습니다.

사례에서 의뢰인은 남편과 재혼 후 10년 동안 열심히 식당일을 도와 재산 증식에 특별한 기여를 한 것으로 인정되나, 사실혼 배우자는 공동 상속인이 아니므로 사실혼 배우자인 의뢰인은 남편의 집과 식당에 대해 상속권을 주장할 수 없습니다. 또 공동 상속인이 아닌 자는 기여분도 주장할 수 없으므로 상속인이 아닌 의뢰인은 기여분도 주장할 수 없습니다.

기여분의 인정 조건을
알고 싶습니다

저는 4녀 중 둘째 딸로서 혼인하기 전부터 부모님 집에 살면서
집안일을 도맡아 했고, 장사로 바쁜 부모님을 대신해서 동생들을 거의
키우다시피 했으며, 혼인한 후에도 약 30년간 부모님을 저희 집에서
모시고 살았습니다. 아버지가 병환으로 입원하셨을 때에도 저만
자식들 중 유일하게 간병을 하고 병원비를 냈으며, 아버지가 돌아가신
후에는 저와 남편이 아버지의 제사도 계속 모셔왔습니다. 또 저는
어머니도 돌아가실 때까지 집에서 모시고 살면서 부양했고, 어머니가
병원에 입원하셨을 때에도 치료비를 부담하고 간병을 했습니다.
어머니의 유일한 수입원이었던 임대 주택의 수리와 관리도 제 돈으로
했습니다. 그런데 어머니가 돌아가시자 언니와 두 동생들이 어머니의
유일한 상속 재산인 임대 주택을 상속분대로 1/4씩 똑같이 나누자고
합니다. 부모님이 편찮으실 동안 다른 딸들은 누구도 부모님을
간병하거나 병원비를 내지 않았습니다. 그리고 임대 주택에 수리비가

필요하다고 얘기했을 때도 모두 모른 체해서 결국 제 돈으로 수리를 했는데, 이제 와서 상속 재산을 똑같이 나누자고 하니 너무 억울한 생각이 듭니다. 제가 어머니의 상속 재산을 다른 자매들과 1/4씩 똑같이 나누어야 하나요?

A **이미숙 변호사**

기여분을
인정받을 수 있습니다

결혼 후에도 부모님을 자신의 집에서 모시고, 임대 주택을 수리하고, 부모님을 간병하고, 병원비도 부담했다면 특별한 기여를 한 것으로 인정되어 의뢰인은 기여분을 인정받을 수 있습니다. 따라서 4자매는 상속 재산 중에서 의뢰인의 기여분을 제외한 나머지 재산을 1/4씩 분할하면 됩니다. 그리고 의뢰인은 기여분과 기여분을 제외한 나머지의 1/4에 해당하는 재산을 받게 됩니다.

기여분은 첫째, 상당한 기간 동거·간호 그 밖의 방법으로 피상속인을 특별히 부양한 경우, 둘째, 상속인이 피상속인의 재산의 유지나 증가에 특별한 기여를 한 경우 인정되는데, 이때의 기여는 통상의 기여로는 부족하고 '특별히 기여'를 해야 합니다. 특히 공동 상속인 간의 공평을 위해 상속분을 조정해야 할 필요가 있을 만큼의 특별성이 인정되어야 합니다. 특별한 기여 행위는 원칙적으로 무상으로 행해져야 하고, 기여 행위에 대한 반대급부가 있을 경우에는 기여로 인정되지 않을 수도 있습니다. 또한 이러한 기여는 임시적으로 행해지거나 여가에 틈틈이 행해진 정도로는 부족하고 본래 자기가 종사해야 할 일과 똑같은 정도로 종사해야 하고, 상당 기간 계속적으로 행해져야 합니다. 다만 기여가 부부 간의 부양 의무 이행의 일환이라거나 부부 간에 통상 기대되는 정도에 불과한 경우에는 기여분이 인정되지 않습니다.

사례에서 의뢰인은 약 30년 동안 부모님을 자신의 집에서 모시며 부양했고, 간병을 하고 병원비도 부담했으며, 어머니의 유일한 소득원이었던 임대 주택을 수리하고 관리했기 때문에 특별한 기여를 한 것이고 기여분을 인정받을 수 있습니다. 결국 4자매는 상속 재산에서 의뢰인의 기여분을 공제한 나머지 재산을 1/4씩 상속받게 되고, 의뢰인은 그 상속분과 기여분을 합한 금액을 받게 됩니다.

Plus

기여분 관련 판례

① 상속인인 처가 피상속인인 남편의 상속 재산인 부동산
지분 및 자동차를 취득하는 데 대부분의 매매 대금을

부담했고, 혼인 기간이 3개월에 불과한 경우 처의 기여분을
70% 인정(부산가정법원 2016. 5. 31. 2015느합2000038 심판)

② 혼인 후 경찰 공무원으로 근무하면서 그 수입으로
전업주부인 피상속인과 함께 생활했고, 피상속인인 처는
남편이 마련한 자금으로 유일한 상속 재산을 취득했으며,
피상속인이 여러 차례 입원 치료를 받고 사망할 때까지
열심히 병간호를 한 경우 남편의 기여분을 70% 인정
(서울가정법원 2013. 12. 30. 자 2013느합100 결정)

③ 피상속인의 처가 약 30년의 혼인 기간 동안 실질적으로
생계를 전적으로 책임지고 피상속인을 부양해온 경우
처의 기여분을 100%로 인정
(서울가정법원 2010. 10. 12. 자 2010느합1 심판)

④ 피상속인이 독일에 망명했다가 귀국 후 홀로 거주하면서
투병 생활을 하던 중 간병과 간호를 전담하며 보호자 역할을
한 조카를 입양했는데, 상속 재산에 대해 입양된 조카의
기여분을 25% 인정(서울가정법원 2015. 11. 9. 2013느합95)

⑤ 피상속인과 함께 분식점 등을 운영하면서 종업원을
관리하는 등 피상속인의 사업에 주도적으로 노무를 제공함
으로써 상속 재산을 형성하는 데 기여한 배우자의 기여분을
20% 인정(서울가정법원 1995. 9. 7. 선고 94느2926 판결)

⑥ 피상속인의 아들이 상속 재산인 토지를 매수하는 데 필요한
자금을 대부분 지원했고, 현재까지 토지의 유지·관리에
필요한 제반 비용도 부담했으며, 피상속인이 살아 있는 동안
수시로 용돈 내지 생활비의 일부를 보조했고, 피상속인이
수술 및 입원을 했을 때 그 수술비용 및 입원비용의 상당
부분을 부담한 경우 아들의 기여분을 70% 인정
(의정부고양지원 2015. 2. 9. 자 2014느합60000 결정)

유류분 반환 청구 소송에서
기여분 주장이 가능한가요?

2남 1녀 중 장남인 저는 결혼 후 저희 집에서 부모님을 모시고
살면서 부양했고, 10년 전부터는 연로하고 건강이 좋지 않으신
부모님을 대신해 부모님이 하시던 과수원에서 대신 농사를 지었습니다.
동생들은 결혼 후 모두 외지에서 직장 생활을 했는데, 평소 장남만을
최고로 알고 차별 대우를 한 부모님과 싸운 후 5년 전부터는 아예
인연을 끊고 살았습니다. 동생들이 발길을 끊자 부모님은 저에게 더
의지하셨고, 저는 부모님을 더 정성껏 돌봐드렸습니다.
아버지가 뇌졸중으로 입원하셨을 때도 저희 부부가 간병을 하고
병원비 2,000만 원도 모두 부담했습니다. 그러다 죽음을 목전에 둔
아버지는 그동안 고생이 많았다면서 저에게 과수원과 집 등 전 재산을
모두 명의 이전해주셨습니다.

　그런데 아버지가 돌아가신 후 동생들은 아버지가 모든 재산을 저에게
주신 것을 알고서 저를 상대로 유류분 반환 청구 소송을 했습니다.

물론 아버지 재산인 것은 맞지만 제가 10년간 아버지를 대신해
과수원을 운영했고, 인터넷 판매로 활로를 개척해서 전보다 매출도
3~4배 늘어났고, 아버지 명의로 된 집도 제가 지하철 등이 생기는
지역에 아버지 명의로 집을 사게 해드려 지하철이 개통된 후 집값이
2배로 뛰어서 사실 아버지의 재산이 늘어나는 데에는 저의 기여가
사실 엄청 큽니다. 동생들이 제기한 유류분 반환 청구 소송에서
저의 기여로 부모님의 재산이 증식된 부분은 제외해야 한다고
주장할 수 있을까요?

A 이미숙 변호사

기여분을
주장할 수 없습니다

유류분 반환 청구 소송에서 기여분을 주장할 수는 없습니다. 의뢰인은
기여분이 인정될 수 있을 정도의 특별한 기여를 한 것으로 보이나, 동

생들이 제기한 유류분 반환 청구 소송에서 아버지의 상속 재산에 대한 기여가 있고, 기여분이 유류분 산정 시 제외되어야 한다고 주장할 수가 없습니다. 따라서 의뢰인의 동생들은 아버지의 상속 재산 중 1/4을 유류분으로 반환받게 됩니다.

피상속인이 상속인 중 1인에게 사망 전에 재산 중 일부 또는 전부를 증여하거나 재산을 전부 또는 일부를 주는 것으로 유언을 하는 경우 나머지 상속인들은 유류분 반환 청구를 할 수 있습니다. 그런데 기여분이 협의 또는 심판에 의해 결정되지 않은 경우에는 유류분 반환 청구 소송 시 상속 재산에서 기여분을 공제하고 유류분을 산정해야 한다고 주장할 수 있는지, 그리고 기여분이 협의 또는 심판에 의해 결정된 경우에는 기여분을 유류분 산정의 기초 재산에서 제외해야 하는지가 문제가 됩니다.

기여분과 유류분에 대한 대법원의 판단

대법원은 「공동 상속인 중에 상당한 기간 동거·간호 그 밖의 방법으로 피상속인을 특별히 부양하거나 피상속인의 재산의 유지 또는 증가에 특별히 기여한 사람이 있을지라도 공동 상속인의 협의 또는 가정 법원의 심판으로 기여분이 결정되지 않은 이상 유류분 반환 청구 소송에서 기여분을 주장할 수 없음은 물론이거니와, 설령 공동 상속인의 협의 또는 가정 법원의 심판으로 기여분이 결정되었다고 하더라도 유류분을 산정함에 있어 기여분을 공제할 수 없고, 기여분으로 유류분에 부족이 생겼다고 하여 기여분에 대하여 반환을 청구할 수도 없다(대법원 2015. 10. 29. 선고 2013다60753 판결)」고 판시했습니다. 대법원의 입장에 따르면 공동 상속인 중 상속재산에 특별한 기여를 한 자가 있다 하더라도 공동 상속인의 협의 또는 가정 법원의 심판으로 기여분이 결정되었는지 불문하고 유류분을 산정함에 있어서는 기여분을 공제할 수 없습니다.

즉, 기여분과 유류분은 서로 관계가 없고, 기여분의 가액이 상속 재산의 7할 또는 8할이 되더라도 다른 공동 상속인의 유류분을 침해한 것이 되지 않고, 상속 재산에 특별한 기여가 있는 상속인이라고 하더라도 유류분 반환 청구 소송 시 상속 재산에서 자신의 기여분을 공제하고 유류분을 산정하자고 주장할 수 없습니다.

사례에서 의뢰인이 아버지를 상당한 기간 동거·간호 등으로 특별히 부양했고, 아버지 재산의 유지 및 증식에 특별한 기여를 한 것으로 인정된다고 하더라도 동생들이 제기한 유류분 반환 청구 소송에서 유류분 산정 시 상속 재산에서 자신의 기여분이 제외되어야 한다고 주장할 수 없습니다. 결국 동생들은 아버지 재산의 1/4을 유류분으로 반환받을 수 있습니다.

Q 37

상속 재산 분할 금지를 하고 싶습니다

아버지가 갑작스럽게 돌아가신 후 어머니는 아버지 명의 집에서 홀로 지내셨습니다. 그래서 저희는 어머니가 마음 편히 지내실 수 있도록 어머니가 돌아가실 때까지는 상속 재산인 아버지 명의의 집에 대해서 분할을 하지 말자고 협의를 했고, 어머니도 이에 동의하셨습니다. 그런데 5년이 지나자 장남인 오빠가 가게가 어려워져 돈이 필요하다며 상속 재산인 어머니가 거주하시는 집을 분할하자고 했습니다. 그러나 그 집을 분할하면 어머니가 가실 데도 마땅히 없고, 그렇다고 저희가 어머니를 모실 수 있는 형편도 되지 않아서 저를 비롯한 나머지 형제들은 오빠의 요구에 반대를 하면서 이미 어머니가 돌아가실 때까지 집을 분할하지 말자고 합의했기 때문에 분할은 합의를 위반하는 것으로 그럴 수 없다고 주장했습니다. 그러자 오빠는 법원에 상속 재산 분할 심판 청구를 제기했습니다. 이미 합의를 했는데도 아버지 명의의 집을 분할해야 하나요?

A 이미숙 변호사

5년이라는 시간이 중요합니다

상속인들 간의 협의로도 상속 재산의 분할을 금지할 수 있는데, 5년을 초과해서 정한 경우에는 5년의 범위 내에서 유효하고, 분할 금지 약정 기간을 정하지 않은 경우에도 5년의 기간으로 분할 금지 약정을 한 것으로 보기 때문에 5년이 지나서 장남인 오빠가 상속 재산 분할 심판 청구를 한 경우 상속 재산 분할을 할 수밖에 없습니다.

상속인이 여러 명일 때 상속 재산은 공동 상속인의 공유가 되는데, 이때 공동 상속인 사이의 상속 재산에 대한 공유 관계를 종료시키고 상속 재산을 상속인에게 상속분에 따라 배분 귀속시키는 절차가 상속 재산 분할입니다. 그런데 피상속인은 유언으로 상속 개시 시부터 5년을 초과하지 않는 기간 내의 분할은 금지할 수 있습니다(민법 제1012조).

상속인들의 협의로 상속 재산 분할을 금지할 수 있다는 명문의 규정은 없으나 상속인들 전원의 협의로써 상속 재산의 전부 또는 일부 또는 특정한 재산에 관해 분할을 금지하는 합의를 할 수 있고, 그 기간은 5년 이내입니다(민법 제268조 제1항). 즉, 상속인들 간의 협의에 의한 상속 재산 분할 금지의 경우에도 5년을 초과하지 않는 기간 내로 분할을 금지할 수 있는데, 만약 상속 재산 분할 금지 기간을 5년을 초과해 정한 경우에는 분할 금지 협의가 무효가 되는 것은 아니고 5년의 범위 내에서 유효합니다. 또한 대법원은 상속인들의 분할 금지 약정에서 기간을 정하지 않은 경우에는 5년의 기간으로 분할 금지 약정을 한 것으로 봐야 한다고 판시해(대법원 2002. 1. 23. 자 99스49 결정) 상속인들이 분할 금지 약정 기간을 따로 정하지 않으면 5년의 기간을 정한 것으로 보게 됩니다.

상속인들의 협의에 의한 상속 재산 분할 금지 기간 내에도 상속인 전원의 합의가 있으면 사적 자치의 원칙상 유효하게 분할을 할 수 있습니다.

Q 38

상가 월세도 상속분에 따라
분할 받을 수 있나요?

어머니에게는 자신의 명의로 된 월세가 나오는 상가와 약 4억 원의
예금이 있었습니다. 어머니는 그중 예금 일부를 외삼촌을 위해
근질권을 설정하셨습니다. 그러던 중 어머니는 갑작스러운 교통사고로
돌아가셨습니다. 어머니가 돌아가신 후 어머니의 예금 중 8,000만 원은
은행의 근질권 실행으로 상계되었고, 장남인 오빠는 외삼촌으로부터
8,000만 원 상당의 구상금을 임의로 변제받았습니다.

또 오빠는 어머니가 의식 불명 상태일 때 나머지 예금 3억 2,000만
원을 인출했습니다. 그중 간병비로 2,000만 원을 쓰고, 나머지 3억 원은
자신의 예금 계좌에 입금했습니다. 게다가 오빠는 어머니 명의의 상가를
자신의 단독 소유로 하고 동생들에게 상속분에 해당하는 금액을
현금으로 정산해주겠다고 하면서도 막상 건물의 월세는 나누어
주지 않으려 하고 있습니다.

저희들이 예금과 월세를 모두 분할해달라고 요구할 수 있나요?

> ## 상속 재산 분할 전까지 발생한 월세는 당연히 받을 수 있습니다

오빠가 임의로 받은 구상금 8,000만 원, 어머니가 의식 불명 상태일 때 인출한 예금 중 간병비로 사용한 2,000만 원을 제외한 나머지 3억 원, 그리고 상속 재산 분할이 이루어질 때까지 건물의 월세도 공동 상속인들이 상속분에 따라 분할 받을 수 있습니다.

상속 재산 분할의 대상은 원칙적으로 상속 개시 당시 피상속인에게 속했던 일체의 권리 의무 중 상속인에게 승계될 수 있는 성질의 것입니다. 상속 재산 중 금전 채권과 같이 급부의 내용이 가분인 채권은 공동 상속되는 경우 상속 개시와 동시에 당연히 법정 상속분에 따라 공동 상속인들에게 분할되어 귀속되므로 상속 재산 분할의 대상이 될 수 없는 것이 원칙입니다.

그러나 가분 채권을 일률적으로 상속 재산 분할의 대상에서 제외하면 부당한 결과가 발생할 수 있는데, 예를 들어 공동 상속인들 중에 초과 특별 수익자가 있는 경우 초과 특별 수익자는 초과분을 반환하지

아니하면서도 가분 채권은 법정 상속분대로 상속받게 되는 부당한 결과가 나타납니다. 그 외에도 특별 수익이 존재하거나 기여분이 인정되어 구체적인 상속분이 법정 상속분과 달라질 수 있는 상황에서 상속 재산으로 가분 채권만이 있는 경우에는 모든 상속 재산이 법정 상속분에 따라 승계되므로 수증 재산과 기여분을 참작한 구체적 상속분에 따라 상속을 받도록 함으로써 공동 상속인들 사이의 공평을 도모하려는 민법 제1008조, 제1008조의2의 취지에 어긋나게 됩니다. 따라서 이와 같은 특별한 사정이 있을 때는 상속 재산 분할을 통해 공동 상속인들 사이에 형평을 기할 필요가 있으므로 가분 채권도 예외적으로 상속 재산 분할의 대상이 될 수 있습니다.

상속 개시 당시에는 상속 재산을 구성하던 재산이 그 후 처분되거나 멸실·훼손되는 등으로 상속 재산 분할 당시 상속 재산을 구성하지 아니하게 되었다면 그 재산은 상속 재산 분할의 대상이 될 수 없습니다. 다만 상속인이 그 대가로 처분 대금, 보험금, 보상금 등 대상 재산을 취득하게 된 경우에는 상황이 달라집니다. 대상 재산은 종래의 상속 재산이 동일성을 유지하면서 형태가 변경된 것에 불과할 뿐만 아니라 상속 재산 분할의 본질이 상속 재산이 갖는 경제적 가치를 포괄적·종합적으로 파악해 공동 상속인에게 공평하고 합리적으로 배분하는 데에 있는 점에 비춰, 대상 재산도 상속 재산 분할의 대상으로 될 수는 있습니다(대법원 2016. 5. 4. 자 2014스122 결정).

상속 재산 분할 완료 전 상속 재산에서 과실이 발생한다면
한편, 상속 개시 후 상속 재산 분할이 완료되기 전까지 상속 재산으로부터 발생하는 과실, 예를 들어 부동산의 차임, 주식의 배당금, 예금의 이자 등은 상속 개시 당시에 존재하지 않았던 것들입니다. 상속 재산 분할 심판에서 이러한 상속 재산의 과실을 고려하지 않은 채 분할의 대상이 된 상속 재산 중 특정 상속 재산을 상속인 중 1인의 단독 소유로 하고 그의 구체적 상속분과 특정 상속 재산의 가액과의 차액을 현금으로 정산하는 방법(이른바 대상 분할의 방법)으로 상속 재산을 분할할 경우, 그 특정 상속 재산을 분할 받은 상속인은 민법 제1015조 본문에 따라 상속 개시된 때에 소급해 이를 단독 소유한 것으로 보게 됩니다. 그러나 상속 재산 과실까지도 소급해 상속인이 단독으로 차지하게 된다고 볼 수는 없으므로, 이 경우 상속 재산 과실은 특별한 사정이 없는 한 공동 상속인들이 수증 재산과 기여분 등을 참작해 상속 개시 당시를 기준으로 산정되는 '구체적 상속분'의 비율에 따라 취득하게 됩니다(대법원 2018. 8. 30. 선고 2015다27132).

따라서 사례에서 의뢰인의 오빠가 임의로 받은 구상금 8,000만 원과 어머니가 의식 불명 상태일 때 인출한 예금 중 어머니 간병비로 사용한 2,000만 원을 제외한 나머지 3억 원은 모두 상속 재산에 해당하며, 공동 상속인들이 상속분에 따라 분할을 받을 수 있습니다. 또한 상속 개시 후부터 상속 재산 분할이 이루어질 때까지 상가의 월세도 상속 재산의 과실로서 공동 상속인들이 상속분에 따라 분할 받을 수 있습니다.

Q 39

상속 재산의 지정 분할은
어떤 경우에 유효한가요?

아버지는 살아 계실 때, 집은 형에게, 논과 밭은 저에게,
상가는 여동생에게 나누어 가지라고 말씀하셨습니다. 그러면서
형에게 먼저 집을 증여해주셨습니다. 저와 여동생에게는 약속하신
논과 밭, 상가를 증여해주시지 않은 상태에서 아버지가 갑작스레
돌아가셨는데, 꼭 아버지의 말씀대로 제가 논과 밭을,
여동생이 상가를 나누어 가져야만 하는 것인지요?
　저는 논과 밭이 아닌 상가를 제 몫으로 받고 싶지만, 형과
여동생은 아버지의 생전 뜻에 따라 상속 재산을 나누어야 한다며
제 의견에 반대하고 있습니다. 아버지가 따로 남기신 유언은 없었고,
어머니는 여동생을 낳은 직후에 돌아가셔서 현재 상속인은
형과 저, 여동생뿐입니다.

안미현 변호사

> 피상속인이 유언의 방식으로
> 상속 재산 분할의 방법을
> 지정한 것이 아니라면, 그대로
> 따라야 하는 것은 아닙니다

우리 민법은 상속 재산을 나누는 방법으로 3가지를 정하고 있습니다. ❶피상속인이 유언으로 정한 방법(민법 제1012조)에 따르거나, ❷공동 상속인들이 분할 방법을 협의해 정하거나(민법 제1013조 제1항), ❸법원에서 조정이나 심판으로 정한 방식으로 나누는 것(민법 제1013조 제2항)입니다.

상속인들은 피상속인이 사망한 후, 앞에서 언급한 3가지 방법 중 하나에 따라 상속 재산을 나누게 되는데, 그 흐름은 이렇습니다. 상속인들은 피상속인이 미리 유언으로 정해둔 것이 있다면 그에 따라 상속 재산을 나누면 되고, 피상속인의 유언이 없었다거나 유언으로 정한 대로의 상속 재산 분할이 불가능한 경우에는 상속인들 모두가 협의해서 상속 재산을 어떻게 나눌지를 정해 그대로 분할하면 됩니다. 그러나 상속인들 사이에 다툼이 심해 상속 재산 분할의 방법을 정할 수 없다면, 결국 가정 법원에 적정한 방법으로 상속 재산을 나눌 수 있도록 해달라는 내용의 상속 재산 분할 청구의 심판을 제기해 도움을 받을 수밖에 없습니다. 정리해보자면, 상속 재산 분할의 방법은 유언에 의한 분할 → 공동 상속인 모두의 협의에 의한 분할 → 심판에 의한 분할의 순으로 정해지는 것입니다.

사례를 살펴보면 돌아가신 아버지가 미리 정해둔 상속 재산 분할의 방법이 있고, 다른 상속인들은 아버지의 뜻대로 상속 재산을 나누자고 하지만, 상속인 중 한 명인 의뢰인이 아버지가 정한 방법대로 상속 재산 분할을 원하지 않는 것으로 보입니다. 의뢰인이 아버지 뜻대로 상속 재산 분할을 해야만 하는지는 아버지가 생전에 미리 정해둔 상속 재산 분할 방법이 과연 유효한 것인지에 달려 있습니다.

상속 재산 지정 분할의 요건

누구라도 자신이 사망한 이후에 상속인들이 어떤 방법으로 상속 재산을 나눌지에 대해 미리 '유언'으로 정할 수 있고, 상속인이 아닌 다른 제3자에게 상속 재산의 분할 방법을 정하도록 위탁하는 내용의 유언을 할 수도 있습니다(민법 제1012조). 즉, 피상속인은 상속인들이 어떻게 상속 재산을 나누었으면 하는지에 대한 자신의 의사를 미리 생전에 정해둘 수 있으나, 그것은 반드시 '유언'의 방법이어야 하는 것입니다.

사례를 보면 아버지가 생전에 자신의 재산을 사후에 어떻게 나눌지에 대해 구체적으로 정해두고, 그 의사를 실현하기 위해 실제로 의뢰인의 형에게 약속했던 집을 증여해준 사실이 확인됩니다. 그러나 의뢰인의 아버지는 정작 자신의 뜻을 유언으로는 남기지 않았습니다.

우리 민법 제1012조는 피상속인이 반드시 '유언'으로 상속 재산 분할의 방법을 정하도록 규정하고 있고, 대법원 또한 「피상속인은 유언으로 상속 재산의 분할 방법을 정할 수는 있지만, 생전 행위에 의한 분할 방법의 지정은 그 효력이 없어 상속인들이 피상속인의 의사에 구속되지는 않는다」고 판시했습니다(대법원 2001. 6. 29. 선고 2001다28299 판결). 이에 따르면, 의뢰인의 아버지는 생전에 상속 재산을 어떻게 나누라고 미리 정해두었으나, 유언의 방식으로 하지는 않았기 때문에, 반드시 모든 상속인들이 아버지의 뜻대로 상속 재산을 나누어야 하는 것은 아닙니다.

그렇다면 사례는 유언에 의한 상속 재산 분할의 경우에는 해당하지 않으므로 협의에 의한 상속 재산 분할이나 법원의 심판에 의한 상속 재산 분할의 방법을 검토해야 합니다. 그러나 현재 상속인들 간 상속 재산을 어떻게 나누어야 할지에 대해 다툼이 있는 상황이므로 협의 분할은 쉽지 않을 것으로 보이고, 가정 법원에 상속 재산 분할 심판 청구를 제기해 소송으로 해결하는 방법을 고려해야 합니다.

공동 상속인 중에
미성년자가 있습니다

얼마 전 아내가 불의의 교통사고로 세상을 떠났습니다. 저는 대학교 3학년인 딸과 중학교 3학년인 아들과 상의해 제가 아내의 모든 재산을 상속받는 것으로 상속 재산 분할 협의서를 작성했습니다.

그런데 갑자기 대학교 3학년인 딸이 우리 셋 간의 상속 재산 분할 협의는 무효이고, 제가 모든 재산을 상속받으면 안 된다면서 문제 삼기 시작했습니다. 상속인 3명 모두가 상속 재산 분할 협의 과정에 참석한 것은 정말로 사실인데, 협의가 무효라는 딸의 말이 맞는 건가요?

미성년자와 친권자가
공동 상속인인 경우, 친권자는
상속 재산 분할 협의 시 미성년자를
위한 특별 대리인을 선임해야 합니다

상속 재산 분할 협의의 요건

우리 민법은 상속 재산을 나누는 방법 중 하나로 상속인들의 협의에 의한 상속 재산 분할의 경우를 정하고 있습니다(민법 제1013조 제1항). 피상속인이 유언으로 상속 재산의 분할 방법을 정하지 않은 경우, 상속인들 외에 상속 재산 분할의 방법을 지정할 제3자를 따로 정해놓지 않은 경우, 피상속인이 유언으로 상속 재산 분할 방법을 지정할 제3자를 정해두었으나 정작 위탁을 받은 제3자가 상속 재산 분할 방법을 지정하지 않는 경우, 피상속인의 유언 자체가 무효인 경우, 피상속인이 유언으로 상속 재산을 일정 기간 분할하지 않을 것을 정해두었으나 그 기간이 도과한 경우 등 상속 재산을 분할할 수 있는 상태이기만 하면 상속인들은 서로 협의해서 상속 재산의 분할 방법을 정할 수 있습니다.

공동 상속인들은 언제든지 상속 재산을 협의에 의해 분할할 수 있습니다. 상속 재산 분할 협의는 방식이나 형식에 따로 제한이 없으며 분할의 내용도 자유로이 정할 수 있습니다. 법정 상속분이나 구체적 상속분대로 분할할 필요도 없고, 어느 상속인의 상속분을 0으로 하는 협의도 가능합니다. 상속 재산 중 일부만을 먼저 나누기로 하는 협의도 유효하고, 조건을 붙여서 협의 내용을 정할 수도 있습니다.

상속 재산 분할 협의에 있어서 가장 중요한 것은 공동 상속인 전원이 상속 재산 분할 협의에 참여해야 한다는 것입니다. 공동 상속인 전원이 분할 협의에 참여하기만 하면 되고, 반드시 한자리에 공동 상속인 모두가 모여서 진행해야 하는 것은 아니며, 순차적으로 협의에 참여하는 것도 가능합니다.

공동 상속인 전원이 참여하지 않은 상속 재산 분할 협의는 당연히 무효입니다. 그러나 나머지 상속인들이 일부 상속인들 사이에서 이루어진 분할 협의 내용을 추인해주면 그 협의는 다시 유효한 협의가 되고, 상속인들은 그 협의 내용에 따라 상속 재산을 분할하게 됩니다.

공동 상속인 중 미성년자가 있을 때 상속 재산 분할 협의의 방법

사례를 살펴보면 공동 상속인들인 의뢰인과 두 자녀가 상속 재산 분할 협의서를 작성한 사실이 확인됩니다. 상속 재산 분할 협의가 무효라면 공동 상속인 전원이 협의에 참여하지 않았다는 것인데, 과연 이 사례 속 상속 재산 분할 협의에는 어떤 문제가 있는 것일까요? 이에 대한 답은 공동 상속인 중 한 명인 중학교 3학년 미성년 자녀에게서 찾아볼 수 있습니다.

민법 제921조 제1항은 법정 대리인인 친권자와 자녀 사이에 이해상반되는 행위를 함에 있어 친권자는 법원에 자녀의 특별 대리인의 선임을 청구해야 한다고 정하고 있습니다. 이해상반 행위란 행위의 성질상 친권자와 그 자녀 사이 또는 친권에 복종하는 여러 명의 자녀 사이에 이해의 대립이 생길 우려가 있는 행위를 의미합니다. 민법은 미성년 자녀의 복리를 친권자인 부모와의 관계에서도 보호하기 위한 목적에서, 이해상반 행위의 경우, 법원이 선임한 특별 대리인으로 하여금 미성년 자녀를 대리하도록 보호 장치를 두고 있는 것입니다.

공동 상속인들 간의 상속 재산 분할 협의는 이해상반 행위의 경우로 주로 언급되는 행위입니다. 부모 중 일방과 미성년 자녀가 공동 상속인으로서 상속 재산 분할 협의를 할 경우, 같은 상속인일지라도 미성년 자녀보다 부모 중 어느 일방이 그 지위를 이용해 보다 많은 상속 재산을 차지하게 되면, 그만큼 미성년 자녀는 손해를 입게 되기 때문입니다. 따라서 상속 재산 분할 협의를 할 때 공동 상속인 중 미성년 자녀가 있다면, 민법 제921조에 따라 그 미성년 자녀를 위한 특별 대리인을 선임해야만 합니다.

그러나 사례의 경우, 공동 상속인 중 미성년 자녀가 있음에도 불구하고 특별 대리인을 선임한 사정은 확인되지 않습니다. 친권자가 미성년자들의 특별 대리인을 선임하지 아니하고서 진행한 상속 재산 분할 협의는 무효라는 것이 우리 대법원의 판례(대법원 1987. 3. 10. 선고 85므80 판결)이므로, 사례의 상속 재산 분할 협의 또한 무효로 볼 수밖에 없습니다.

무효의 상속 재산 분할 협의에 참석했던 상속인도

그 협의의 무효를 주장할 수 있을까요?

이때 상속 재산 분할 협의에 참석했던 성년인 딸이 그 분할 협의의 무효를 주장할 수 있는 것인가에 대한 의문이 있으나, 대법원은 상속 재산 분할 협의에 참가한 상속인이 그 분할 협의의 무효를 주장하는 것이 신의칙에 위반되지 않는다고 판시한 바 있습니다(대법원 2011. 3. 10. 선고 2007다17482 판결). 판례에 따르면 사례에서 대학생인 딸이 분할 협의 이후 무효를 주장한 것에는 아무런 문제가 없습니다.

상속인 중 1인이
행방불명입니다

저는 홀어머니 슬하에서 2살 터울의 형과 함께 자랐습니다.
군 제대 후 집으로 돌아온 형은 취업을 하려고 몇 년을 노력했으나
뜻대로 되지 않았고, 결국 마음의 병까지 앓게 되었습니다.

그러다 지금으로부터 2년 전, 형이 집을 나가 돌아오지 않는 일이
발생했습니다. 형은 연락 두절 상태가 되었고, 그때부터 저와 어머니는
형의 친구, 지인, 아르바이트를 했던 가게 등 온갖 곳을 찾아
헤맸습니다. 그러나 형을 찾지 못했고, 형이 어디로 갔는지 단서조차
발견할 수 없었습니다. 형을 그리워하시던 어머니는 슬픔과 충격을
이기지 못하고 얼마 전 그만 돌아가시고 말았습니다.

지금까지도 형의 생사를 알 수 없는 상태에서, 어머니가 남겨주신
재산을 저 혼자 어떻게 정리해야 하는지 갑갑하기만 합니다.
이런 경우에 상속 문제는 어떻게 해결해야 하나요?

안미현 변호사

행방불명자를 위한 부재자 재산 관리인의 선임을 구해야 합니다

상속인들의 협의에 의한 상속 재산 분할의 경우, 공동 상속인 전원이 당사자가 되어야 합니다. 즉, 상속 재산 분할 협의는 공동 상속인 전원의 동의가 있어야 유효하며 공동 상속인 중 일부에 의한 분할 협의는 무효가 되는 것입니다.

사례를 보면 어머니가 돌아가시면서 그 자녀인 의뢰인과 의뢰인의 형이 공동 상속인이 되었습니다. 그러나 상속인 중 1인인 형이 연락 두절 상태이므로, 현 상황에서 의뢰인이 상속 재산 분할 협의를 진행할 수 없음은 물론이고, 그렇다고 단독 상속인처럼 의뢰인 홀로 상속 재산을 처분해서는 안 됩니다.

이때 의뢰인이 취할 수 있는 방법은 행방불명 상태인 형을 위해 부재자 재산 관리인을 선임하는 것입니다. 부재자란 종래의 주소나 거소를 떠나 용이하게 돌아올 가망이 없는 자로, 재산을 관리해야 할 필요가 있는 자를 의미합니다. 의뢰인의 형은 현재 집을 나가 연락 두절 상태이고, 상속 재산 분할 협의라는 재산 관리의 필요성이 있는 상황에 처해 있으므로 민법 제22조에서 정하고 있는 부재자 재산 관리인을 선임할 수 있는 요건을 갖추었습니다. 따라서 의뢰인의 형이 따로 정해둔 재산 관리인이 없다면 의뢰인은 가정 법원에 형을 위한 부재자 재산 관리인의 선임을 청구할 수 있습니다.

부재자 재산 관리인 선임 심판 청구

부재자 재산 관리인의 선임 청구는 부재자의 최후 주소지나 재산의 소재지 가정 법원에 하는 것이 원칙이나, 만일 부재자의 마지막 주소가 국내에 없거나 알 수 없다면 서울가정법원이 관할 법원이 됩니다. 청구서가 접수되면 법원에서는 부재자 여부를 확인하기 위해 출입국·외국인청, 국민건강보험공단, 통신사 등 여러 곳에 사실 조회 촉탁을 하게 됩니다.

　부재자 재산 관리인으로는 부재자와 가까운 친족이 선임되는 것이 일반적이나, 부재자와 이해관계가 충돌하는 사람은 재산 관리인으로 선임될 수 없습니다. 물론, 변호사, 회계사 등 법원이 재산 관리인으로 선임되는 것이 적절하다고 판단하는 제3자가 부재자 재산 관리인으로 선임되기도 합니다. 사례에서 부재자인 의뢰인의 형과 가장 가까운 친족은 의뢰인이나, 의뢰인은 형과 공동 상속인으로서 상속 재산 분할 협의를 해야 하는 상황이므로 의뢰인이 형의 재산 관리인으로 선임되기는 어려울 것입니다.

　법원은 여러 사정을 고려해 부재자 재산 관리인을 선임하는 심판을 하게 됩니다.

부재자 재산 관리인이 상속 재산 분할 협의에 참여하기 위한 요건

그러나 그렇게 선임된 부재자 재산 관리인이 민법 제921조의 특별 대리인처럼 당연히 부재자를 대신해 상속 재산 분할 협의에 참여할 수 있는 것은 결코 아닙니다. 법원이 선임한 부재자 재산 관리인이 재산을 처분하는 행위를 하기 위해서는 반드시 가정 법원의 허가를 받아야 하는데(민법 제25조), 상속 재산 분할 협의는 재산을 처분하는 행위에 해당하므로 재산 관리인은 법원의 허가를 받아야지만 분할 협의에 참여할 수 있습니다.

결론적으로 의뢰인은 형을 위해 관할 가정 법원에 부재자 재산 관리인의 선임을 청구하고, 그렇게 선임된 부재자 재산 관리인이 상속 재산 분할 협의를 위한 가정 법원의 허가를 받으면, 그 부재자 재산 관리인과 상속 재산 분할 협의를 해서 상속 절차를 진행할 수 있습니다.

태아도 상속인이 되나요?

저는 결혼한 지 2년 만에 남편을 사고로 잃게 되었습니다.
임신 중에 갑자기 남편을 잃게 된 저로서는 이제 이 세상을 어떻게
살아야 할지 심란하기만 합니다. 저는 남편이 남기고 간 집 전세
보증금 3억 원과 3억 원 상당의 고급 스포츠카를 저와 곧 태어날
아기의 생활 기반으로 삼을 수밖에 없는 상황인데요. 남편이 남겨둔
재산에 대해 저와 제 배 속 아기 둘이서 상속 재산으로 나누어 가지면
되는 건가요? 남편은 1남 2녀 중 차남이고, 시부모님은 현재 원룸
건물의 건물주로서 임대 수입을 올리고 계십니다.

A 안미현 변호사

> # 태아는 상속인이 될 수 없고, 상속 재산 분할 협의에 참여할 수도 없습니다

민법 제1013조 제1항은 상속 재산 분할의 방법으로써 협의 분할을 정하고 있는데, 상속 재산의 협의 분할은 공동 상속인 전원의 협의로만 가능합니다. 따라서 진정한 상속인이 상속 재산 분할 협의에서 제외되거나 상속인이 아닌 사람이 진정한 상속인을 대신해 상속 재산 분할 협의에 참여한 경우에는 '공동 상속인 전원의 협의'가 있었던 것이 아니므로 결국 그 협의는 무효가 됩니다. 민법 제1000조 제1항은 상속인이 되는 사람과 그 순위를 정하고 있습니다(58쪽 참고).

그리고 민법 제1000조 제3항은 「태아는 상속순위에 관하여는 이미 출생한 것으로 본다」고 정하고 있습니다. 또한 배우자의 경우, 피상속인의 직계 비속이나 직계 존속이 있는 경우에는 그와 함께 동순위의 공동 상속인이 되고, 그렇지 않은 경우에는 배우자 홀로 단독 상속인이 됩니다(민법 제1003조 제1항).

이상의 민법 각 조항을 사례에 대입해보면, 현재 상속인 여부를 살펴야 할 등장인물로는 의뢰인, 의뢰인이 임신 중인 아기, 그리고 시부모님이 있습니다. 먼저 의뢰인의 경우, 사례에서 시부모님이든 임신중인 아기든 둘 중 하나가 상속인에 해당하면 의뢰인도 동순위의 공동 상속인이 되는 것이므로(민법 제1003조 제1항) 의뢰인은 당연히 상속인이 됩니다.

그렇다면 의뢰인이 임신 중인 아기와 시부모님 중 누가 상속인이 되는지의 문제만 남게 되는데, 이는 앞서 살펴본 민법 제1000조 제3항 「태아는 상속순위에 관하여는 이미 출생한 것으로 본다」를 어떻게 해석하느냐에 따라 결론이 달라집니다. 만약 민법 조항이 태아 상태에서도 당연히 상속인이 되는 것으로 해석된다면, 사례에서 의뢰인과 의뢰인이 임신 중인 아기가 함께 공동 상속인이 되는 것이지만(해제조건설), 이와는 달리 민법 조항이 태아를 당장 상속인으로 볼 수는 없고, 대신 나중에 태아가 살아서 출생할 경우, 그 아기의 상속 순위를 상속이 개시된 때로 소급해서 인정해줘야 한다는 의미로 해석된다면(정지조건설), 사례에서 현재 상속 재산 분할 협의를 할 수 있는 상속인은 의뢰인과 시부모님이 됩니다.

민법 제1000조 제3항의 해석과 관련해 우리 대법원 판례는 「태아가 특정한 권리에 있어서 이미 태어난 것으로 본다는 것은 살아서 출생한 때에 출생 시기가 문제의 사건의 시기까지 소급해 그때 태아가 출생한 것과 같이 법률상 보아준다고 해석해야 상당」하다고 보아(대법원 1976. 9. 14. 선고 76다1365 판결), 정지조건설의 입장을 취하고 있습니다.

판례의 입장에 따르면, 현시점에서 의뢰인이 임신 중인 아기는 태아 상태에 불과하므로 상속인으로 인정할 수 없고, 따라서 의뢰인과 시부모님이 동순위의 공동 상속인으로서 전원이 분할 협의에 참여해야지만 그 협의가 유효하게 됩니다. 만약에 의뢰인이 질의한 바와 같이 임신 중인 아기와 의뢰인을 공동 상속인으로 보고 상속 재산 분할 협의를 진행하게 되면, 그 협의는 진정한 상속인인 시부모님이 참여하지 않은 것으로 효력이 없습니다.

태아가 살아서 출생한 경우의 상속 문제

단, 임신 중인 아기는 당장에 분할 협의를 할 수 있는 당사자는 아니지만, 상속 재산 분할 협의가 이루어진 후에 살아서 출생하게 되면, 아기는 자신의 아빠가 사망한 시점으로 소급해 그의 직계 비속으로서 1순위의 상속인이 되고(민법 제1000조 제1항 제1호), 엄마와는 동순위의 상속인이 됩니다. 이때 아기는 민법 제1014조 「상속개시후의 인지 또는 재판의 확정에 의하여 공동상속인이 된 자가 상속재산의 분할을 청구할 경우에 다른 공동상속인이 이미 분할 기타 처분을 한 때에는 그 상속분에 상당한 가액의 지급을 청구할 권리가 있다」를 유추 적용해 자신의 상속분에 상당한 가액의 지급을 청구하는 것으로 아기 자신의 상속권을 회복할 수 있습니다.

상속 재산 분할 협의도
해제할 수 있나요?

오래전에 어머니와 사별하고 홀로 저희 4남매를 키워주신 아버지가
얼마 전 돌아가셨습니다. 아버지는 피땀 흘려 노력한 끝에
무역 회사를 세우셨고, 큰형은 몇 년 전에 다니던 직장을 그만두고
아버지 회사에 입사해 사업을 물려받기 위해 일을 배우던
중이었습니다. 아버지의 장례 후, 형은 회사 재산과 아버지 재산이
섞여서 복잡하니 상속 문제를 어떻게 해야 할지 알아보겠다고 했으나
한참이나 연락이 없었습니다.

  그로부터 얼마 후, 저와 누나, 그리고 여동생은 아버지가 소유하고
있던 부동산의 존재를 알게 되었습니다. 그 부동산은 아버지와 함께
사업을 하던 큰형만 아는 것이었습니다. 큰형은 아버지가 돌아가시고
난 후, 회사의 대여금 반환 채무를 담보하기 위해 그 부동산에 대해
이미 아버지의 명의로 근저당권을 설정해준 상태였습니다. 우리는
큰형에게 어떻게 이럴 수 있느냐고 따졌으나, 큰형이 모두가 모인

자리에서 너희에게 피해가 안 가게 하겠다, 어떻게든 이 부채를
해결하겠다며 사정사정하는 터라, 우리는 큰형의 말을 믿고 부동산을
큰형이 단독 상속하는 내용으로 상속 재산 분할 협의를 마쳤습니다.
큰형은 다른 형제들에게 피해가 안 가게 하겠다고 했지만, 저와 누나,
그리고 여동생은 한번 신뢰를 깨버린 큰형을 믿기 어려웠습니다.
결국 한 달 후 저희 4남매는 다시 모였고, 큰형이 6개월 안에 상속세
및 상속 관련 채무를 모두 변제하는 것을 조건으로 큰형에게 부동산을
단독 상속한다는 내용의 상속 재산 분할 협의를 새로 하게 되었습니다.
① 새로 한 상속 재산 분할 협의가 과연 유효한 건가요?
② 큰형이 우리 모르게 한 근저당권 설정 등기를
　 말소시킬 수는 없는 건가요?

안미현 변호사

① 기존의 상속 재산 분할 협의는
공동 상속인 전원의 합의로
해제할 수 있습니다
② 그러나 기존 협의에 대해 새로운
이해관계를 갖고 완전한 권리를
취득한 제3자에 대해서는 협의의
해제 사실로 대항할 수 없습니다

❶ 상속 재산 분할 협의의 해제 가부

민법 제1013조 제1항은 공동 상속인 전원의 협의에 의해 언제든지 상속 재산을 분할할 수 있음을 정하고 있습니다. 이때 분할 협의는 재산권을 목적으로 하는 법률 행위로써 일종의 계약에 해당합니다. 상속 재산 분할 협의가 공동 상속인들 사이에 이루어지는 일종의 계약인 이상, 공동 상속인들은 이미 이루어진 상속 재산 분할 협의의 전부 또는 일부를 전원의 합의에 의해 해제한 다음 다시 새로운 분할 협의를 할 수 있습니다(대법원 2004. 7. 8. 선고 2002다73203 판결).

사례를 보면 4남매가 처음에는 큰형이 부동산을 단독 상속하기로 하는 내용의 상속 재산 분할 협의를 했다가, 다시 한 달 후에 큰형이 6개월 안에 상속세, 상속 관련 채무를 모두 변제하는 것을 조건으로 추가하는 내용의 새로운 분할 협의를 한 사실이 확인됩니다. 4남매가 첫번째 분할 협의 후에 다시 모여서 그 내용을 없던 것으로 하고 새로운 조건을 부가해 다시 분할 협의를 한 이상, 첫 번째 분할 협의는 공동 상속인인 4남매 전원의 합의로 해제된 것이고, 합의 해제된 분할 협의는 소급해 무효가 되므로(직접효과설), 결국 4남매가 마지막으로 한 분할 협의만이 유효합니다.

❷ 상속 재산 분할 협의의 해제 효과

민법 제1009조 제1항은 「동순위의 상속인이 수인인 때에는 그 상속분은 균분으로 한다」고 정하고 있습니다. 이에 따르면, 사례의 부동산은 아버지 사후, 4남매에게 1/4씩 지분 소유권이 인정되는 것이나, 큰형은 다른 형제들의 동의 없이 자신의 지분 소유권 범위를 넘어 제3자에게 부동산 전체를 담보로 제공하고 근저당권 설정 등기를 해주었습니다. 그러므로 이 근저당권 설정 등기는 사실, 다른 형제들의 지분 소유권 범위에 있어서는 무효입니다.

그러나 근저당권 설정 등기를 마친 이후, 4남매는 부동산을 큰형이 단독 상속하는 내용의 첫 번째 상속 재산 분할 협의를 했습니다. 상속 재산의 분할은 상속 개시된 때에 소급해 효력이 있으므로(민법 제1015조 본문), 결국 부동산은 첫 번째 상속 재산 분할 협의에 의해 아버지 사망 시에서부터 유효하게 큰형 명의의 소유가 된 것이고, 부동산의 소유권

이 큰형에게 있는 이상, 큰형이 한 근저당권 설정 등기도 애당초 적법한 것으로 실체 관계에 부합하는 등기가 됩니다.

그런데 앞에서 살펴본 것처럼 첫 번째 분할 협의는 합의 해제되었으므로 이 경우에도 근저당권자가 보호되는 것인지 의문이 있는데, 이 때 상속 재산 분할 협의가 일종의 계약이라는 점이 하나의 단서가 될 수 있습니다. 민법 제548조는 계약이 해제되는 경우의 효과와 범위에 대해서 정하고 있고, 이 조항은 당연히 상속 재산 분할 협의가 합의 해제될 때도 적용됩니다.

민법 제548조 제1항 단서는 합의 해제 전 이해관계를 갖고 등기, 인도 등으로 완전한 권리를 취득한 제3자에 대해서는 대항할 수 없음을 규정하고 있는데, 사례의 근저당권 설정 등기는 첫 번째 분할 협의 시 실체 관계에 부합하는 유효한 등기가 되었고(민법 제1015조 본문), 이 근저당권 설정 등기가 유효하게 된 것은 첫 번째 분할 협의가 합의 해제되기 전이므로, 결국 근저당권자는 민법 제548조 제1항 단서에 의해 보호받는 제3자에 해당하게 됩니다. 따라서 사례 속 근저당권자의 등기는 적법, 유효하므로 근저당권 설정 등기의 말소 등기 청구는 할 수 없습니다.

Q 44

혼인 신고를 안 했는데 상속받을 수 있을까요?

저는 10년쯤 전 A 사장님 댁에 가사 도우미로 취업을 했습니다.
처음에는 주 3회 출퇴근을 하며 살림을 도와주고 월급을 받았습니다.
장기간 일을 계속하다 보니 가족이 없던 사장님은 저에게 점점
의지하며 입주를 권했고, 딱히 지낼 곳이 마땅치 않았던 저는 사장님
댁에 입주해 생활하게 되었습니다. 그러다 약 5년 전부터는 사실상
사장님과 '여보, 당신'이란 호칭을 쓰며 부부로 지내게 되었습니다.
저희 부부는 새해에는 일출을 보러 여행을 다녀오기도 했고, 내년에
제가 환갑이 되면 함께 세계 일주를 하기로 약속하기도 했으나,
혼인 신고는 하지 않았습니다.

　그러다 얼마 전 남편이 갑자기 불의의 교통사고로 사망했습니다.
저는 남편의 재산을 상속받을 수 있을까요? 남편에게 다른 상속인은
없습니다.

> 특별 연고자 재산 분여
> 제도를 활용합니다

의뢰인은 남편의 재산을 상속받을 수 있습니다. 사실혼 배우자는 민법 제1057조의2에서 정한 특별 연고자에 해당하므로 남편에게 다른 상속인이 없다면 상속받을 수 있습니다. 상속 재산 분여 청구 시 사실혼 배우자에 해당함을 입증할 수 있는 자료(서로를 '여보'라 호칭한 편지나 메시지, 여행 사진, 주민 등록 등본 등 동거 사실을 증명할 수 있는 자료)를 제출하고 사실혼 기간 중 계속 거주해온 피상속인 명의의 집을 상속받아야 하는 사정을 소명한다면 법원이 위 사정을 참작해 전부 또는 일부를 분여하는 결정을 할 것입니다.

우리 민법은 피상속인의 직계 비속, 직계 존속, 형제자매, 4촌 이내의 방계 혈족 및 배우자에 한해 상속인이 될 수 있으며, 이러한 상속인이 없는 상속 재산은 국가에 귀속된다고 규정하고 있습니다(민법 제1058조 제1항). 그러나 사실혼 배우자나 사실상의 양자와 같이 피상속인과 생계를 같이하거나, 요양·간호한 자, 기타 피상속인과 특별한 연고가 있던 자가 상속인이 아니라는 이유로 상속을 받지 못하고 상속 재산이 국가에 귀속된다면 이는 특히 사실혼 배우자와 같은 자에게는 가혹한 일이 되므로 이와 같은 불합리를 해소하기 위해 개정 민법에서는 특별 연고자에 대한 분여 제도를 도입했습니다(민법 제1057조의2).

> ### Tip
>
> **특별 연고자로 인정될 수 있는 경우**
>
> - 생계를 같이한 자
>   사실상의 배우자, 사실상의 양친과 양자, 계모자 등 가정적 공동생활을 같이하고 있었던 경우에는 '생계를 같이한 자'로서 특별 연고자로 인정될 수 있습니다.
>
> - 피상속인을 요양·간호한 자
>   가사 도우미나 간호사 등 동기는 묻지 않으므로 정당한 보수를 받고 간호를 한 때에도 해당될 수 있습니다. 다만, 보수를 지급할 때 기대할 수 있는 정도를 뛰어넘는 애정을 갖고 하는 헌신적인 간호가 있었어야 할 것입니다.
>
> - 기타 피상속인과 특별한 연고가 있는 자
>   혈족 관계나 인척 관계로 가까웠던 사이, 먼 친척이나 친구의 자식으로 피상속인이 각별히 돌보던 사람, 만일 피상속인이 유언을 했다면 아마도 그 사람에게 유증했을 것이라고 생각되는 생활 관계에 있던 자도 특별 연고자로 인정될 수 있습니다.

특별 연고자로 인정되면 상속 재산 전부를 받을 수 있나요?

특별 연고자의 분여 청구가 있는 경우, 가정 법원은 어떤 경우에는 전부를, 어떤 경우에는 일부를 분여할 수 있고, 그 판단은 연고 관계의 내용과 강도, 특별 연고자의 성별과 연령, 직업, 교육 정도, 잔여 상속 재산의 종류와 액수, 상황 등 일체의 사정을 고려해 법원이 자유롭게 판단하게 됩니다(대법원 2005. 12. 28. 자 2005스78,79 결정). 만일 상속 재산의 일부를 분여하는 결정이 있을 경우, 남은 상속 재산은 국가에 귀속됩니다.

언제, 어떻게 청구하나요?

특별 연고자는 가정 법원이 상속인 수색의 공고에서 정한 상속권 주장의 최고 기간(민법 제1057조, 공고일로부터 1년 이상)이 만료된 뒤 2개월 이내에 피상속인의 마지막 주소지 가정 법원에 청구해야 하고(마지막 주소지가 외국인 경우에는 대법원이 있는 곳의 가정 법원에 청구합니다), 위 기간이 지나면 청구하지 못합니다. 특별 연고자의 청구가 있으면 가정 법원은 청구인이 특별 연고자인지 여부, 전부를 분여할 것인지 일부를 분여할 것인지 여부를 결정합니다.

유류분 판례 요약

대습상속인이 대습 원인의 발생 이전에 피상속인으로부터 증여를 받은 경우, 대습상속인의 위와 같은 수익이 특별 수익에 해당하는지 여부(소극)

민법 제1008조는 공동 상속인 중에 피상속인으로부터 재산의 증여 또는 유증을 받은 특별 수익자가 있는 경우 공동 상속인들 사이의 공평을 기하기 위해 수증 재산을 상속분의 선급으로 다루어 구체적인 상속분을 산정함에 있어 이를 참작하도록 하려는 데 취지가 있는 것인 바, 대습상속인이 대습 원인의 발생 이전에 피상속인으로부터 증여를 받은 경우 이는 상속인의 지위에서 받은 것이 아니므로 상속분의 선급으로 볼 수 없다(대법원 2014. 5. 29. 선고 2012다31802 판결).

상속 개시 전에 한 유류분 포기 약정의 효력

유류분을 포함한 상속의 포기는 상속이 개시된 후 일정한 기간 내에만 가능하고 가정 법원에 신고하는 등 일정한 절차와 방식을 따라야만 그 효력이 있으므로, 상속 개시 전에 한 유류분 포기 약정은 그와 같은 절차와 방식에 따르지 아니한 것으로 효력이 없다(대법원 2011. 4. 28. 선고 2010다29409 판결).

상속 포기 신고가 상속 개시 후 일정한 기간 내에 적법하게 이루어진 경우, 포기자의 유류분 반환 청구권도 당연히 소멸하는지 여부

유류분은 상속분을 전제로 한 것으로써 상속이 개시된 후 일정한 기간 내에 적법하게 상속 포기 신고가 이루어지면 포기자의 유류분 반환 청구권은 당연히 소멸하게 된다(대법원 2012. 4. 16. 자 2011스191 결정).

유류분 반환 청구권이 채권자 대위권의 목적이 될 수 있는지 여부

유류분 반환 청구권은 그 행사 여부가 유류분 권리자의 인격적 이익을 위해 그의 자유로운 의사 결정에 전적으로 맡겨진 권리로써 행사상의 일신 전속성을 가진다고 봐야 하므로, 유류분 권리자에게 그 권리 행사의 확정적 의사가 있다고 인정되는 경우가 아니라면 채권자 대위권의 목적이 될 수 없다(대법원 2010. 5. 27. 선고 2009다93992 판결).

유류분 반환 청구에 있어 사인 증여를 유증으로 볼 수 있는지 여부

유류분 반환 청구의 목적인 증여나 유증이 병존하고 있는 경우에는 유류분 권리자는 먼저 유증을 받은 자를 상대로 유류분 침해액의 반환을 구해야 하고, 그 이후에도 여전히 유류분 침해액이 남아 있는 경우에 한해 증여를 받은 자에 대해서 그 부족분을 청구할 수 있는 것이며, 사인 증여의 경우에는 유증의 규정이 준용될 뿐만 아니라 그 실제적 기능도 유증과 달리 볼 필요가 없으므로 유증과 같이 봐야 할 것이다(대법원 2001. 11. 30. 선고 2001다6947 판결).

유류분 산정 시 공제되어야 할 채무에 상속세, 상속 재산의 관리·보존을
위한 소송비용 등 상속 재산에 관한 비용이 포함되는지 여부

민법 제1113조 제1항은 「유류분은 피상속인의 상속개시시에 있어서 가진 재산의 가액에 증여재산의 가액을 가산하고 채무의 전액을 공제하여 이를 산정한다」라고 규정하고 있다. 이때 공제되어야 할 채무란 상속 채무, 즉 피상속인의 채무를 가리키는 것이고, 여기에 상속세, 상속 재산의 관리·보존을 위한 소송비용 등 상속 재산에 관한 비용은 포함되지 아니한다(대법원 2015. 5. 14. 선고 2012다21720 판결).

공동 상속인 사이의 유류분 반환 청구 시
민법 제1114조의 적용이 배제되는지 여부

공동 상속인 중에 피상속인으로부터 재산의 증여에 의해 특별 수익을 한 자가 있는 경우에는 민법 제1114조의 규정은 그 적용이 배제되고, 따라서 그 증여는 상속 개시 전의 1년간에 행한 것인지 여부에 관계없이 유류분 산정을 위한 기초 재산에 산입된다(대법원 1995. 6. 30. 선고 93다11715 판결).

공동 상속인이 아닌 제3자에게 한 증여에 관해
유류분 반환 청구가 인정되기 위한 요건

공동 상속인이 아닌 제3자에 대한 증여는 원칙적으로 상속 개시 전의 1년간에 행한 것에 한해 유류분 반환 청구를 할 수 있고, 다만 당사자 쌍방이 증여 당시에 유류분 권리자에 손해를 가할 것을 알고 증여를 한 때에는 상속 개시 1년 전에 한 것에 대해서도 유류분 반환 청구가 허용된다. 제3자에 대한 증여가 유류분 권리자에게 손해를 가할 것을 알고 행해진 것이라고 보기 위해서는, 당사자 쌍방이 증여 당시 증여 재산의 가액이 증여하고 남은 재산의 가액을 초과한다는 점을 알았던 사정뿐만 아니라, 장래 상속 개시일에 이르기까지 피상속인의 재산이 증가하지 않으리라는 점까지 예견하고 증여를 행한 사정이 인정되어야 하고, 이러한 당사자 쌍방의 가해의 인식은 증여 당시를 기준으로 판단해야 한다(대법원 2012. 5. 24. 선고 2010다50809 판결).

유류분 반환 청구자가 유류분 제도 시행 전에
피상속인으로부터 재산을 증여 받아 이행이 완료된 경우,
그 재산이 유류분 산정을 위한 기초 재산에 포함되는지 여부

유류분 반환 청구자가 유류분 제도 시행 전에 피상속인으로부터 재산을 증여 받아 이행이 완료된 경우, 그 재산을 유류분 산정을 위한 기초 재산에 포함한다면 소급 입법에 의해 수증자의 기득권을 제한 또는 침해하는 것이 되므로 이러한 경우 그 재산이 유류분 산정을 위한 기초 재산에 포함되지 않는다. 단, 법정 상속인의 상속권을 보장하고 상속인 간의 공평을 기하기 위한 유류분 제도의 취지상 개정 민법 시행 전에 이행이 완료된 증여 재산이 유류분 산정을 위한 기초 재산에서 제외된다고 하더라도, 위 재산은 당해 유류분 반환 청구자의 유류분 부족액 산정 시 특별 수익으로 공제되어야 한다(대법원 2018. 7. 12. 선고 2017다278422 판결).

유류분 제도 시행 이전에 재산이 증여된 경우,

유류분 산정의 대상이 되는 재산에 포함되는지 판단하는 기준

유류분 제도가 생기기 전에 피상속인이 상속인이나 제3자에게 재산을 증여하고 이행을 완료해 소유권이 수증자에게 이전된 때에는 피상속인이 1977. 12. 31. 법률 제3051호로 개정된 민법(이하 '개정 민법') 시행 이후에 사망해 상속이 개시되더라도 소급해서 증여 재산이 유류분 제도에 의한 반환 청구의 대상이 되지는 않는다. 단, 개정 민법 시행일 이후 개시된 상속에 관해서는 개정 민법이 적용되어야 하므로, 개정 민법 시행 이전에 증여 계약이 체결되었더라도 이행이 완료되지 않은 상태에서 개정 민법이 시행되고 그 이후에 상속이 개시된 경우에는 상속 당시 시행되는 개정 민법에 따라 증여 계약의 목적이 된 재산도 유류분 반환의 대상에 포함된다(대법원 2012. 12. 13. 선고 2010다 78722 판결).

유류분 반환의 범위를 산정할 때 증여 받은 재산의 시가 산정의 기준 시점

(상속 개시 당시) 및 증여 이후 수증자나 수증자에게서 증여 재산을

양수한 사람이 자기 비용으로 증여 재산의 성상(성질과 상태) 등을 변경해

상속 개시 당시 가액이 증가되어 있는 경우의 가액 산정

유류분 반환의 범위는 상속 개시 당시 피상속인의 순재산과 문제 된 증여 재산을 합한 재산을 평가해 그 재산액에 유류분 청구권자의 유류분 비율을 곱해서 얻은 유류분액을 기준으로 산정하는데, 증여 받은 재산의 시가는 상속 개시 당시를 기준으로 하여 산정해야 한다.

다만, 증여 이후 수증자나 수증자에게서 증여 재산을 양수한 사람이 자기 비용으로 증여 재산의 성상 등을 변경해 상속 개시 당시 가액이 증가되어 있는 경우, 변경된 성상 등을 기준으로 상속 개시 당시의 가액을 산정하면 유류분 권리자에게 부당한 이익을 주게 되므로, 이러한 경우에는 그와 같은 변경을 고려하지 않고 증여 당시의 성상 등을 기준으로 상속 개시 당시의 가액을 산정해야 한다(대법원 2015. 11. 12. 선고 2010다104768 판결).

유류분액을 산정함에 있어서 반환 의무자가 증여 받은

금전 재산의 시가 산정에 관한 판례

유류분액을 산정함에 있어 반환 의무자가 증여 받은 재산의 시가는 상속 개시 당시를 기준으로 하여 산정해야 한다. 따라서 그 증여 받은 재산이 금전일 경우에는 그 증여 받은 금액을 상속 개시 당시의 화폐 가치로 환산해 이를 증여 재산의 가액으로 봄이 상당하고, 그러한 화폐 가치의 환산은 증여 당시부터 상속 개시 당시까지 사이의 물가 변동률을 반영하는 방법으로 산정하는 것이 합리적이다(대법원 2009. 7. 23. 선고 2006다28126 판결).

상속분의 선급이라는 요건을 갖추지 못해

유류분 반환 대상이 되지 않는 공동 상속인의 특별 수익

민법 제1008조는 「공동상속인 중에 피상속인으로부터 재산의 증여 또는 유증을 받은 자가 있는 경우에 그 수증재산이 자기의 상속분에 달하지 못한 때에는 그 부족한 부분의 한도에서 상속분이 있다」라고 규정하고 있는데, 이는 공동 상속인들 사이의 공평을 기하기 위해 수증 재산을 상속분의 선급으로 다루어 구체적인 상속분을 산정할 때 이를 참작하도록 하려는 데 그 취지가 있다. 따라서 생전 증여를 받은 상속인이 배우자로서 일생 동안 피상속인의 반려가 되어 그와 함께 가정 공동체를 형성하고 서로 헌신하며 가족의 경제적 기반인 재산을 획득·유지하고 자녀들에 대한 양육과 지원을 계속해온 경우, 생전 증여를 특별 수익에서 제외하는 것이 자녀인 공동 상속인들과의 관계에서 공평에 반한다고 볼 수 없다(대법원 2011. 12. 8. 선고 2010다66644 판결).

유류분 반환 청구 소송에서 법원이 유류분 권리자가
특정한 대상과 범위를 넘어서 청구를 인용할 수 있는지 여부(소극)

유류분 권리자가 반환 의무자를 상대로 유류분 반환 청구권을 행사하고 이로 인해 생긴 목적물의 이전 등기 의무나 인도 의무 등의 이행을 소로써 구하는 경우에는 그 대상과 범위를 특정해야 하고, 법원은 처분권 주의의 원칙상 유류분 권리자가 특정한 대상과 범위를 넘어서 하는 청구를 인용할 수 없다(대법원 2013. 3. 14. 선고 2010다42624,42631 판결).

유류분 반환 청구권의 행사 방법과 그로 인한 소멸 시효의 중단

유류분 반환 청구권의 행사는 재판상 또는 재판 외에서 상대방에 대한 의사 표시의 방법으로 할 수 있고, 유류분 반환 청구의 의사 표시는 침해를 받은 유증 또는 증여 행위를 지정해 이에 대한 반환 청구의 의사를 표시하면 그것으로 족하고, 그로 인해 생긴 목적물의 이전 등기 청구권이나 인도 청구권 등을 행사하는 것과는 달리 그 목적물을 구체적으로 특정해야 하는 것은 아니며, 민법 제1117조 소정의 소멸 시효의 진행도 위와 같은 의사 표시로 중단된다(대법원 1995. 6. 30. 선고 93다11715 판결, 대법원 2001. 9. 14. 선고 2000다66430,66447 판결).

수인의 유류분권자가 있는 경우 유류분 반환 청구권
행사 방법과 필요적 공동 소송 여부

유류분 반환 청구권은 유류분권자 각자의 개인적이고도 개별적인 권리로써 그 행사 여부는 유류분권자 각자의 자유의사에 맡겨져 있고, 또한 유류분권자가 수인이더라도 그 수인이 공동으로 유류분 반환 청구권을 행사해야 하는 것은 아니고, 또한 유류분을 침해하는 피상속인의 처분 행위가 수인에 대해 이루어진 경우에도 그 수인 모두를 일괄해서 유류분 반환 청구의 상대방으로 삼아야 하는 것도 아니며, 나아가 유류분의 침해가 인정되더라도 그로 인한 법률관계는 유류분 반환 청구권을 행사한 사람과 그 상대방 사이의 개별적인 관계이므로 유류분 보전을 원인으로 한 재산 반환 청구는 상속인 전원이 공동으로 당사자가 되어야 하는 필요적 공동 소송이라고 볼 수 없다(서울가정법원 2002. 5. 16. 자 2001느합5, 부산고등법원 1991. 1. 23 선고 90나3188 판결).

구체적으로 유류분 반환 청구 의사가 표시되었는지를 판단하는 방법 및
공동 상속인이 아닌 제3자에게 한 증여에 관해
유류분 반환 청구가 인정되기 위한 요건

구체적으로 유류분 반환 청구 의사가 표시되었는지는 법률 행위 해석에 관한 일반 원칙 등에 따라 합리적으로 판단해야 한다. 상속인이 유증 또는 증여 행위가 무효임을 주장하며 상속 내지는 법정 상속분에 기초한 반환을 주장하는 경우에는 그와 양립할 수 없는 유류분 반환 청구권을 행사한 것으로 볼 수 없지만, 상속인이 유증 또는 증여 행위의 효력을 명확히 다투지 아니하고 수유자 또는 수증자에 대해 재산 분배나 반환을 청구하는 경우에는 유류분 반환의 방법에 의할 수밖에 없으므로 비록 유류분 반환을 명시적으로 주장하지 않더라도 그 청구 속에는 유류분 반환 청구권을 행사하는 의사 표시가 포함되어 있다고 해석함이 타당한 경우가 많다(대법원 2012. 5. 24. 선고 2010다50809 판결).

상속 재산 분할 심판 절차에서의 유류분 반환 주장 철회의 사법상 효력

상속 재산 분할 심판 절차에서 종전에 했던 유류분 반환 주장을 철회한 것이 유류분 반환 청구가 가정 법원의 관할에 속하지 않는 점을 고려한 데서 비롯된 법원에 대한 의사 표시일 뿐 사법상의 유류분 반환 청구의 의사 표시를 취소하거나 철회한 것으로 볼 수는 없다(대법원 2002. 4. 26. 선고 2000다8878 판결).

유류분 권리자의 유류분 반환 청구권 행사에 의해 유류분을 침해하는
증여 또는 유증이 소급적으로 실효된 경우, 반환 의무자가 부당 이득으로
반환해야 하는 목적물 사용 이익의 범위

유류분 권리자가 반환 의무자를 상대로 유류분 반환 청구권을 행사하는 경우, 그의 유류분을 침해하는 증여 또는 유증은 소급적으로 효력을 상실하므로, 유류분 권리자의 목적물에 대한 사용·수익권은 상속 개시의 시점에 소급해 반환 의무자에 의해서 침해당한 것이 된다. 그러나 민법 제201조 제1항은 「선의의 점유자는 점유물의 과실을 취득한다」고 규정하고 있고, 점유자는 민법 제197조에 의해 선의로 점유한 것으로 추정되므로, 반환 의무자가 악의의 점유자라는 사정이 증명되지 않는 한 반환 의무자는 목적물에 대해 과실수취권이 있다고 할 것이어서 유류분 권리자에게 목적물의 사용 이익 중 유류분 권리자에게 귀속되었어야 할 부분을 부당 이득으로 반환할 의무가 없다(대법원 2013. 3. 14. 선고 2010다42624,42631 판결).

유류분 반환 청구권의 행사로 생기는 원물 반환 의무 또는
가액 반환 의무의 지체 책임의 발생 시기

유류분 반환 청구권의 행사로 인해 생기는 원물 반환 의무 또는 가액 반환 의무는 이행 기한의 정함이 없는 채무이므로, 반환 의무자는 그 의무에 대한 이행 청구를 받은 때에 비로소 지체 책임을 진다(대법원 2013. 3. 14. 선고 2010다42624,42631 판결).

공동 상속인 및 공동 상속인이 아닌 제3자가 피상속인으로부터
각 증여 또는 유증을 받은 경우, 각자의 유류분 반환 의무의 범위

유류분 권리자가 유류분 반환 청구를 함에 있어 증여 또는 유증을 받은 다른 공동 상속인이 수인일 때에는 민법이 정한 유류분 제도의 목적과 민법 제1115조 제2항의 취지에 비춰 다른 공동 상속인들 중 각자 증여 받은 재산 등의 가액이 자기 고유의 유류분액을 초과하는 상속인만을 상대로 하여 그 유류분액을 초과한 금액의 비율에 따라서 반환 청구를 할 수 있다고 해야 하고, 공동 상속인과 공동 상속인이 아닌 제3자가 있는 경우에는 그 제3자에게는 유류분이라는 것이 없으므로 공동 상속인은 자기 고유의 유류분액을 초과한 금액을 기준으로, 제3자는 그 수증 가액을 기준으로 해서 각 그 금액의 비율에 따라 반환 청구를 할 수 있다고 해야 한다(대법원 1996. 2. 9. 선고 95다17885 판결).

공동 상속인 중 1인이 자신의 법정 상속분 상당의 상속 채무 분담액을 초과해 유류분 권리자의 상속 채무 분담액까지 변제한 경우, 그러한 사정을 유류분 권리자의 유류분 부족액 산정 시 고려할 것인지 여부(소극)

금전 채무와 같이 급부의 내용이 가분인 채무가 공동 상속된 경우, 이는 상속 개시와 동시에 당연히 공동 상속인들에게 법정 상속분에 따라 상속된 것으로 봄이 타당하므로, 법정 상속분 상당의 금전 채무는 유류분 권리자의 유류분 부족액을 산정할 때 고려해야 할 것이나, 공동 상속인 중 1인이 자신의 법정 상속분 상당의 상속 채무 분담액을 초과해 유류분 권리자의 상속 채무 분담액까지 변제한 경우에는 유류분 권리자를 상대로 별도로 구상권을 행사해 지급 받거나 상계를 하는 등의 방법으로 만족을 얻는 것은 별론으로 하고, 그러한 사정을 유류분 권리자의 유류분 부족액 산정 시 고려할 것은 아니다(대법원 2013. 3. 14. 선고 2010다42624,42631 판결).

유류분 반환 방법(원물 반환의 원칙)

유류분 반환 의무자는 통상적으로 증여 또는 유증 대상 재산 자체를 반환하면 될 것이나 원물 반환이 불가능한 경우에는 가액 상당액을 반환할 수밖에 없다. 원물 반환이 가능하더라도 유류분 권리자와 반환 의무자 사이에 가액으로 이를 반환하기로 협의가 이루어지거나 유류분 권리자의 가액 반환 청구에 대해 반환 의무자가 이를 다투지 않은 경우에는 법원은 가액 반환을 명할 수 있지만, 유류분 권리자의 가액 반환 청구에 대해 반환 의무자가 원물 반환을 주장하며 가액 반환에 반대하는 의사를 표시한 경우에는 반환 의무자의 의사에 반해 원물 반환이 가능한 재산에 대해서 가액 반환을 명할 수 없다(대법원 2013. 3. 14. 선고 2010다42624,42631 판결).

반환 의무자가 피상속인으로부터 증여 받은
주권 그 자체를 보유하고 있지 않은 경우 유류분 반환의 대상
유류분으로 반환해야 할 대상이 주식인 경우, 반환 의무자가 피상속인으로부터 증여 받은 주권 그 자체를 보유하고 있지 않다고 하더라도 그 대체물인 주식을 제3자로부터 취득해서 반환할 수 없다는 등의 특별한 사정이 없는 한 원물 반환 의무의 이행이 불가능한 것은 아니다.

주식 병합의 효력이 발생하면 회사는 신주권을 발행하고(상법 제442조 제1항), 주주는 병합된 만큼 감소된 수의 신주권을 교부 받게 되는 바, 이에 따라 교환된 주권은 병합 전의 주식을 여전히 표창하면서 그와 동일성을 유지하므로 유류분 반환 의무자는 병합 후의 주식을 원물로써 반환하면 된다(대법원 2005. 6. 23. 선고 2004다51887 판결).

증여나 유증 후 목적물에 관해 제3자가 저당권 등의 권리를 취득한 경우,
유류분 권리자가 원물 반환 대신 가액 상당의 반환을 구할 수 있는지 여부
우리 민법은 유류분의 반환 방법에 관해 별도의 규정을 두고 있지 않으나, 증여 또는 유증 대상 재산 그 자체를 반환하는 것이 통상적인 반환 방법이라고 할 것이므로, 유류분 권리자가 원물 반환의 방법에 의해 유류분 반환을 청구하고 그와 같은 원물 반환이 가능하다면 달리 특별한 사정이 없는 이상 법원은 유류분 권리자가 청구하는 방법에 따라 원물 반환을 명해야 한다.

증여나 유증 후 목적물에 관해 제3자가 저당권 등의 권리를 취득한 경우, 유류분 권리자가 원물 반환 대신 가액 상당의 반환을 구할 수 있고, 그럼에도 유류분 권리자가 스스로 위험이나 불이익을 감수하면서 원물 반환을 구하는 경우 법원은 원물 반환을 명해야 한다(대법원 2014. 2. 13. 선고 2013다65963 판결).

유류분의 원물 반환이 불가능해 가액 반환을 명하는 경우,

그 가액 산정의 기준 시기(사실심 변론 종결 시)

유류분액을 산정함에 있어 반환 의무자가 증여 받은 재산의 시가는 상속 개시 당시를 기준으로 산정해야 하고, 당해 반환 의무자에 대해서 반환해야 할 재산의 범위를 확정한 다음 그 원물 반환이 불가능해 가액 반환을 명하는 경우에는 그 가액은 사실심 변론 종결 시를 기준으로 산정해야 한다(대법원 2005. 6. 23. 선고 2004다51887 판결).

증여 또는 유증을 받은 재산 등의 가액이 자기 고유의 유류분액을 초과하는

수인의 공동 상속인이 유류분 권리자에게 반환해야 할 재산과 범위

수인의 공동 상속인이 유증 받은 재산의 총 가액이 유류분 권리자의 유류분 부족액을 초과하는 경우에는 유류분 부족액의 범위 내에서 각자의 수유 재산을 반환하면 되는 것이지 이를 놓아두고 수증 재산을 반환할 것은 아니다. 이 경우 수인의 공동 상속인이 분담해야 할 액은 각자 증여 또는 유증을 받은 재산 등의 가액이 자기 고유의 유류분액을 초과하는 가액의 비율에 따라 안분해서 정하되, 그중 어느 공동 상속인의 수유 재산의 가액이 그의 분담액에 미치지 못해 분담액 부족분이 발생하더라도 이를 그의 수증 재산으로 반환할 것이 아니라, 자신의 수유 재산의 가액이 자신의 분담액을 초과하는 다른 공동 상속인들이 위 분담액 부족분을 위 비율에 따라 다시 안분해 그들의 수유 재산으로 반환해야 한다(대법원 2013. 3. 14. 선고 2010다42624,42631 판결).

유류분 반환 청구와 기여분 청구의 병합 가부

기여분 청구는 가사 소송법 제2조 소정의 마류 가사 비송사건으로 민사 사건인 유류분 반환 청구 사건과는 소송 절차를 달리해서 심판되는 것으로써 청구의 병합이 허용되지 않을 뿐만 아니라, 기여분의 결정은 상속 재산 분할의 청구가 있을 경우 또는 피인지자 등의 상속분에 상당한 가액의 지급 청구가 있는 경우에 한해 비로소 할 수 있는 것이므로 기여분 청구가 상속 재산 분할의 청구를 전제로 함이 없이 일반 민사 사건인 유류분 반환 청구 사건에 추가적으로 병합 청구된 경우, 기여분 반환 청구 부분에 대한 소는 부적법하다(광주지방법원 1999. 12. 12. 선고 99가합207 판결).

기여분이 결정되기 전 유류분 반환 청구 소송에서의 기여분 공제 항변 가부

공동 상속인 중 피상속인의 재산의 유지 또는 증가에 관해 특별히 기여하거나 피상속인을 특별히 부양한 자가 있는 경우 그 기여분의 산정은 공동 상속인들의 협의에 의해 정하도록 되어 있고, 협의가 되지 않거나 협의할 수 없는 때에는 기여자의 신청에 의해 가정 법원이 심판으로 이를 정하도록 되어 있으므로 이와 같은 방법으로 기여분이 결정되기 전에는 유류분 반환 청구 소송에서 피고가 된 기여 상속인은 상속 재산 중 자신의 기여분을 공제할 것을 항변으로 주장할 수 없다(대법원 1994. 10. 14. 선고 94다8334 판결).

유류분 반환 청구 소송에서 기여분을 주장할 수 있는지 여부

공동 상속인 중에 상당한 기간 동거·간호 그 밖의 방법으로 피상속인을 특별히 부양하거나 피상속인의 재산의 유지 또는 증가에 특별히 기여한 사람이 있을지라도 공동 상속인의 협의 또는 가정 법원의 심판으로 기여분이 결정되지 않은 이상 유류분 반환 청구 소송에서 기여분을 주장할 수 없음은 물론이거니와, 설령 공동 상속인의 협의 또는 가정 법원의 심판으로 기여분이 결정되었다고 하더라도 유류분을 산정함에 있어 기여분을 공제할 수 없고, 기여분으로 유류분에 부족이 생겼다고 하여 기여분에 대해 반환을 청구할 수도 없다(대법원 2015. 10. 29. 선고 2013다60753 판결).

유류분 반환 청구권의 행사가 신의 성실의 원칙에 반한다고 본 사례

모가 8년간이나 투병 생활을 하는 동안 자식으로서의 의무를 저버리고 오로지 다른 형제 1인에게만 병간호 등 모든 것을 부담시키다가 모가 사망하자 그 형제가 이미 10년 전에 증여 받은 모의 재산에 관해 분배를 요구하면서 유류분 반환 청구권을 행사하는 것은 신의 성실의 원칙에 위반되어 허용될 수 없다(부산지방법원동부지원 1993. 6. 17. 선고 92가합4498 판결).

유류분 반환 청구 기간의 성질

민법 제1117조의 규정 내용 및 형식에 비춰볼 때 같은 법조 전단의 1년의 기간은 물론 같은 법조 후단의 10년의 기간도 그 성질은 소멸 시효 기간이다(대법원 1993. 4. 13. 선고 92다3595 판결).

유류분 반환 청구권을 행사함으로써 발생하는
목적물의 이전 등기 청구권 등에 대해 민법 제1117조에서 정한
유류분 반환 청구권에 대한 소멸 시효가 적용되는지 여부

유류분 반환 청구권을 행사함으로써 발생하는 목적물의 이전 등기 청구권 등은 유류분 반환 청구권과는 다른 권리이므로, 그 이전 등기 청구권 등에 대해서는 민법 제1117조 소정의 유류분 반환 청구권에 대한 소멸 시효가 적용될 여지가 없고, 그 권리의 성질과 내용 등에 따라 별도로 소멸 시효의 적용 여부와 기간 등을 판단해야 한다(대법원 2015. 11. 12. 선고 2011다55092,55108 판결).

Part

4

죽기 전에 꼭 남기고
싶은 법적인 말

유언

유언 사항 및 유언의 종류 _{이현지 변호사}

유언으로 남길 수 있는 것(관련 법 조항)

① 재단 법인 설립(민법 제47조 제2항)

② 친생 부인(민법 제850조)

③ 인지(민법 제859조 제2항)

④ 후견인 지정(민법 제931조)

⑤ 상속 재산 분할 방법의 지정 또는 위탁(민법 제1012조 전단)

⑥ 상속 재산 분할 금지(민법 제1012조 후단)

⑦ 유언 집행자의 지정 또는 위탁(민법 제1093조)

⑧ 유증(민법 제1074조)

⑨ 신탁의 설정(신탁법 제2조)

유언으로 남길 수 없는 것

① 친생자 관련 존부 확인의 소

　(유언자 사망 이후 친족이 직접 소 제기 가능)

② 상속인 지정, 상속 순위 지정, 기여분 지정 등은 불가

③ 미성년자 혼인에 대한 동의와 입양에 대한 동의는 불가

④ 유언에 의한 입양은 폐지되었으므로 주의!

유언의 종류 및 차이점

종류	증인	피상속인 사후 검인
자필 증서	불필요	필요
녹음	참여 (1인인지 2인 이상인지 학설상 대립이 있으므로 2인 이상 참여하면 안전)	필요
공정 증서	2인의 증인	불필요
비밀 증서	2인 이상의 증인	필요
구수 증서	2인 이상의 증인	불필요 (구수 유언 이후 7일 이내 검인을 신청해야 함)

Q 45

스마트폰에 남긴 유언은
효력이 있을까요?

아버지는 스마트폰 메모장에 아래와 같이 유언장을 작성하신 후에
또한 같은 내용을 스마트폰에 육성으로 녹음해서 저장해두셨습니다.
'사후 상속 분쟁을 없애기 위해 본 유언장을 작성한다.
 사후 모든 재산을 장녀 A에게 물려준다.
 2019. 12. 24. 서울 서초구 양재동 강남대로 202. 김OO (서명)'
스마트폰에 남긴 아버지의 유언은 효력이 있을까요?

메모장에 남긴 메모는 효력이
없으나, 유언 내용을 스마트폰으로
녹음해 남긴 부분은 '녹음에 의한
유언'으로 인정받을 수 있습니다

스마트폰 메모장에 남긴 메모는 자필 증서에 의한 유언으로서는 효력이 없습니다. 다만, 유언 내용을 스마트폰으로 녹음해 남긴 부분은 '녹음에 의한 유언'으로 인정받을 수 있습니다. 민법이 허용하는 유언은 '자필 증서에 의한 유언', '녹음에 의한 유언', '공정 증서에 의한 유언', '비밀 증서에 의한 유언', '구수 증서에 의한 유언' 등 5가지 방식에 한합니다.

사례에서는 스마트폰의 메모장과 음성 파일로 유언이 이루어졌는데, 이 중 메모장에 남긴 유언은 '자필로 쓴 유언'에 해당하지 않으므로 효력이 없습니다. 대법원은 '자필 증서에 의한 유언'은 유언자가 유언 내용과 연월일, 주소, 성명을 모두 적고 날인까지 해야만 효력이 있다고 판시했습니다(대법원 2014. 9. 26. 선고 2012다71688). 그리고 유언장의 모든 내용은 자필로 작성되어야 하는데, 컴퓨터나 타자기 등 기계를 이용해서 작성한 경우는 이에 해당하지 않으므로(대법원 1994. 12. 22. 선고 94다13695 판결), 사례에서 스마트폰 메모장으로 작성한 유언장은 그 효력이 인정될 수 없습니다.

한편, 사례에서 스마트폰으로 녹음해 저장된 음성 파일은 '녹음에 의한 유언'으로서 그 효력이 인정될 수 있습니다. 녹음에 의한 유언이 효력이 있으려면 유언자가 유언의 취지, 성명과 연월일을 구술하고 증인이 이에 참여해 유언자의 이름과 함께 유언이 정확하다는 취지를 구술해서 녹음해야 합니다(민법 제1067조). 녹음에 의한 유언은 필기 능력이 없어 자필 증서 유언을 이용할 수 없는 경우에 활용이 가능하고, 녹음기와 증인만 있으면 비용 없이 간편하게 할 수 있으므로 앞으로도 많이 이용될 수 있는 유언 방식입니다.

사례에서도 유언자가 앞선 요건을 갖춰 유언 내용을 구술하고, 증인이 녹음 과정에 참여해 유언자의 이름과 함께 유언의 정확함을 구술했다면 스마트폰 녹음 유언도 효력이 있는 것입니다. 다만 녹음에 의한 유언을 집행하기 위해서는 반드시 가정 법원의 검인 절차를 거쳐야 하고(민법 제1091조), 녹음된 내용을 보관한 자 또는 발견한 자는 유언자의 사망 후 지체 없이 가정 법원에 검인을 청구해야 합니다.

Q 46

자필 유언장에 일자가
적혀 있지 않습니다

어머니는 돌아가시기 전 자필로 유언장을 작성하셨습니다. 어머니가
자필로 부동산의 주소나 은행 예금도 정확하게 모두 기재하면서
누구에게 유증을 하는지 꼼꼼하게 적으셨습니다. 그런데 어머니가
마지막에 작성 날짜를 적으시면서 연도와 월(2002. 2.)만 적으신 다음,
그날이 며칠인지 달력을 봐야겠다고 생각하셨는지 그만 '일'은 적지
않으신 듯합니다. 어머니는 워낙 정확한 성격이신지라 3개월 정도
지나(2002. 5. 17.) 유언장에 대해 문제가 생길 것을 대비해 유언을
쓴 종이에 인감도장을 찍고 인감 증명서를 발급 받아 사용 용도란에
유언서 사실 확인용이라고도 기재하셨습니다. 하지만 정작 유언장에
날짜를 적는 것은 잊은 채 돌아가시고 말았습니다.

　이후 그동안 어머니에게 연락도 하지 않고, 어머니의 투병 중
병원에도 오지 않았던 남동생이 유언장의 내용상 저보다 재산을
적게 받게 되는 것을 알고서는 유언장에 일자가 없으니 무효라고

하면서 상속분대로 상속을 해달라고 합니다. 정말 일자가 없어서 어머니의 유언장은 무효인가요? 저는 장녀로서 어려운 살림이지만 10년간 암으로 투병한 어머니의 간호를 도맡아 하면서 병원비도 모두 냈습니다. 생전에 어머니가 하시던 가게도 월급 한 푼 받지 않고 도와드렸고요. 주변 분들이 이런 점을 잘 알고 동생을 꾸짖고 있지만 동생은 유언장에 날짜가 없으니 계속 무효라고만 합니다.

어머니가 첨부하신 인감 증명서 발급 일자라도 유언장 작성 일자로 간주될 수는 없는지요? 조금 더 알아보니 사촌 형님댁은 사촌 할아버지가 유언장에 연도만 적으시고 '내 회갑일에 작성했다'라고 적으셨는데 유언장이 법적으로 인정되었다고 합니다. 저희 어머니는 더 정확하게 적으신 것 같은데 유언장이 인정될 수는 없는 것인가요?

유언장에 일자를 적지
않았다면 무효입니다

안타깝지만 어머니가 일자를 기재하지 않은 유언장은 우리나라 민법
상 적법한 자필 유언으로 인정받을 수가 없습니다. 그러므로 의뢰인의
동생이 유언장의 무효를 다투면서 상속분대로 상속을 해달라고 한다
면 일단 유언장대로의 재산 이전은 불가능합니다.

사례에 나온 사촌 형님댁의 경우처럼 어머니가 자필 유언장에 '생
일', '누구누구의 사망일' 등 특정이 가능한 일자를 적었다면 자필 유
언으로서의 효력이 인정될 것이나, 연도와 월만 있고 일자가 없는 경
우 이러한 자필 유언은 효력이 없다는 것이 법원의 일관된 태도입니
다. 자필 유언의 형식적인 요건에 대해 여러 차례 헌법 소원 등도 이루
어졌지만, 우리나라가 법에서 유언의 형식에 대해 명확히 기재해 이에
따르도록 한 이상 법이 정한 유언의 방식에 어긋나는 유언장에 대해서
는 그 효력을 인정할 수 없다고 판결하고 있습니다(대법원 2009다9768).

그리고 인감 증명서를 발급 받으면서 사용 용도란에 유언서 사실

확인용이라고 적었다고 해도 유언 일자는 2002. 2. 중의 어느 날짜로 특정한 것이 아니고, 자필 유언장의 유언이 담긴 전문에 2002. 2.이라고 기재되어 있는 이상 이에 첨부된 인감 증명서 발급일이 2002. 5. 17.이라고 해도 유언장 작성일이 인감 증명서 발급일로 변경되어 인정되지도 않습니다.

다만 법원에 상속 재산 분할 심판 청구와 기여분 청구를 하면서 의뢰인이 스스로의 비용으로 10년간 병원비를 납부한 점과 어머니의 가게를 무상으로 운영한 점 등을 입증해 어머니의 자필 유언장과 함께 제출하면 기여분 판단 시 강한 참고 자료가 될 수 있어 보입니다. 망인의 의사와 정확하게 일치하는 내용의 유언장이라도 유언장은 법적인 요건을 정확하게 모두 만족해야 하니 유언장 작성 시 꼭 이러한 점을 확인하기 바랍니다.

Q 47

**자필 유언장의
유효 요건을 알고 싶습니다**

저희 어머니는 1번 결혼을 하셨던 아버지와 결혼한 뒤 아버지가
이전 결혼에서 얻은 형 4명을 모두 키우셨고 아버지와의 사이에
저를 낳으셨습니다. 아버지는 신장 수술을 받게 되시면서 자필로
유언장을 작성하셨는데, 그 내용은 전 재산을 어머니는 제외하고
저를 포함한 자식 5명에게 모두 나누어 준다는 것이었습니다.

아버지는 유언의 내용을 자필로 작성하시고 마지막에 연, 월, 일과
'서울에서', '父 영철 5형제 앞', 그리고 성함을 적으신 뒤 지장을
찍으셨습니다. 그 후 유언장 전체를 2부 복사한 뒤, 원본과 복사본 각
전문 4장의 연결 부분에 아버지의 지장으로 간인하고, 복사본 마지막
장의 뒷면에도 각기 서명과 지장을 찍은 다음, 3통의 유서를 각기 다른
봉투에 넣고, 각 봉투의 앞면에는 '遺書'라고 한자로 기재하고,
봉투 뒷면에는 주소를 자필로 기재한 다음에 봉함을 하셨습니다.

그리고 이런 유언 내용처럼 재산은 아들들에게 나누어 주는 유언장을

작성했다는 이야기를 자녀들과 어머니, 친척들 앞에서 이야기하기도 하셨습니다. 그리고 나서 아버지는 6개월 전에 돌아가셨습니다. 장례를 모두 치르고 상속 절차를 밟으려고 하는데 어머니가 상속 재산에 대한 권리를 주장하고 싶다고 하셨습니다. 배우자로서 자녀들보다 1.5배의 상속분을 받을 수 있으니 그렇게 재산을 분배해달라고 형님들에게 말씀하셨는데, 그때 큰형이 아버지의 유언장을 보여주며 유언에 따라 상속이 이루어져야 한다고 이야기했습니다. 유언장을 개봉해보니 '언제나'의 '나' 부분, '밤마다'의 '다' 부분이 줄이 그어진 채 수정되어 있었고, '건강히들'의 '들' 부분은 두 줄이 그어진 채 삭제되어 있었습니다.

어머니는 지금 너무 억울하다고 하시면서 아버지가 사본을 남기셨으므로 무효인 사정, 아버지 사후 6개월 동안 큰형이 유언장 원본을 갖고 있다가 지금에서야 밝힌 사정, 유언장을 수정하면서 도장이나 지장을 찍지 않은 사정, 주소가 유서 전문에는 '서울에서'라고만 적혀 있는 사정, 아버지의 도장이 아닌 지장만 찍혀 있는 사정 등을 들어 유언장이 무효라고 주장하고 싶어 하십니다.

제가 어머니를 위해 할 수 있는 법적 조치나 주장이 있을까요?

A 이현지 변호사

관련 법 조항(민법 제1066조)과
판례의 태도를 잘 살펴봐야 합니다

우선 자필 증서에 의한 유언 관련 법 조항은 아래와 같습니다.

> Tip
>
> **민법 제1066조(자필증서에 의한 유언)**
>
> ① 자필증서에 의한 유언은 유언자가 그 전문과 년월일, 주소,
>   성명을 자서하고 날인하여야 한다.
> ② 전항의 증서에 문자의 삽입, 삭제 또는 변경을 함에는 유언자가
>   이를 자서하고 날인하여야 한다.

이와 같은 법 조항과 우리나라 법원의 태도를 살펴보면 의뢰인 아버지의 자필 유언장은 유효합니다.

자필 증서에 의한 유언에서 주소(주민 등록상 주소 또는 실제 거소)가 반드시 기재되어야 하나, 반드시 유언 전문에 있어야 하는 것은 아니며 유언장의 전문을 담은 봉투에 기재했기에 이는 무방해 보입니다.

그리고 법 조항에서 유언장에 날인을 해야 한다고 했는데 망인의 지장도 날인에 해당합니다. 법 조항과 같이 자필 유언장에 문자를 삽입하거나 삭제하거나 변경할 시에는 망인이 스스로 자필로 정정을 하고 날인하는 것이 원칙이나, 누가 봐도 명백한 오기임이 분명하다면 유언의 효력에 영향을 미치지 않는다는 것이 법원의 태도입니다. 즉, '언제냐'라고 적힌 부분의 '냐'를 '나'로, '밤마더'라고 적힌 부분의 '더'를 '다'로 자필로 수정한 뒤 지장을 찍지 않은 것, '건강히들'의 '들'을 두 줄로 긋고 삭제한 뒤 지장을 찍지 않은 것은 누가 봐도 '언제나, 밤마다, 건강히'라고 적기 위한 명백한 오기의 정정이고, 유언장의 핵심 내용인 재산의 분배와 관련된 부분은 아니므로 법원에서 다투어도 유언장 전체가 무효가 되기는 힘들어 보입니다.

한편, 자필 유언의 경우 자필이 중요한 요건이므로 복사본은 효력이 없습니다. 큰형이 원본을 갖고 있으므로 복사본이 존재한다는 이유만으로 큰형이 갖고 있는 유언장이 무효가 되지는 않습니다.

소멸 시효 기간 내 유류분 청구가 필요합니다

마지막으로 큰형이 아버지가 돌아가신 지 6개월 후에 유언장을 보여준 부분을 살펴보겠습니다. 민법 제1004조 제5호 소정의 '상속에 관한 유언서를 은닉한 자'라 함은 유언서의 소재를 불명하게 해서 그 발견을 방해하는 일체의 행위를 한 자를 의미하는 것입니다. 아버지가 생전 유언장의 내용을 이야기하곤 했으므로 공동 상속인들 사이에 그 내용이 널리 알려진 유언서에 관해 피상속인이 사망한 지 6개월이 지난 시점에 비로소 그 존재를 주장했다고 하더라도 이를 두고 유언서의 은닉에 해당한다고 볼 수 없다는 것이 법원의 태도입니다. 생전에 아버지가 유언장의 존재와 내용에 대해 여러 차례 공공연하게 이야기를 했다고 하니 이는 널리 알려진 유언서라고 여겨지는 바, 이 부분도 어머니가 유언장의 무효를 주장하기에는 어려움이 있어 보입니다.

다만 어머니는 유류분을 주장할 수 있습니다. 유류분은 민법 제1117조 전문에 의해 유류분 권리자가 상속의 개시와 반환해야 할 증여 또는 유증을 한 사실을 안 때로부터 1년 이내에 행사하지 않으면 시효에 의해 소멸합니다. 아버지가 생전에 유언장의 내용을 이야기했고 유언장도 보여주었으므로 이 경우 아버지의 사망일로부터 유증의 사실을 안 때의 시효가 시작합니다. 간혹 유언장의 검인 절차를 마무리한 때나 검인 신청을 한 때를 유언장 내용의 유무효를 정확하게 알았을 때라고 주장하는 사람들이 있는데, 검인 절차는 유언장의 형식적인 부분을 확인하는 절차이므로 피상속인의 생전에 유언장의 존재와 내용을 상속인들이 알고 있었다면 검인 여부와 상관없이 사망 시로부터 유류분 청구권의 시효가 진행됩니다. 아직 아버지가 돌아가신 지 1년이 지나지 않았으니 무엇보다 우선적으로 속히 어머니를 위해 유류분 청구를 먼저 하는 게 좋겠습니다(대법원 97다38510).

공정 증서 유언에서
구수의 의미는 무엇인가요?

어머님이 간암 수술을 받고 퇴원을 했다가 5개월 후 다시 입원을
하셨습니다. 그런데 입원 중에 신변을 정리해야 한다는 생각을 하셨는지
입원 후 2주 정도가 지나 2남 2녀인 자녀를 모두를 불러 유언을 하고
싶다고 하셨습니다. 장녀인 저는 동생들과 논의를 했고, 알아본 결과
공증인을 통해 유언을 하는 것이 가장 정확하다고 하여 어머니가
입원한 병원에서 유언 공증 절차를 진행했습니다.

어머니가 입원 중인 관계로 직접 공증 사무실에 가지 못하시기에
어머니는 자신 명의의 아파트 2채와 건물 1채, 과수원 1곳을 각각
자녀들에게 나누어 준다는 내용을 알려주셨고, 저희는 병원에서 5분
떨어진 공증 변호사 사무실에 가서 그 내용을 알리고 유언 공증 의뢰를
했습니다. 이틀 뒤 공증 변호사와 증인 2명이 아파트 2채는 두 아들에게
한 채씩 나누어 주고, 건물은 장녀인 저에게, 과수원은 현재 운영 중인
막내 여동생에게 나누어 준다는 내용의 유언장을 작성해 어머니의

병실로 갖고 왔습니다. 공증인이 각 부동산의 지번 등을 일일이 정확하게 이야기하고 이를 누구에 증여하는 것인지 이름을 대면서 정확하게 어머니의 의사를 물었고 어머니는 "그렇게 합시다"라고 하셨습니다. 그리고 그 유언 공정 증서에 어머니가 정확하게 서명도 하셨습니다. 어머니는 투병 중이라 몸이 많이 약하고 조금 명한 상태이긴 하셨지만 증인들에게 인사도 하는 등 인지 능력에는 아무런 문제가 없었습니다. 그로부터 2개월 후에 어머니는 돌아가셨습니다.

그런데 한 지인이 말하기를 유언 공정 증서의 경우 망인이 직접 공증인 앞에서 유언의 내용을 말해야 하는 것이지 공증인이 작성해온 유언 공정 증서의 내용을 듣고 그렇게 하자고 한 것만으로는 유언 공정 증서가 무효라고 합니다. 어머니의 유언 공정 증서가 법적으로 효력이 있을까요?

A 이현지 변호사

민법 제1068조에 있는
4가지 조건을 유의해야 합니다

결론적으로 유사한 판례에서 법원은 망인에게 의사 능력이 인정되는 상태였고, 직접 구수를 하기 어려웠을 것이라고 추정되는 상황에서, 그러한 구수가 있었음을 인정할 만한 여러 증거가 확인되고, 유언 공정 증서의 내용이 유언자의 진정한 의사에 합치된다는 증거 역시 충분한 경우, 직접 공증인 앞에서 망인이 유언의 취지를 구수하지 않더라도 이를 민법 제1068조의 유언 취지의 구수라고 인정한 경우도 있습니다.

의뢰인의 경우 어머니가 유언장 작성 당시 재입원을 하긴 했지만 의식 상태에는 문제가 없었던 것으로 보이며, 공증인이 유언의 내용에 대해 매우 자세히 질문을 하고 이에 대해 일일이 대답을 한 점, 유언 공정 증서를 작성한 지 2개월 후에 돌아가신 점, 유언의 내용이 자녀 모두에게 공평하게 재산의 분배가 이루어져 유언자의 취지와도 일치해 보이는 점 등이 있어 어머니의 공정 증서에 의한 유언은 문제가 되었을 시 재판에서 유효하다고 판단될 여지는 많아 보입니다. 그러나 이는 매우 예외적이고 한정적인 경우라고 할 수 있습니다. 많은 경우, 유언자의 상태가 좋지 않아 유언의 취지를 직접 말하지 못하고, 공증인이나 친척, 제3자가 대신 유언의 내용을 말한 뒤 유언자가 이에 대해 동의의 표시로 고개만 끄덕이거나 간단한 대답만 하는 것으로는 민법 제1068조의 유언자가 유언의 취지를 구수한 것으로 인정되기 어렵고 유언 공정 증서가 무효로 판단될 수 있으므로 특별히 유의해야 합니다.

민법 제1060조는「유언은 본법의 정한 방식에 의하지 아니하면 효력이 발생하지 아니한다」고 규정해 유언에 관해서 엄격한 요식성을 요구하고 있습니다. 민법이 유언의 한 방식으로 규정하고 있는, 제1068조 소정의 '공정 증서에 의한 유언'이 유효하기 위해서는 ❶ 증인 2인의 참여가 있을 것, ❷ 유언자가 공증인의 면전에서 유언의 취지를 구수할 것, ❸ 공증인이 유언자의 구수를 필기해서 이를 유언자와 증인에게 낭독할 것, ❹ 유언자와 증인이 공증인의 필기가 정확함을 승인한 후 각자 서명 또는 기명 날인할 것 등을 필요로 합니다.

유언자의 간략한 긍정 답변을
적법한 유언 취지의 구수라고 인정한 판례

제3자에 의하여 미리 작성된 유언의 취지가 적혀 있는 서면에 따라 유언자에게 질문을 하고 유언자가 동작이나 한두 마디의 간략한 답변으로 긍정하는 경우에는 원칙적으로 민법 제1068조에 정한 '유언 취지의 구수'라고 보기 어렵지만, 공증인이 사전에 전달받은 유언자의 의사에 따라 유언의 취지를 작성한 다음 그 서면에 따라 유증 대상과 수증자에 관해 유언자에게 질문을 하고 이에 대해 유언자가 한 답변을 통해 유언자의 의사를 구체적으로 확인할 수 있어 그 답변이 실질적으로 유언의 취지를 진술한 것이나 마찬가지로 볼 수 있고, 유언자의 의사 능력이나 유언의 내용, 유언의 전체 경위 등으로 보아 그 답변을 통해 인정되는 유언 취지가 유언자의 진정한 의사에 기한 것으로 인정할 수 있는 경우에는 유언 취지의 구수 요건을 갖추었다고 볼 수 있다.

망인의 반응이 느리고 멍한 표정으로 눈을 제대로 맞추지 못한 적이 있었으나 폐암 수술 후 퇴원했다가 4개월 후 다시 입원하고 2주 정도 지나 유언을 한 점 / 유언 이후 두 달이나 지나 사망을 한 점 / 유언 당시 망인이 유언 공정 증서에 직접 명확한 글씨체로 서명한 점 / 공증인과의 대화와 질문, 답변의 내용 경위에 비춰 유언의 내용을 이해할 의사 식별 능력 인정함 / 공증인이 부동산 지번 등 누구에게 증여하겠다는 질문을 구체적으로 했고 망인이 "그렇게 하자"라고 대답한 점 등으로 보아 이는 유언 취지의 구수라고 인정할 수 있다(대법원 2005다75019).

Q 49

반 혼수상태의 유언자가
공증인 말을 듣고 고개만
끄덕여도 유언이 유효한가요?

저는 1남 1녀 중의 막내아들로 미국 유학을 하던 중 아버지가
위중하시다는 연락을 받고 귀국해 임종을 지켰습니다. 아버지는
중소기업을 운영하셨는데, 매형이 돕고 있었습니다. 장례식 후
누나는 공증인 앞에서 아버지가 유언을 하셨다면서 유언 공정 증서를
보여주었습니다. 당시 아버지는 기관지 절제 수술 후 목에 튜브를 꽂아
인공호흡을 하는 상태라 말을 하실 수 없었고, 어머니 말씀으로는 손짓,
눈 깜빡임, 고개 끄덕임, 표정, 입 모양 등으로 매우 제한적인 표현만
하실 수 있었다고 하셨습니다. 특히 누나가 보여준 유언 공정 증서
작성일 2개월 전부터 아버지는 의학상 반 혼수상태 진단을 받으셨다고
했습니다. 어머니가 장기간 간호로 탈진하여 일주일간 입원하신 동안
누나가 변호사를 불러 아버지가 운영하던 회사의 부동산은 누나와 매형
이름으로 1/2씩, 아버지가 보유한 회사 주식 전부는 매형 이름으로

이전하는 유언 공정 증서를 작성한 것이었습니다. 어머니가 유언장을 보고 크게 화를 내시면서 의식도 없는 아버지가 무슨 유언장을 작성했냐고 하자, 누나는 변호사가 유언장 내용을 다 읽자 아버지가 고개를 끄덕거리셨고, 누나가 팔목을 붙잡아줘 아버지가 유언장에 직접 서명도 하셨으며, 공증인이 유언장의 취지가 담긴 글을 낭독하자 "응, 그래. 그렇게 해"라고 응답하는 말을 하셨다고 했습니다.

하지만 이는 누나와 매형의 주장일 뿐 공증인은 그렇게 말하는 것을 들은 사실이 없고, 다만 고개를 끄덕이시는 것만 봤다고 했습니다. 어머니는 누나와 매형이 아버지의 회사를 욕심내서 아무런 상의 없이 혼수상태인 아버지를 조정해 유언장을 작성했다는 사실에 분개하고 계십니다. 제가 누나를 상대로 유언장 무효를 주장할 수 있을까요?

A 이현지 변호사

유언자에게 의사 능력이 없었다면 그 유언은 무효입니다

의뢰인의 사례를 살펴보면 아버지는 유언 공정 증서를 작성할 당시에 반 혼수상태였으며, 유언 공정 증서의 취지가 낭독된 후에도 그에 대해 전혀 응답하는 말을 하지 아니한 채 고개만 끄덕였습니다. 이로 말미암아 유언 공정 증서를 작성할 당시 유언자에게는 의사 능력이 없었으며, 그 공정 증서에 의한 유언은 유언자가 유언의 취지를 구수하고 이에 기해 공정 증서가 작성된 것으로 볼 수 없는 바, 결론적으로 민법 제1068조가 정하는 공정 증서에 의한 유언의 방식에 위배되어 무효라고 판단될 것으로 보입니다.

　민법 제1060조는 유언에 관해 엄격한 요식성을 요구하고 있습니다. 민법 제1068조 소정의 '공정 증서에 의한 유언'이 유효하기 위해서는 유언자가 공증인의 면전에서 유언의 취지를 구수해야 한다는 요건을 갖춰야 한다는 점이 요구됩니다. 만일 구수를 하지 못할 경우라도 구수가 있었다고 보충적으로 인정될 여러 증거들이 확인되어야 하며, 유언자의 의식 상태에 문제가 없었다는 점 역시 중요한 쟁점입니다.

공정 증서에 의한 유언의 방식

우리나라 법원은 의뢰인의 경우와 유사한 사건에서 망인의 공정 증서에 의한 유언은 무효라고 판단했습니다. 「유언 공정 증서를 작성할 당시에 망인이 반 혼수상태였으며, 유언 공정 증서의 취지가 낭독된 후에도 그에 대하여 전혀 응답하는 말을 하지 아니한 채 고개만 끄덕였다고 인정한 것은 정당하고, 그와 같은 사실 관계라면 유언 공정 증서를 작성할 당시에 망인에게는 의사 능력이 없었으며, 위 공정 증서에 의한 유언은 유언자가 유언의 취지를 구수하고 이에 기하여 공정 증서가 작성된 것으로 볼 수 없어서 민법 제1068조가 정하는 공정 증서에 의한 유언의 방식에 위배되어 무효라고 판단한다(95다34514 판결)」라고 했습니다. 더 나아가 누나와 매형의 주장처럼 아버지가 "응, 그래. 그렇게 해"라고 말했다는 사항에 대해서도 아버지처럼 목에 튜브를 꽂는 등 목소리를 낼 수 없는 경우라면 이는 가정적인 판단에 불과하므로 판결 결과에 영향을 미치지 않는다고 봤습니다.

　만일 누나가 유언장의 내용대로 부동산 등기를 이전했다면 의뢰인은 유언 공정 증서의 무효를 주장하면서 소유권 이전 등기 말소 소송을 제기해야 합니다. 주식의 이전 또한 이루어졌다면 이에 대한 무효 절차도 함께 진행해야 합니다. 다행히 아직 유언장의 내용대로 등기나 주식 이전이 이루어지지 않았다면 상속분대로 이전 절차를 도모하되, 누나가 유언 공정 증서를 유효하다고 주장한다면 유언 무효도 별도로 다투어야 할 것으로 보입니다.

Q 50

구수 증서 유언장이 작성되었다
는데, 당시 유언자가 의식도 희미
하고 말을 못 하는 상태였습니다

아버지는 저를 낳고 어머니와 이혼한 후 재혼해서 그 사이에 2남
1녀를 두셨습니다. 아버지는 어머니와 이혼을 했지만 과수원만큼은
어머니와 저의 생계를 위해 어머니가 운영하도록 해주셨습니다.
그리고 어머니가 돌아가신 뒤에는 공무원인 저를 대신해 제 아내가
과수원을 운영했습니다. 아버지와 재혼하신 작은어머니가 돌아가신
뒤 아버지는 서울이나 다른 동생들 집에서 살기를 불편해하셨습니다.
그래서 저는 아내와 상의해 서울에서 아버지를 모시고 왔고,
과수원은 제 아내가 인부들을 고용해 운영했습니다(과수원은 계속
아버지 명의였습니다).

　그러던 중 아버지가 백혈병과 폐암 등으로 투병하시게 되었습니다.
병원에 장기간 입원을 하게 되면서 아버지는 다른 사람의 도움
없이는 식사나 거동을 하지 못할 정도가 되었고, 저와 아내는 집과

병원에서 물심양면으로 간호했습니다. 하지만 아버지의 상태는 점점 악화되었고, 의식이 오락가락할 뿐만 아니라 묻는 말에 제대로 대답하지 못할 정도가 되었습니다. 아버지의 상태가 위중하여 서울에서 동생들이 내려왔고, 일주일 후 아버지는 돌아가셨습니다.

그런데 장지에서 돌아온 날, 갑자기 동생들이 아버지가 유언을 남기셨다며 유언장을 보여주었습니다. 제가 운영하던 과수원은 물론 아버지 명의의 재산 모두를 동생들 앞으로 물려준다는 내용이었고, 그 형식은 증인 3명이 참여한 상황에서 아버지가 유언을 말씀하시면 증인 중 1명이 이를 받아 적은 후 증인들이 확인한 구수 유언이라고 했습니다. 알아보니 제 아내가 동생들에게 아버지를 맡기고 잠시 쉬기 위해 집에 간 사이 동생들이 벌인 일이었습니다.

남동생이 변호사 3명을 증인으로 세우고, 그중 1명이 아버지의 명의의 재산 내역을 다 적어 와서 아버지에게 읽어드린 뒤, 동생들에게 모두 물려주겠냐고 물으니, 아버지가 고개를 끄덕이며 "음", "어"라고 동의를 하셨다는 것입니다.

저로서는 아버지가 그런 유언을 하셨다는 사실을 믿을 수가 없고, 아버지가 유언을 하실 만한 정신 상태도 아니었고 말도 거의 못 하셨으며, 무엇보다 저희 부부가 없을 때 동생들이 단독적으로 준비해서 유언을 받았다는 것을 받아들이기가 어렵습니다. 과연 이러한 유언이 효력이 있을까요?

무효가 될 가능성이 높습니다

사례에 나온 유언의 형식은 민법 제1070조 소정의 '구수 증서에 의한 유언'으로 보입니다. 그렇다면 법적으로 「유언자가 2인 이상의 증인의 참여로 그 1인에게 유언의 취지를 구수하고 그 구수를 받은 자가 이를 필기 낭독하여 유언자와 증인이 그 정확함을 승인한 후 각자 서명 또는 기명 날인」해야 합니다. 그런데 우리나라 법원에서 사례와 같은 구수 증서 유언의 효력은 무효로 판단할 가능성이 높아 보입니다. 즉, 민법 제1070조의 '유언 취지의 구수'라 함은 말로써 유언의 내용을 상대방에게 전달하는 것을 뜻합니다. 그러므로 증인이 제3자에 의해 미리 작성된, 유언의 취지가 적혀 있는 서면에 따라 유언자에게 질문을 하고 유언자가 동작이나 간략한 답변으로 긍정하는 방식이 유언 취지의 구수에 해당하는지를 판단하는 데 있어서는 유언 당시 유언자의 의사 능력이나 유언에 이르게 된 경위 등을 살필 수밖에 없습니다. 이에 따라 미리 작성해놓은 서면이 유언자의 진의에 따라 작성되었음이 분명하다고 인정되는 등의 특별한 사정이 없는 한 사례와 같은 경우는 민법 제1070조 소정의 유언 취지의 구수에 해당한다고 볼 수 없다는 것이 법원의 태도입니다(대법원 2006. 3. 9. 선고 2005다57899 판결).

유언의 무효를 다툴 때 주요한 쟁점

유언 당시에 아버지가 암으로 장기간 투병 중이었고, 노령이었고, 본인의 의사를 제대로 말로 표현할 수 없었고, 헛소리를 했던 점 등이 간호 기록지 등에 의무 기록상 기록이 되어 있었다면 이러한 부분은 아버지의 의식 상태를 입증하는 데 유리할 것입니다. 그리고 아버지가 유언 취지의 확인을 구하는 증인이었던 변호사의 질문에 대해 고개를 끄덕이거나 "음", "어"라는 말만 했다면 민법 제1070조가 정한 유언의 취지를 구수한 것으로 볼 수 없다는 판단이 이루어질 것으로 보입니다. 그리고 장기간 아버지를 간병했던 의뢰인 부부가 부재한 자리에서 구수 유언이 이루어진 점, 부부가 유언의 재산 증여 대상에서 완전히 제외된 점 등은 유언의 무효를 다툴 때 주요한 쟁점으로 부각이 될수 있을 것 같습니다. 마지막으로 유언 무효 소송과 동시에 상속 재산 분할과 관련해 동생들과 합의가 되지 않으면 상속 재산 분할 심판 청구의 소를 제기해야 하는데, 의뢰인과 같이 아버지 명의의 재산인 과수원을 도맡아 운영하고 계속 아버지를 모셨던 경우에는 기여분 청구도 함께 고민하는 것이 가능해 보입니다.

여동생이 유언 공정 증서의
증인을 섰는데 문제가 없나요?

저는 맏딸로서 어머니를 주로 돌봤습니다. 어머니는 심장병으로 쓰러져 꽤 오랫동안 병원에 입원하셨습니다. 그러던 어느 날, 어머니는 유언을 남기고 싶다고 하셨습니다. 그래서 저는 병원 바로 옆 공증 변호사 사무실에 문의해 미리 유언 내용을 정리한 다음, 병원으로 돌아와 유언 공정 증서를 작성한 뒤 어머니가 직접 서명하시게 하는 등 절차에 공증을 받았습니다. 그리고 유언 공정 증서상 재산을 증여 받지 않는 여동생이 증인을 섰습니다. 어머니는 그로부터 3년 뒤 돌아가셨습니다. 어머니의 재산을 정리하기 위해 유언 공정 증서를 확인하는데 남동생이 이의를 제기했습니다. 어머니가 유언을 하신 곳은 병원인데 유언 공정 증서상 작성 장소는 변호사 사무실로 적혀 있고 어머니가 직접 구술한 것도 아니라고 하면서 무효라고 합니다. 증인인 여동생 또한 상속인 중 한 명이 될 수 있으므로 그 동생은 증인이 될 수 없다고도 합니다. 하지만 저는 분명히 어머니 말씀에 따라 변호사 사무실에 가서 미리 유언의 취지를 정리한 것이고, 어머니의 병실로 돌아와 어머니가 직접 다 확인하고 서명까지 하셨는데, 정말로 무효가 되는 것인지요?

이현지 변호사

A

'유언 취지의 구수' 요건이 중요합니다

사례는 민법 제1068조에서 정한 유언 공정 증서에 의한 유언의 형식을 취한 것으로 보입니다. 우선 공정 증서의 유효성에 대해 살펴보겠습니다. 공증인이 유언자의 의사에 따라 유언의 취지를 서면으로 작성하고 그 서면으로 유언자에게 질문해 진의를 확인한 다음 필기된 서면을 낭독해준 방식이 민법 제1068조가 정한 '유언 취지의 구수'의 요건을 갖춘 것에 해당한다는 법원의 판례도 존재합니다. 즉, 어머니의 공증 변호사가 미리 유언 내용을 기재하고 이를 병실에 갖고 와서 낭독했다고 하더라도, 사례의 내용상 어머니의 의식 상태에 대한 언급이 없으며, 어머니가 유언장 작성 이후 3년 뒤 돌아가신 점 등을 보면 어머니의 의식 상태에는 문제가 없어 보입니다. 그렇다면 이는 미리 어머니의 구수 내용을 필기해서 낭독한 것과 다를 바 없으며, 또한 이 유언은 어머니의 진의에 의해 이루어진 것으로 보이므로 이 공정 증서에 의한 유언은 민법 제1068조의 요건을 갖춘 적법·유효한 유언이라고 판단될 가능성이 높아 보입니다.

나아가 유언자인 어머니가 입원하고 있던 병실에서 작성되었음에도 불구하고 공정 증서에는 그 작성 장소가 공증 변호사의 사무실로 기재되어 있다고 했으나, 이와 같은 사유만으로는 사례의 공정 증서가 무조건 무효라고 볼 수는 없습니다. 병원과 공증 변호사 사무실이 인근 주소지이므로 이러한 경우 유효하다는 판결도 존재하므로 사례의 공정 증서에 의한 유언은 적법한 것으로 판단될 수 있어 보입니다(대법원 2008. 8. 11. 선고 2008다1712 판결).

유언 공정 증서 작성 시 증인의 요건

그런데 법정 상속인에 해당하는 여동생이 증인으로 입회한 부분은 논란의 여지가 있어 보입니다. 민법 제1072조에서는 유언 시 증인의 결격 사유에 대해서도 규정하고 있는데, 미성년자나 금치산자, 한정 치산자 이외에 유언에 의해 이익을 받을 자, 즉 수증자와 그 배우자, 직계 혈족은 유언의 증인이 될 수 없습니다. 이처럼 법이 정하고 있으므로 유언자가 증인을 지정했더라도 증인이 될 수 없습니다. 유언 공정 증서에 따라 유언자의 자녀들 중 일부가 유증을 받게 되고 재산을 받지 못한 다른 자녀들이 이에 대해 동의하는 경우도 있는데, 이러한 경우 민법 제1072조상 이익을 받을 자에 해당하지 않는다고 하여 증인에 해당한다고 생각하고 유언 시 증인이 되는 경우도 있습니다. 이에 대해 아직까지 명확한 법원의 판결이 이루어진 적은 없으나, 유언의 형식적인 부분에 대해 엄격히 다루고 있고, 유언 공정 증서의 효력을 유지하기 원한다면 상속인이 될 수 있거나 유언에 따라 유증을 받는 사람들, 즉 유언자의 배우자나 직계 비속, 직계 존속은 증인으로 지정하지 않을 것을 권유합니다.

> Tip
>
> **유언 공증 시 필요 서류**
>
> ① 유언자
> 　신분증(주민 등록증, 운전면허증, 여권 모두 가능),
> 　도장(인감이 아니어도 무방), 주민 등록 등본,
> 　가족 관계 증명서, 기본 증명서
> ② 증인
> 　신분증(주민 등록증, 운전면허증, 여권 모두 가능),
> 　도장(인감이 아니어도 무방), 주민 등록 초본, 기본 증명서,
> 　후견 등기 사항 존재 증명서

유언 대상 부동산을 논, 밭, 집
정도로만 말해도 유효한가요?

저는 70세의 아버지를 모시고 살았던 둘째 아들이었습니다.

아버지가 유언을 하고자 하셔서 제가 아버지 친구분 2분을 증인으로 삼아 3명이 함께 공증 사무실을 방문해 상담을 받고 유언 공정 증서를 작성했습니다. 아버지의 재산으로는 논과 밭, 시골집 부동산이 있었는데, 저는 주소를 일일이 다 적어서 공증 변호사에게 전달했고, 아버지는 유언으로 재산을 모두 저에게 남겨주신다고 하셨습니다. 공증 변호사와 아버지 친구분 2분이 모두 집으로 와서 유언 공증이 이루어졌습니다.

아버지는 고관절 수술로 거동이 불편하기는 하셨으나 의식도 있으셨고 증인이 될 친구분도 직접 정하시는 등 의사소통에는 전혀 문제가 없으셨습니다. 공증 변호사가 아버지에게 어떤 재산을 유언으로 남기시겠냐고 묻자 "논, 밭, 집터, 집"이라고 하셨고, 누구에게 주겠냐고 하자 저를 가리키면서 이름과 둘째 아들이라고 하셨습니다. 다시 공증 변호사가 지번을 일일이 부르고 평수까지 언급하면서 그 부동산을 저에게 주는 것이 맞느냐고 묻자 그렇다고 대답을 하셨습니다. 증인으로 나선 친구분 중 한 분이 "골목길 초입 배추밭과 파란 지붕 집, 그리고 그 옆에 논 다 둘째 아들 주는 거 맞느냐"라고도 물어보고 공증 변호사도 다시 한번 동일하게 질문했는데 아버지는 그렇다고 하셨습니다.

그러고 나서 다음 날 아버지가 돌아가시자 큰형이 제가 농간을 부려 허위의 유언장을 작성했다고 하면서 유언장이 무효라고 했습니다. 아버지가 직접 자필로 유언장을 작성하거나, 공증 변호사에게 유언장 내용에 대해 하나하나 정확하게 다 말해야 하는데, 공증 변호사가 제 말만 듣고 작성했다는 식으로 이야기를 하고 있습니다.

저는 너무 억울한데 도대체 누구 말이 맞는 것인가요?

이현지 변호사

A

유언이 이루어진 상황과
망인의 의식 상태가 중요합니다

사례의 내용대로 의뢰인 아버지의 유언이 구수에 의한 것이 아니라, 사망 하루 전날 의뢰인이 증인 2명과 함께 공증인 사무실을 찾아가서 공증에 필요한 서면 등을 미리 작성한 후, 공증 변호사가 자택을 방문해 아버지에게 질문해서 확인 절차를 거친 뒤, 아버지가 공정 증서에 서명 날인한 부분과 관련해 다음과 같은 사실이 인정되는지 확인합니다.

- 유언 당시 아버지가 70세이고 거동이 불편하긴 했으나 의식이 명료하고 의사소통에 지장이 없었던 사실
- 공증 변호사가 아버지에게 유증할 대상자와 유증할 재산에 대해 묻자 "이름과 둘째 아들", "논, 밭, 집터, 집"이라고 대답한 사실
- 공증 변호사와 증인들이 미리 작성해온 공정 증서의 내용에 따라 아버지에게 그 지번과 평수 및 그 지역에서 부르는 명칭을 하나하나 불러주고 유증 의사가 맞는지를 확인한 사실
- 공증 변호사가 아버지에게 유언 공정 증서의 내용을 읽어주고

이의 없는지를 확인한 후 공정 증서 등에 아버지와 증인 2명의
자필 서명을 받은 사실

만약 이와 같은 사실이 모두 인정된다면 사례의 공정 증서에 의한 유언은 아버님의 구수가 있었다고 보아 유효하다고 판단될 가능성이 높아 보입니다(대법원 2007. 10. 25. 선고 2007다51550,51567 판결).

유언과 관련한 법원의 여러 판결을 살펴보면 법원은 유언이 이루어진 상황과 망인의 의식 상태 등을 구체적으로 검토합니다. 따라서 가족이 유언을 하고자 할 때는 공정 증서에 의한 유언 등 최대한 법조인의 조력에 따라 문제가 없게끔 유언 절차를 밟도록 하는 것이 중요합니다. 그리고 망인의 의식 상태에 대한 확인이나 증인들이 누구인지도 중요하므로 망인에게 여러 차례 동일한 질문을 하고 유언 서류 작성 과정을 동영상으로 촬영하는 등 추후 법적 분쟁이 발생했을 때 사실관계 다툼이 없도록 하는 편이 좋습니다.

Q 53

서울 변호사가 인천에 와서
유언 공정 증서를 작성하고
다른 사람이 유언자의 손을 잡고
서명을 한 경우 유효한가요?

아버지가 교통사고를 당해 위독하신 가운데 큰형이 교통사고 관련
보험사를 상대로 변호사를 선임해 소송을 진행했습니다. 그런데
1심 소송 도중 아버지가 돌아가셨고, 알고 보니 그 교통사고 소송
담당 변호사가 공증 변호사가 되어 큰형의 주도로 유언 공정 증서가
작성되었습니다. 당시 아버지는 중환자실에 입원하셨던 상태로,
사지 마비로 손발을 움직일 수가 없었고, 기관 협착증으로 기도 유지를
위해 기관지를 절개한 후 그 부분에 의료 기구를 삽입하는 흉부외과
치료를 받는 중이셨습니다. 이에 따라 아버지가 쉰 목소리라도 말씀을
하기 위해서는 의료 기구를 제거하고 절개된 부분을 막아야만 했습니다.
하지만 그렇게 시도조차 할 수 없었고, 음식 섭취도 힘들어져서 결국
전신 쇠약으로 수술조차 제대로 받지 못하고 돌아가셨습니다. 아버지는

인천에 있는 병원에 입원했다가 돌아가셨는데, 소송과 공증은 서울에 있는 변호사 사무실에서 진행되었습니다.

유언 공정 증서를 살펴보니, 아버지가 서울에 있는 변호사 사무실에 가서 유언 취지를 말씀하신 것처럼 작성되어 있었고, 증인도 변호사 사무실의 직원 2명이었습니다. 그 내용은 어이없게도 모든 재산에 대한 전권이 큰형과 큰형 친구인 변호사 앞으로 위임된다는 것이었습니다. 아버지가 손도 못 쓰고 말씀도 못 하시는데 어떻게 서명을 하고 유언을 했냐고 형에게 물어보니, 증인 중 1명이 아버지의 손을 잡고 서명을 했고 미리 준비해온 유언 공정 증서를 읽으니 아버지가 "응, 그래"라고 말씀을 하셨다고 대답했습니다.

손도 못 쓰고 말씀도 못 하시는 아버지가 인천에 있는 병원에 입원 중이셨는데 서울에 있는 변호사 사무실에 가서 유언 취지를 말씀하셨다는 것도 말이 안 되고, 변호사 사무실 직원이 증인인 것도 이상한데, 이 유언이 정말로 유효한 것인가요?

> # 유언 공정 증서의 법적 요건을 꼼꼼하게 확인합니다

사례의 경우 유언자의 유언 공정 증서 작성 당시의 의식이나 의무 기록상의 상태 등이 법원의 판단에 있어 중요한 요소에 해당합니다.

우선 공증 변호사가 본인의 직무 집행 구역인 서울을 벗어나 아버지가 입원했던 인천에 있는 병원 중환자실에 가서 공정 증서를 작성한 부분, 아버지가 사지 마비로 직접 서명할 수 없는 상태였는데 증인 중 1명이 아버지의 손에 필기구를 쥐어주고 그 손을 잡고 같이 서명을 한 부분, 기관지가 절개된 상태의 아버지가 말을 하기 위해서는 절개 부분에 삽입된 의료 기구를 제거하고 그곳을 막아야만 한 부분 등을 보면 사례의 유언 공정 증서는 적법, 유효하지 않다고 다투어야 할 여지가 상당합니다.

즉, 아버지가 정말 "응, 그래"라는 말을 겨우 했다고 하더라도 공증 변호사가 직무 집행 구역을 벗어난 점, 구수를 받은 유언을 필기 낭독하고 유언자와 증인으로부터 그 정확성의 승인을 받은 후 공정 증서

에 서명 또는 기명 날인을 받는 절차를 생략한 점, 단지 유언 공정 증서를 이루는 용지에 서명 날인을 받았던 점, 그 서명 날인 또한 아버지가 사지 마비로 직접 서명할 수 없는 상태여서 다른 사람이 아버지의 손에 필기구를 쥐어주고 그 손을 잡고 같이 서명을 한 점 등을 미루어 보면 유언 공정 증서가 유언 취지의 구수, 즉 '공증인이 유언자의 구술을 필기해서 이를 유언자와 증인에게 낭독할 것'과 '유언자와 증인이 공증인의 필기가 정확함을 승인할 것'이라는 요건을 갖추지 못했다고 판단될 여지가 상당합니다. 또한 다른 사람이 사지가 마비된 망인의 손을 잡고 공정 증서 말미 용지에 서명과 날인을 하게 한 행위만으로는 적법한 서명 날인이 있다고 할 수도 없으므로, 법적 요건 중 '유언자가 서명 또는 기명 날인할 것'이라는 요건도 갖추지 못했다 할 가능성이 높습니다(대법원 2002. 10. 25. 선고 2000다21802 판결).

공증인 사무실의 직원이 증인이 된 부분과 관련해

유언 공증의 경우 공증인법에 의한 증인 결격자는 증인으로 참석할 수 없고 공증인법에서는 「미성년자, 피성년후견인 또는 피한정후견인, 시각장애인, 문자를 해득하지 못하는 사람, 서명할 수 없는 사람, 촉탁(의뢰) 사항에 관하여 이해관계 있는 자, 촉탁 사항에 관하여 대리인 또는 보조인이거나 이었던 사람, 공증인의 친족, 피고용인(예를 들어 공증사무실 직원), 동거인, 보조자 등을 증인 결격자」로 규정하고 있습니다(공증인법 제33조 제3항).

그런데 공증인법은 이와 같은 증인 결격자 규정의 예외로써 촉탁인(유언자, 의뢰인)이 증인 결격자를 증인으로 청구(요청)한 경우는 증인이 유효하다고 규정했습니다. 굳이 따지자면 사례는 유언자가 실제 유언 공증을 받기 위해 공증 사무실을 방문했으나 마땅한 증인이 없어 유언자가 공증 사무실 직원을 증인으로 요청한 경우에 해당할 수 있습니다. 대법원 판례는 유언자의 명시적인 요청이 있어 공증 사무실의 직원이 증인으로 참석했다면 유언 공증이 유효라는 취지로 판시한 적이 있습니다(대법원 2011스226 결정).

하지만 법정 상속인의 경우에는 유언서상 유증을 받는 사람이 아니더라도 민법상 증인 결격 사유에 해당하므로 공증인법상 예외 사유에 해당한다고 하더라도 증인으로 삼지 않는 것이 좋고, 부득이한 경우가 아니라면 공증 변호사 사무실의 직원 역시 증인으로서는 분쟁의 대상이 될 수 있으니 다른 사람을 증인으로 섭외하는 것이 좋습니다.

Q 54

유언 대용 신탁이란 제도가 궁금합니다

가업 승계를 고민 중인 중소기업 50대 사장입니다.

첫째에게 재산을 물려줘 안전하게 경영권을

승계하고 싶습니다. 유언 대용 신탁이라는 것이 있다던데,

이것을 할 경우 어떤 점을 유의해야 할까요?

'유언'이 아닌 '계약'임을
명심해야 합니다

유언 대용 신탁은 매우 유용한 제도이지만 그 법적 성질은 피상속인이 언제든 내용을 변경·철회할 수 있는 '유언'이 아닌 '계약'이기 때문에 피상속인이라도 계약 내용에 반해 해지할 수 없다는 점에서 신중하게 판단해야 합니다. 아울러 아직 우리나라에 유류분 제도가 있기 때문에 유언 대용 신탁을 하더라도 다른 상속인들로부터 분쟁을 피할 수 없는 점이 있어 유의해야 합니다. 다만 최근 유언 대용 신탁의 경우 그 반환 청구 대상이 될 수 없다는 하급심 판결이 있어 앞으로 희망적인 부분은 있습니다.

유언 대용 신탁은 위탁자가 자신의 재산을 수탁자(금융 회사, 신탁 회사)에게 맡기고 살아 있을 때는 운용 수익을 받다가 사망 이후에는 미리 계약한 대로 자산을 수익자에게 상속 혹은 배분하게 하는 계약을 말합니다. 이는 지난 2012년 신탁법 개정으로 인해 미국의 Trust법을 모델로 하여 도입된 제도로써 피상속인이 생전에 금융 기관과 신탁 계약을 맺어 사후 재산 분배 및 처분 등을 맡기는 것입니다. 유언 대용 신탁은 피상속인이 살아 있는 동안에는 금융 기관이 피상속인이 신탁한 예금과 채권, 부동산 등 자산 관리를 맡고, 피상속인이 사망하면 그 금융 기관이 신탁 계약의 내용에 따라 재산 상속을 집행합니다. 복잡하고 엄격한 요건과 절차를 따지는 유언에 비해 신탁 계약을 통해 유연하고 다양한 방식으로 상속 계획을 짤 수 있다는 장점이 있습니다. 유언 대용 신탁의 장점 중 가장 특이한 점은 상속이나 생전 증여처럼 한 번에 재산을 넘겨주는 것이 아니라, 다양한 조건이나 시기를 선택해 재산을 처분하거나 운용 수익을 분배해서 줄 수도 있는 것입니다. 이는 마치 피상속인이 사망 후에도 계속해서 수탁 회사를 통해 재산을 운용할 수 있는 효과가 나타나므로 자산가들에게 상당히 인기를 끌 수 있는 제도이기도 합니다.

미국의 신탁법(Trust Law)에는 심지어는 소위 '낭비자 신탁(Spendthrift Trust)' 제도가 있습니다. 예컨대 부친이 100억 원의 자산가인데 유일한 상속자인 20세 아들에게 도박 및 낭비 성향이 있는 경우, 아버지가 살아 있는 동안은 매달 용돈으로 일정액을 지급 받았겠지만 갑자기 사망할 경우 낭비벽이 있는 아들이 이를 일시에 상속받아 수년 안에 모두 탕진할 가능성을 배제할 수가 없습니다. 이 경우 아버지는 자신의 삶이 얼마 남지 않은 상태에서 미리 자신의 재산을 신탁 회사에 신탁하면서, 생전에는 수익자를 자신으로 해서 일정 금액을 신탁 회사로부터 지급 받아 그중 일부를 아들에게 증여하고, 사후에는 예컨대 아들이 50세에 이를 때까지는 매달 500만 원씩 지급하다가 아들이 50세가 되는 날에 나머지 재산을 일시에 모두 증여하도록 하는 신탁 방식이 바로 낭비자 신탁 제도입니다. 이러한 낭비자 신탁 역시 유언 대용 신탁의 일종으로써 지금은 우리나라 신탁법에 의해서도 가능합니다.

유언 대용 신탁 시 유의점, 계약과 유류분

다만 유의할 점이 있습니다. 우선, 유언 대용 신탁의 법적 성질은 피상속인이 언제든 내용을 변경·철회할 수 있는 '유언'이 아닌 '계약'이기 때문에 피상속인이라도 계약 내용에 반해 해지할 수 없다는 점입니다.

최근 의정부지방법원에서는 유언 대용 신탁을 한 위탁자가 '신탁 계약 해지를 위해서는 수익자 전원의 동의를 얻어야 한다'는 특약을 했다면 위탁자도 신탁 계약을 일방적으로 해지할 수 없다고 판결했습니다(2015가합71115 판결). 이 사건은 치매 증상이 있는 전 모 씨(70대·여)가 은행을 상대로 "유언 대용 신탁 계약을 해지하니 재산을 돌려달라"며 신탁 계약 무효 소송을 제기했으나 원고가 패소한 경우입니다. 재판부는 "위탁자인 전 씨가 은행과 신탁 계약을 맺을 때 사후 수익자인 자신의 딸 4명 전원의 동의를 얻어야만 계약을 해지할 수 있도록 정했는데, 이러한 계약을 헌법이 보장하는 재산권의 본질적인 내용을 침해하는 것이라고 할 수는 없다"라고 밝혔습니다. 결국 위탁자가 계약 당시 자신의 재산을 보호하고자 특약을 설정했기 때문에 위탁자라 하더라도 계약의 내용에 반해 계약을 해지할 수 없다는 것입니다. 이 판결은 유언 대용 신탁과 관련한 소송에서 시금석이 될 사건으로써 유언 대용 신탁이 친족 상속법상 유언의 일종이 아니라 신탁법상 신탁 계약의 일종이라는 법적 성질을 명백하게 밝힌 첫 판결입니다.

두 번째는 유류분과의 관계입니다. 민법은 피상속인이 생전에 자신의 재산을 상속인들의 생계도 고려하지 않고 모두 타인에게 유증하는 처분은 바람직하지 못하므로, 일정 비율의 재산을 피상속인의 직계 비속, 배우자, 직계 존속, 형제자매 등 근친자(상속인)를 위해 남기도록 하는 유류분 제도를 두고 있습니다. 유류분 권리자에 해당하는 상속인은 유류분을 침해하는 증여나 유증으로 인해 유류분에 부족이 생긴 경우, 그 부족한 한도에서 재산의 반환을 청구할 수 있습니다.

최근 관심을 가질 만한 판결이 하나 나왔습니다. 수원지방법원 성남지원 민사3부(부장 판사 김수경)는 최근 피상속인의 첫째 며느리와 그 자녀들이 피상속인의 둘째 딸을 상대로 11억여 원을 돌려달라며 제기한 유류분 반환 청구 소송에서 원고 패소 판결했습니다. 며느리는 고인인 시어머니가 둘째 딸에게 재산을 물려주기 위해 사망 3년 전 가입한 유언 대용 신탁 자산에 대해 유류분을 주장했지만 법원은 인정하지 않았습니다. 이번 판결에서 재판부의 논거는 "고인이 유언 대용 신탁으로 맡긴 재산의 소유권은 고인이 아니라 신탁을 받은 금융 회사가 가진다"며 "신탁 계약 또한 3년여 전에 맺어져 유류분 대상이 될 수 없다"고 설명했습니다. 대법원 판례에 따르면 신탁 재산은 수탁자 명의로 소유권 이전 등기가 되면 수탁자 소유가 된다는 논거에 기초한 것으로 판단됩니다. 이 판결이 유지된다면 사실상 유언 대용 신탁으로 유류분을 무력화시킬 수 있는 판결이지만 하급심이기 때문에 앞으로 대법원에서 이 사건의 결론이 어찌 유지될지 지켜봐야 할 것 같습니다.

유언 대용 신탁과 관련된 일본의 여러 가지 제도

1. 유언장 작성부터 집행까지 '유언장 보관 집행 서비스'

일본의 가장 대표적인 신탁 서비스입니다. 신탁 은행에서 유언장 작성 지원부터 유언장 보관과 유언 집행까지 지원합니다. 미리 유언장을 작성해 신탁 은행 등에 유언서 보관과 유언 집행을 부탁하면 상속인 간의 갈등을 줄일 수 있어 활용도가 꾸준히 증가하고 있습니다. 단순히 유언장 보관만 하는 건수는 오히려 줄어들고, 신탁 은행에 집행까지 맡기는 사례가 증가하고 있습니다.

2. 치매 등에 대비한 '후견 제도 지원 신탁'

일본에서는 '후견 제도 지원 신탁'도 대중화되어 있습니다. 일본은 2000년부터 치매 등 정신적 장애가 있는 이들을 위한 후견 제도를 시행하고 있는데, 문제는 도입 이후 크고 작은 유용 사고 등 피후견인의 후견인 재산 관리에 대한 문제가 적지 않게 노출된다는 점이었습니다. 이에 일본최고재판소가 피후견인의 재산 관리 방법을 신탁에 의해 관리되도록 추진해 마련된 서비스가 바로 후견 제도 지원 신탁입니다. 신탁 계약의 체결부터 변경 및 해지가 가정재판소의 지시에 따라 이루어집니다. 따라서 후견인조차 신탁된 재산에 대해서는 임의로 인출할 수 없는 안전 장치가 마련된 것입니다. 일본에서 2012년 2월 출시된 이후 2018년 9월까지 수탁 건수가 2만 1,000건을 넘어섰고, 최근 3년간 일본신탁협회 자료를 보면 2015년 대비 약 4배 가까이 크게 증가했습니다. 특히 치매 환자들의 성년 후견 제도 신청 비율이 높아 후견 제도 지원 신탁은 치매 환자들의 재산 보호에 크게 기여하고 있습니다.

3. 젊은 세대로 자산 이전을 돕는 '교육 자금 증여 신탁'

'교육 자금 증여 신탁'은 일본 고령층의 자산을 젊은 세대로 이전시키는 방안으로 2013년 세제 개편과 함께 신설된 신탁입니다. 교육 자금 증여 신탁은 손자 등의 교육 자금으로 조부모 등이 현금을 신탁하면 1,500만 엔(약 1억 7,000만 원)까지 비과세되는 신탁입니다. 교육 자금 증여 신탁은 고령자들이 보유한 금융 자산을 교육비 부담이 큰 신세대에게 이전함으로써 사회 전반적으로 소비 활성화를 유도하기 위해 만들어졌습니다. 수익자가 30세가 되면 신탁이 종료되고 남은 재산에 대해서는 증여세가 부과됩니다. 20만 건 이상의 계약이 체결되는 등 고령층의 관심이 증가해 교육비 지원 목적 자금으로 젊은 세대에게 자산이 이전되었습니다.

4. 내 죽음에 대한 결정권을 부여하는 '셀프 장례 신탁'

일본에서는 최근 들어 '셀프 장례 신탁'이 유행입니다. 1만 원에서 1억 원까지 현금으로만 설정할 수 있는 이 신탁은 자신이 사망했을 때 장례비용 등에 사용할 수 있도록 가족을 사후 수익자로 지정할 수 있습니다. 유산 분할 협의 과정 없이 사후 수익자에게 금전을 곧바로 지급하므로 유족들이 고인의 자산으로 장례를 치를 수 있다는 장점이 부각되고 있습니다.

아버지가 쓰신 유언장의
진위가 궁금합니다

얼마 전 아버지가 지병으로 돌아가셨습니다. 형이 장례식장에서
저와 누나를 부르더니 "너 이제 어떡할래?"라며 놀리듯 비웃는
표정으로 아버지가 써놓으셨다는 자필 유언장을 보여주었습니다.
봉투에 들어 있지도 않은 그 유언장을 우연히 형이 아버지 서랍에서
발견했다고 하는데, 유언장에는 아버지의 거의 전 재산이나 다름없는
건물을 형에게 준다고 떡하니 적혀 있었습니다. 어머니도 계시고
저와 누나들도 있는데 그동안 속만 썩였던 형에게 건물을 준다는
것은 단 한 번도 상상한 적이 없었던 일일 뿐만 아니라 어머니 또한
아버지에게 그런 이야기를 들은 사실이 없다고 하셨습니다.

　어제는 형이 연락해서는 법원에 무슨 절차를 신청했는데 거기에
나오라고 합니다. 무슨 절차일까요? 법원에 나가면 제가 유언의
효력을 인정하게 되는 것은 아닐지 걱정입니다.

유언 검인 절차는
절차일 뿐입니다

민법 제1091조에는 유언의 증서나 녹음을 보관한 자 또는 이를 발견한 자는 유언자의 사망 후 지체 없이 법원에 제출해 그 검인을 청구하도록 하고 있습니다. 이 규정은 공정 증서나 구수 증서에 의한 유언에는 적용되지 않는다고 정하고 있는데, 공정 증서 유언은 공증 사무소에 보관되어 유언 증서의 보존이 이미 확보되어 있기 때문이고, 구수 증서 유언은 별도로 민법 제1070조에 급박한 사유가 종료한 날로부터 7일 이내 별도로 검인 절차를 지키도록 되어 있기 때문입니다. 결국 검인 절차가 필요 없는 경우는 공정 증서에 의한 경우만 해당한다고 할 것입니다.

자필 증서, 녹음, 비밀 증서에 의한 유언 검인 절차

먼저 구수 증서 유언이 아닌 자필 증서, 녹음, 비밀 증서에 의한 유언의 경우인 민법 제1091조 검인 절차에 대해 살펴보겠습니다. 민법 제

1091조에 따른 검인 절차는 유언의 존재 자체를 확인하는 유언 집행 전의 준비 절차에 불과하며, 유언 방식에 관한 사실을 조사함으로써 유언서 자체의 상태를 확정해 검인 이후 위조·변조를 방지하며 그 보존을 확실히 하기 위한 절차입니다. 이 때문에 유언은 일종의 검증 절차 내지 증거 보전 절차로써 성격을 갖습니다. 검인 청구는 유언자 사망 후 지체 없이 이루어져야 하지만, 지체 없이 하지 않았다는 이유만으로 검인 청구가 적법하지 않은 것은 아닙니다. 다만 유언 증서나 녹음을 보관한 자 또는 발견한 자가 유언의 존재를 은닉하거나 검인 청구를 게을리하는 경우 상속 결격이나 수증 결격의 사유에 해당하지 않는지 문제가 될 수는 있을 것입니다.

법원은 검인 청구가 들어온 경우 검인 기일을 지정해 유언의 방식에 관한 모든 사실을 조사하게 되는데, 통상 개봉 기일과 검인 기일을 같은 날로 정하고 상속인과 그 밖의 이해관계인에게 기일을 통지해 참여 기회를 주도록 하고 있습니다. 이때 법원은 통지 받은 상속인과 그 밖의 이해관계인이 참석하지 않아도 검인 기일 진행 효력에는 문제가 없으므로 정해진 기일에 검인 절차를 진행할 수 있으며, 검인이 이루어진 이후 절차에 출석하지 않은 이들에게 검인한 사실을 고지만 하면 됩니다. 이는 검인이 유언서 자체의 상태를 확정하기 위한 것에 불과하며 유언의 효력을 판단하기 위한 절차가 아니기 때문입니다. 따라서 검인 절차를 거친 후에도 그 효력을 다투고자 하는 상속인, 법정 대리인, 유언 집행자, 수증자, 그 밖의 이해관계인은 언제든지 민사 법원에 유언 무효 확인의 소를 제기할 수 있습니다.

또한 검인 절차를 거치지 않았다고 해서 유언이 무효가 되는 것도 아닙니다. 즉, 민법 제1091조에 따른 검인 절차를 거치지 않고 유언을 집행하더라도 그 유언은 여전히 유효하다는 점에서 다음의 구수 증서 유언의 검인과는 차이가 있습니다.

구수 증서에 의한 유언 검인 절차

구수 증서 유언을 한 경우에 그 증인 또는 이해관계인은 급박한 사유가 종료한 날로부터 7일 이내에 법원에 유언의 검인을 신청해야 합니다. 이 검인 절차를 거치지 않은 구수 증서 유언은 무효라는 것이 대법원의 태도입니다(대법원 1986. 10. 11. 86스18 결정). 구수 증서 유언의 경우에는 단순히 증거 보전 절차로써의 성격과 함께 구수 증서가 유언자의 진정한 의사에 기한 것인지 여부를 판단하고 확정하는 일종의 확인 재판으로써의 성격도 겸하고 있다고 보는 것입니다. 구수 증서의 경우 검인의 청구는 급박한 사유가 종료한 날로부터 7일 이내 해야 합니다. 급박한 사유가 종료한 날이란 통상 선박의 조난, 전쟁, 기타 천재지변 등과 같이 법원의 검인을 받을 수 없는 사유가 종료한 날을 의미하지만, 질병으로 인해 유언을 했다면 특별한 사정이 없는 한 유언이 있은 날에 급박한 사유가 종료한 것으로 보아 유언 작성일로부터 7일 이내 검인을 청구해야 할 것입니다.

제 유언이 잘 지켜지게
하고 싶습니다

저에게는 말 못 할 고민이 있습니다. 저는 70대인데 지금 제 곁을
지켜주는 사람이 있습니다. 이 나이에 무슨 결혼인가 싶어서 아이들의
반대로 혼인 신고는 못 했지만 사실 혼인 신고만 안 했지 부부로
살고 있고 마지막까지 제 곁을 지켜줄 사람은 그 사람입니다. 원래
그 사람은 저의 첫사랑이었습니다. 운명의 장난으로 제가 군대를 가는
바람에 우리는 헤어졌습니다. 우연히 몇 년 전 모임에서 만나게
되었는데, 혼자 아들을 키우고 살고 있다는 이야기를 듣고 못다 이룬
인연을 이루고 싶기도 해서 살림을 합치게 되었습니다.

그런데 희한하게도 그녀의 아들이 저의 친아들이 아닌가 할 정도로
저랑 똑같습니다. 절대 아니라고 해서 더는 이야기를 못 하고 있지만
아무리 봐도 제 아들 같습니다. 이제 조금 있으면 나이도 80이
넘어가고 건강도 예전 같지 않을 텐데 자식들이 올 때마다 집사람에게
보내는 눈초리가 심상치 않습니다. 사사건건 제 재산에 관심을

갖고 혹시나 제가 집사람에게 뭘 주진 않을지 걱정하는 눈치입니다.

사실 자식들은 모두 살 만큼 살고 있고 자리를 잡았으니 남은 재산 중 현재 살고 있는 집 한 채 정도는 그동안 나를 보살펴준 집사람에게 주고 싶고, 혹시 그 아들이 제 친아들이면 남은 재산을 상속해주고 싶은 마음이 굴뚝같습니다. 그나마 딸은 결혼해서 살아서 그런지 저를 보살펴주는 집사람의 고생과 제 마음을 좀 이해하는 것 같긴 합니다.

제가 이런 마음으로 유언을 했을 때 제 유언이 잘 지켜지도록 하는 방법이 있을까요?

A 양소영 대표 변호사

유언 집행자 지정이
필요한 경우입니다

원하는 내용으로 유언을 할 경우 이대로 집행되도록 유언 집행자를 지정할 수 있게 민법에 규정하고 있습니다. 만약 집을 유증하고 싶다면 유언으로 유증하면서 그 유언에 대한 집행자를 아내로 정할 수 있고, 딸이 가장 마음을 잘 이해하는 것 같으면 딸을 유언 집행자로 지정할 수도 있으며, 변호사나 믿을 수 있는 제3자에게 위탁하는 방법도 있습니다. 분란이 걱정되지만 사실혼 배우자의 아들이 혹시 친아들로 의심된다면 미리 유전자 검사를 하고 생전에는 비밀로 유지하다가 유언으로 인지를 하게 해 의뢰인의 사망 시 상속인으로 상속받게 하는 방법도 있습니다.

의뢰인에게는 현재 자녀들이 있고 배우자는 사실혼 배우자라 법정 상속인은 자녀들만 해당합니다. 사실혼 배우자는 상속권이 없기 때문에 의뢰인이 걱정이 충분히 이해됩니다. 해결 방법을 살펴보도록 하겠습니다.

의뢰인이 현재 살고 있는 집을 사실혼 배우자에게 유언으로 증여하고 싶다면 민법에서 정한 5가지 유언 방법 중 하나를 선택해 증여할 수 있습니다. 다만 걱정하는 바를 정확히 해결하기 위해서는 유언 시 그 유언의 유언 집행자를 미리 정하는 과정이 필요하다는 점입니다.

유언 집행자 지정이 없으면 상속인이 유언 집행자입니다

우리 민법은 유언으로 유언 집행자를 정해놓지 않는 경우 민법 제1095조에 의해 상속인이 유언 집행자가 되도록 하고 있습니다. 그렇다 보니 걱정하는 바와 같이 자녀들이 아버지가 원하는 대로 유언 집행을 하지 않을 경우, 의뢰인의 배우자가 유언 집행을 구하는 법적 절차를 진행해야 하는 번거로운 분쟁이 발생할 수 있습니다. 이렇게 상속인들의 이해관계와 상충되는 유언을 하는 경우 유언 집행자를 별도로 정해 유언을 하는 것이 필요합니다.

사실혼 배우자도 유언 집행자가 될 수 있습니다

유언 집행자를 지정하는 방법은 직접 지정할 수도 있고 집행자 지정을 제3자에게 위탁할 수도 있습니다. 민법 제1098조에 의하면 유언 집행자는 제한 능력자와 파산 선고를 받은 자만 결격자로 되어 있습니다. 따라서 의뢰인이 사실혼 배우자에게 유증하는 유언을 하는 경우 그 유언에 대한 유언 집행자로 사실혼 배우자를 지정할 수 있습니다(서울지방법원 1995. 4. 28. 자 94파8391 결정). 만약 사실혼 배우자에게 맡기는 것이 부담스럽다면 상속인 중 믿을 수 있는 딸에게 맡기거나 변호사나 제3자에게 맡기는 방법도 있을 것입니다.

'인지'도 법적 유언 사항입니다

민법에서는 유언 사항을 제한적으로 정하고 있는데, 그중 하나가 '인지'입니다. 따라서 의뢰인이 사실혼 배우자의 아들을 친아들로 의심하고 있다면 미리 유전자 검사를 받아 자료를 갖춰 유언으로 인지를 한 후, 이에 대해서도 역시 유언 집행자를 정해 상속인으로 상속을 받을 수 있게 한다면 생전에 발생할 분란은 막을 수 있을 것으로 판단됩니다.

Q 57

상속은 포기했지만 어머니의
유언만큼은 잘 지키고 싶습니다

저희 어머니는 '기부 천사'로 살아오신 분입니다. 어머니는 젊어서부터 사업으로 모은 재산을 기부했고, 이미 수백 억 원대 재산을 사회 단체 등에 기부했으며, 형편이 어려운 학생들에게 장학금도 남몰래 지원하셨습니다. 돌아가신 아버지도 어머니와 뜻이 같으셨습니다.

그런데 지난주에 최근 들어 건강이 안 좋아지신 어머니를 뵈러 집에 들렀는데, 어떤 사람들이 찾아와 어머니에게 또 기부 요청을 하는 모습을 마주쳤습니다. 언뜻 행색이나 단체를 믿을 수 없어 보여 혹시나 하는 마음에 "어머니, 이제 그동안 기부할 만큼 하셨습니다. 어머니가 자꾸 기부를 하시니 비서를 통해 주위에 사기꾼들이 모여드는 것 같아 이제는 어머니를 위해 쓰시고 남은 재산은 지키시면 좋겠습니다"라고 말씀드렸더니, 어머니는 제 말씀이 노여우셨는지 "네가 재산 욕심을 내는 것 같으니 당장 상속을 포기하는 각서를 쓰고 가라. 난 전 재산을 재단 법인을 만들어 기부한다고 유언장을 작성하겠다"라고 하셨습니다.

저야 욕심이 없으니 상속 포기 각서를 그 자리에서 쓰고 왔습니다만, 솔직히 걱정이 됩니다. 유언을 집행하는 사람은 비서입니다. 만약 비서가 유언을 제대로 집행하지 않을 경우, 제가 상속 포기 각서를 쓰기는 했지만 어머니의 유언이 잘 지켜지도록 할 법적 장치가 있을까요?

A 양소영 대표 변호사

상속인으로서 유언 집행자에 대한 권한 행사가 가능합니다

상속 개시 전 상속 포기는 효력이 없습니다

상속 개시 전 상속 포기는 효력이 없으므로 의뢰인은 여전히 상속인입니다. 따라서 상속인으로서 유언 집행자가 선량한 관리 의무를 다하지 않고 유언을 제대로 집행하지 않을 경우 이에 대해 의무 이행을 구할 수 있으며 나아가 해임을 청구할 수 있습니다. 물론 상속인으로서 당연히 상속을 전혀 받지 못하는 경우 유류분 청구권도 있습니다.

현행 민법은 명문의 규정은 없지만 상속 개시는 피상속인의 사망으로 이루어지고, 상속 개시 전 상속 포기를 약정해도 그 약정은 효력이 없으며, 상속 포기를 약정한 자가 상속권을 주장하는 것이 신의 성실에 반하거나 권리 남용이 될 수 없다고 하는 것이 판례와 통설의 확립된 입장입니다. 따라서 의뢰인이 어머니에게 상속 포기 각서를 써주었다고 하더라도 의뢰인은 여전히 유일한 상속인으로서 권한을 행사할 수 있습니다.

유언 집행자는 상속인에게 보고해야 합니다

유언 집행자는 민법 제1103조에 의하면 상속인의 대리인으로 본다고 규정하고 있습니다. 동시에 민법은 위임에 관한 규정을 준용토록 하고 있는데, 구체적으로 선량한 관리자로서 주의 의무를 부담하고, 상속인의 청구가 있는 때에는 유언 집행 사무의 처리 상황을 보고하며, 위임이 종료한 때에는 지체 없이 그 전말 또한 보고해야 합니다. 따라서 어머니가 유언으로 재단 법인을 설립해 전 재산을 기부하는 유언을 했다면 유언 집행자는 이와 관련한 사항을 당연히 상속인인 의뢰인에게 보고해야 합니다.

상속인이 유언 집행자를 해임할 수 있습니다

한편, 유언 집행자와 상속인의 이해관계가 항상 같을 수가 없습니다. 이해관계가 상반되어 상속인이 유언 집행자를 방해하려는 경우도 있을 수 있기 때문에 상속인이 유언 집행자를 쉽게 해임하면 안 되겠지만, 유언 집행자의 충실한 집행을 담보하기 위한 필요성도 있으므로 민법은 상속인이나 이해관계인이 법원에 그 유언 집행자의 해임을 청구할 수 있는 절차 또한 두고 있습니다.

유언 집행자가 유언으로 정해진 임무를 제대로 하지 않거나 적당하지 않은 사유가 있는 때에는 상속인이나 이해관계인이 상속 개시지 가정 법원에 해임 심판 청구를 하고, 유언 집행자가 해임되면 법원이 새로운 유언 집행자를 선임하게 됩니다. 일단 해임 청구가 신청되면 그사이 가정 법원은 직권 또는 당사자의 신청으로 직무 집행 정지 및 대행자 선임의 사전 처분 등을 할 수 있습니다.

다만 그 사유가 상속 재산 목록 작성에 경미한 하자가 있거나 유언의 해석에 관해 상속인과 의견을 달리한다거나 일부 갈등을 초래하는 것으로는 부족하며, 비교적 명백히 임무를 제대로 하지 않거나 그 임무를 하기에 적당하지 않은 사유가 있어야 함을 유의해야 합니다. 판례로 인정된 사안 중 일부 상속인에게만 유리하게 편파적인 집행을 하여 공정한 유언의 실현을 기대하기 어려워 상속인 전원의 신뢰를 얻을 수 없음이 명백한 경우가 있었습니다.

Q 58

바람 핀 남편의 유언, 철회하지
않겠다는 약속을 믿어도 되나요?

저는 결혼 기간 내내 이어진 남편의 바람으로 우울증에 걸린 60대
주부입니다. 남편의 바람기는 결혼 전부터 유명했더군요. 신혼여행 중
전화가 와서 우연히 보게 되었는데, 그 여자 이름은 '50번'이었습니다.
여자가 너무 많아 번호로 저장을 해둘 정도였더라고요. 그때
헤어졌어야 했는데 지금도 후회가 됩니다. 그런데 남편은 희한하게
이것 말고는 문제가 없습니다. 기가 막힐 노릇입니다. 어쩌면 제가
이혼하지 못한 채 35년을 이렇게 보내고 있는 이유이기도 합니다.
누구 좋자고 이혼을 해주나 싶고, 남편이 다른 여자랑 결혼해서
아이라도 낳으면 제 자식들만 손해라는 생각이 들어 이렇게 참으며
살고 있습니다. 그러던 중 얼마 전 남편이 갑자기 심장에 무리가 와서
수술을 하게 되었습니다. 퇴원을 하더니 공동 명의의 건물을 죽으면
모두 저에게 주는 것으로 유언을 하고 변호사를 불러 공증을
해주었습니다. 자기가 죽게 되면 엄마가 편안하게 살아야 하고 잘

모시라고 하면서 자식들에게도 건물은 절대 건들지 말라고 엄포를 놓으며 공증까지 해주니 그동안의 고통이 조금은 위로가 되더라고요. 그런데 제 버릇은 뭐 못 준다고 건강이 좋아지니 다시 대놓고 바람이 또 시작되었습니다. 정말 더 이상은 그 꼴을 보고는 못 살 것 같아 집을 나왔습니다. 남편은 잘못했다고 용서를 빌며 저에게 집으로 돌아오라고 하면서 그 조건으로 지난번의 유언을 절대 철회하지 않겠다고 약속했습니다. 제가 이 약속을 믿고 들어가도 될까요?

A 양소영 대표 변호사

유언 철회 약속은 법적 효력이 없습니다

유언 철회권 포기 금지

우리 민법은 유언이란 유언자의 최종 의사를 존중하기 위한 제도인 만큼 유언 성립 후 사정 변경이나 심경의 변화가 있을 때 언제든지 종전의 유언으로부터 자유로워질 수 있도록 해야 하기 때문에 유언자가 언제든지 철회할 수 있어야 한다고 정하고 있습니다. 이에 유언 철회권 포기를 금지했습니다. 남편이 철회하지 않겠다고 한 약속을 지킬 수는 있겠지만 법적으로는 효력이 없습니다. 따라서 남편이 약속을 어기고 새로운 유언을 하더라도 새로운 유언이 무효라고 다툴 수 없습니다. 따라서 원하는 바를 얻으려면 기존의 유언 내용을 사인 증여 계약으로 변경하거나 세금 부담이 있더라도 생전에 증여 받는 것을 권합니다.

민법은 제1108조 제1항으로 유언자는 언제든지 유언 또는 생전 행위로써 유언의 전부나 일부를 철회할 수 있다고 정하고 있습니다. 유언은 효력이 발생하기 전까지 유언으로 인해 법률상 권리를 취득하는 사람도 존재하지 않으므로 거래의 안전이나 상대방의 신뢰를 고려할 필요가 없기 때문입니다. 유언을 철회할 만한 정당한 사유가 있어야 하는 것도 아닙니다. 그리고 민법 제1108조 제2항으로 유언의 철회권 포기를 금지하고 있습니다. 이에 유언자와 수증자 사이에 유언을 철회하지 않는다는 내용의 계약을 체결하더라도 이는 무효입니다.

철회로 보는 경우

앞선 민법 규정에 의하면 유언에 의한 철회는 민법상 요구되는 방식을 갖춘 새로운 유언을 함으로써 기존의 유언을 철회하는 것인데, 새로운 유언이 반드시 철회되는 유언과 동일한 방식이어야 하는 것은 아닙니다. 또한 유언자는 '생전 행위'로써 유언의 전부나 일부를 철회할 수 있는데, 여기서 말하는 '생전 행위'는 저촉 행위나 유언 증서 또는 유증 목적물 파훼 행위뿐만 아니라 유언 철회의 의사 표시만으로도 유언은 효력을 잃는다고 보는 것이 통설적인 견해입니다. 유언자의 '생전 행위' 중 어떠한 처분 행위가 '저촉 행위'가 되느냐에 대해서는 전의 유언을 실효시키지 않고서는 유언 후의 생전 행위가 유효로 될 수 없는 것을 말합니다. 그러나 반드시 법률상 또는 물리적으로 집행 불능 상태에 이르러야 하는 것은 아니며, 후의 생전 행위가 전의 유언과 양립될 수 없는 취지로 행해졌음이 명백하면 족합니다.

따라서 남편이 유언을 철회하지 않으면서 만약 남편 명의의 지분에 대해 저당권을 설정하거나 하는 등 행위를 한 경우에는 유증을 전부 철회한 것으로 볼 수는 없습니다. 단지 저당권에 설정된 지분을 유증하는 것으로 볼 수 있기 때문에 가치 감소분만큼만 유언이 일부 철회된 것으로 볼 수 있으므로 포기할 필요는 없습니다.

사인 증여나 증여 계약으로 변경해야

이미 앞에서 언급한 바와 같이 보다 확실하게 하기 위해서는 사인 증여 계약으로 변경하는 것이 좋으며, 아니면 이 기회에 바로 증여를 받는 방법도 있습니다. 하지만 두 경우 모두 새로운 부담이 있다는 사실 또한 알아두기 바랍니다.

유류분 제도의 위헌성, 어떤 결말을 맞을까? 양소영 대표 변호사

최근 유류분과 관련해 위헌 법률 심판이 헌법 재판소에 신청되었습니다. 어떠한 점이 문제인지 짚어보겠습니다.

민법은 유언의 자유를 인정하므로 피상속인은 자신의 상속 재산을 제3자에게 유증하거나, 일부 상속인에게만 유증 또는 증여할 수 있습니다. 그러나 이러한 유언 및 피상속인의 재산 처분의 자유는 절대적인 것이 아닌데, 그것은 바로 민법 제1112조 이하에서 규정하는 유류분 제도입니다. 이 제도에 의하면 피상속인의 직계 비속과 배우자는 법정 상속분의 1/2, 피상속인의 직계 존속과 형제자매는 법정 상속분의 1/3의 유류분 반환 청구권을 갖기 때문입니다. 이러한 유류분 제도의 도입 취지는 다음과 같습니다.

① 유언의 자유를 전적으로 보장하면 결과적으로 망인이 현재 세계를 영구히 지배하는 것을 허용하는 결과가 되기 때문에 피상속인의 유증이나 증여가 있더라도 상속 재산 중 일정 비율은 상속인에게 유보되도록 하려는 점입니다.

② 유언 절대 자유의 원칙에 따른 사려 없는 유증으로는 피상속인의 재산에 의존하던 자들의 생활을 현저히 곤란케 할 위험으로부터 보호하기 위함입니다. 특히 유류분 제도가 제정된 1977년 이전에는 여성 배우자와 여성 자녀가 상속에서 배제되는 경우가 허다했기 때문에 유류분 제도는 여성을 보호하려는 양성평등적 입법 취지가 강했다고 볼 수 있습니다.

이처럼 좋은 취지로 도입된 유류분 제도가 그동안 순기능을 해왔던 것을 부인할 수는 없습니다. 그런데 최근 어떤 문제가 있길래 이 제도에 대해 위헌 법률 심판이 제청된 것일까요? 살펴보면 다음과 같습니다.

첫째, 상속인의 유언의 자유를 심각하게 제한한다는 점입니다. 상속인은 헌법상 자신의 재산을 어디에, 어떠한 방식으로 사용할지 결정할 재산권을 가지므로 자신이 이룩한 재산을 어디에 사용할지, 어떤 상속인에게 조금 더 유증을 할지 결정할 자유가 폭넓게 인정되어야 합니다. 그럼에도 불구하고 법적으로 배우자, 직계 비속, 직계 존속에 해당하기만 하면 유류분을 보장해주는 것은 피상속인의 상속 재산 처분에 대한 자유권을 침해하는 부분이 많습니다. 예를 들어 재산 형성 과정에 기여가 없고 불효나 불화 등으로 관계가 악화된 자녀들에게 피상속인은 재산을 물려주고 싶지 않을 것입니다. 하지만 일정한 부분은 유류분 제도에 의해 상속되기 때문에 피상속인 자신이 이룩한 재산에 대한 처분권이 유류분 제도에 의해 심각하게 침해됩니다.

둘째, 어떠한 제한도 없이 '일률적으로' 법정 상속분의 1/2, 법정 상속분의 1/3의 유류분이 보장된다는 점이고, 그 폭이 너무 크며 특히 혈족들에게 이러한 유류분을 보장할 필요에 대해 의문이 제기되고 있습니다. 과거에는 상속인들이 피상속인에 대해 극진히 부양 의무를 다하고, 이에 대한 노력과 공로에 대한 보상으로 상속이나 유류분이 인정될 수 있는 여지가 많았습니다. 그러나 재산 형성 과정에 어떠한 기여도 하지 않고, 생전에 부모를 방치·유기하거나, 외국에 살면서 다른 자녀들과 달리 부모에 대한 경제적·정신적 지원을 일절 하지 않는 자녀들에게도 일정한 경우 유류분액이 대폭 축소되거나 상실되는 경우 없이, 법적으로 일률적인 유류분을 인정하는 것은 문제입니다. 오히려 국내에서 피상속인에 대한 경제적 기여, 부양 의무를 다한 상속인들에 대한 차별을 야기해 평등권의 침해 소지도 발생합니다. 최근 소가족 제도가 자리 잡은 사회 상황에 비춰볼 때 직계 존속, 형제자매에 대한 유류분 인정은 현실에 부합하지 않고 그 비율 또한 너무 높다는 지적도 현실성이 있습니다.

전근대적 가족 형태의 변화, 유류분을 통해 자녀 간 양성평등이 보호되는 면이 역사적으로 미미해지는 현실에 비춰볼 때, 현행 유류분 제도는 오히려 직계 비속과 존속에 대한 일률적 유류분이 배우자의 상속 권리, 다른 공동 상속인들의 평등권을 침해한다는 위헌성이 매우 높다는 지적을 받고 있습니다. 세계 각국의 입법례를 살펴보면 이러한 지적이 합리적이라는 판단이 듭니다. 독일과 스위스의 경우 직계 비속이 피상속인에 대해 법률상의 부양 의무를 악의적으로 또는 중대하게 위반한 경우 유류분을 박탈하고, 오스트리아의 경우 피상속인에 대한 친족법상의 의무를 중대하게 위반하는 경우 유류분 박탈이나 유류분 감액을 인정하고 있는 점을 봐도 그렇습니다.

향후 헌법 재판소에서 어떠한 결정이 나올지 궁금합니다. 개인적으로 유류분 제도는 유지하되, 조금 더 합리적인 방향으로 제도가 개선되길 바랍니다.

유언으로써
상속하고 싶습니다

유증

유언 보험금은 유언
문구대로만 받을 수 있나요?

아버지는 유언장을 작성하시고 법적으로 문제없이 공증까지
받으셨습니다. 생전에 아버지는 A 보험사에 2건의 연금 보험을
들어두셨는데, 한 건은 일시금 5억 원, 다른 한 건은 일시금
7억 원을 납부한 상품입니다. 상품의 내용은 아버지가 65세까지 살아
계시면 매월 130만 원씩 받는 것입니다. 아버지는 저에게 7억 원의
보험금을, 동생에게는 5억 원의 보험금을 유증한다는 유언을
남기고 돌아가셨습니다. 아버지는 생전에 보험사로부터 이 보험들은
아버지가 돌아가신 후 상속인들에게 상속될 것이라는 설명을 들으셨고,
그래서 유언으로 저와 동생에게 구체적으로 유증을 했으니 굳이
보험사에 알릴 필요는 없다고 생각하셔서, 유언 시 보험사에 확인을
하거나 알리지는 않으셨습니다. 아버지가 돌아가시고 나서 저와 동생은
유언장에 따라 보험 상품의 계약자가 되기 위해 보험사를 찾아가
계약서를 다시 쓰고자 했고, 그 후 보험을 해약해 일시금으로 보험금을

찾으려고 했는데, 보험사에서는 상품의 약관대로 130만 원의
연금을 아버지에게 드릴 것이었으니 그 연금만 상속인에게 돌아가는
것이라고 합니다. 저와 동생이 보험사를 상대로 할 수 있는 일은
없는 것인가요?

A 이현지 변호사

보험 상품 약관부터
잘 살펴야 합니다

우선 결론부터 이야기하면 아버지가 유언장에 "보험금을 유언으로 남
긴다"라고 했다면 보험 상품 약관에 따라 연금 보험금을 받을 수밖에
없습니다. 만일 아버지가 보험 계약자의 지위 자체를 유증한다고 유언
장에 기재하고, 이에 대해 보험사의 동의가 있었다는 객관적인 확인
서류 등이 있었다면, 유언장에 따라 보험사에 보험 계약자 자체를 의
뢰인과 의뢰인의 동생으로 변경해달라고 할 수 있습니다. 하지만 사례

를 살펴보면 유언 시 보험 계약자의 지위 이전에 관해 보험사의 동의가 없었고, 유언장에 '보험금'이라고만 명시된 경우이므로 안타깝지만 월 130만 원의 연금 보험금을 보험사로부터 수령하는 권리만이 인정됩니다.

우리나라 법원은 유언장의 내용에 대해 해석의 문제가 있을 경우, 그 유언장의 문언에 충실하고 엄격하게 해석을 해야 한다는 입장을 취하고 있는 바, 유언장을 작성할 때는 유언으로 남기고자 하는 내용을 정확하게 표현하는 것이 무엇보다 중요합니다.

생명 보험은 장기간 납부와 유지가 되는 경우가 많다 보니, 보험 계약자의 사정에 따라 계약 내용을 변경해야 하는 경우가 왕왕 있습니다. 생명 보험 계약에서 보험 계약자의 지위를 변경하는 데 보험자의 승낙이 필요하다고 정하고 있는 경우, 보험 계약자가 보험자의 승낙이 없는데도 일방적인 의사 표시만으로 보험 계약상의 지위를 이전할 수는 없다고 법원은 보고 있습니다.

상법상 보험 계약자의 신용도나 채무 이행 능력은 계약의 기초가 되는 중요한 요소일 뿐만 아니라 보험 계약자는 보험 수익자를 지정·변경할 수 있고, 보험 계약자와 피보험자가 일치하지 않는 타인의 생명 보험에 대해서는 피보험자의 서면 동의가 필요하기 때문에 보험 계약자의 지위 변경은 보험 계약의 유지 여부 등에 영향을 줄 수 있습니다. 따라서 이러한 이유로 생명 보험의 보험 계약자 지위 변경에 보험자의 승낙을 요구한 것으로 볼 수 있습니다.

유증은 유언으로 재산을 받는 자에게 일정한 재산을 무상으로 주기로 하는 단독 행위로써 유증에 따라 보험 계약자의 지위를 이전하는

데에도 보험자의 승낙이 필요하다고 봐야 합니다. 보험 계약자가 보험 계약에 따른 보험료를 전액 지급해 보험료 지급이 문제 되지 않는 경우에도 마찬가지라고 보고 있으니 이러한 점을 잘 살펴 보험 상품의 유언에 참고해야 합니다(대법원 2017다235647 판결).

> Tip
>
> **상속과 보험 상품**
>
> 보험 상품의 경우 약관의 내용이 복잡해서 상속 관련 처리가 다양할 수 있습니다. 그러므로 보험 상품을 유언장에 기재해 재산을 유증하고자 하는 경우, 사전에 반드시 보험사에 문의해 법적으로 필요한 동의나 확인 절차를 거쳐 유언의 취지에 맞게 재산의 이전이 이루어질 수 있도록 하기를 바랍니다.

피상속인이 증여를 해제할 경우
등기는 어떻게 해야 하나요?

저에게는 아버지와 어머니가 두 분씩 있습니다. 생부는 5형제 중
장남이시고, 저는 3형제 중 둘째로 태어났습니다. 부모님은 형편이
어려우셨지만 3형제를 사랑으로 키우셨습니다. 아버지의 동생인
작은아버지는 귀농 후 과수원 사업으로 자수성가하여 경제적으로는
넉넉했지만, 결혼한 지 5년이 되도록 아이가 없어 마음고생을
하셨습니다. 그러다 제가 14살 되던 해, 아버지에게 저를 입양하고
싶다고 하셨습니다.

아버지는 힘들어하는 어머니를 설득하셨고, 저는 작은아버지
부부의 아들로 입양되었습니다. 당시 저는 철없는 마음에 형과
동생에게 치이지 않고 하나밖에 없는 아들로 사랑받는 것이 좋아서
친부모님이 그리운 줄도 몰랐습니다. 그런데 제가 입양된 후 5년
만에 양부모님에게 남동생이 태어났고 그다음 해에 여동생이
태어났습니다. 동생들이 태어난 후에도 양부모님은 저를 변함없이

아껴주셨고, 새로 임야를 사서 과수원을 조성하신 후 저에게
"이 과수원은 너를 위해 내가 조성한 것이다"라고 하셨습니다.

　공부에 뜻이 없던 저는 일찍 군대를 다녀와 양아버지와 함께
과수원 사업을 했고, 제대 후 5년 만에 결혼을 했습니다. 양아버지는
결혼 피로연에서도 "과수원을 줘서 분가를 시켜주겠다"라고
하셔서 결혼 후에도 아내와 과수원에 딸린 주택에서 생활하면서
과수원을 경작했습니다. 다만 양아버지가 증여 계약서를 작성해주지
않으셨는데, 시간이 지나 특별 조치법이 시행되어 양아버지 동의하에
결혼식에도 참석했던 이웃 어르신들로부터 '이 사건 각 과수원 토지를
1989. 10. 27. ○○○로부터 매수해 사실상 소유하고 있다'는 내용의
보증서를 발급 받아 소유권 이전 등기를 했습니다.

　그런데 양아버지는 동생들이 성장하자 마음이 변하셨는지 갑자기
"나는 너에게 땅을 매도한 적이 없다. 땅을 돌려달라. 내가 죽으면
유증을 하려고 한 것이다"라고 하셨습니다.

　저는 등기 원인이 사실과 다르니 과수원을 돌려드리고 양아버지
말씀처럼 상속인으로서 유증을 받아야 하는 것일까요? 그대로
보유하는 방법이 없을까요?

김선영 변호사

피상속인의 의사에 따라
이루어진 등기라면 상관없습니다

상속인에게 이루어진 증여라는 이유만으로 유증이라고 볼 수 없고, 증여를 한 경우 실제와 다소 다른 '매매'를 원인으로 등기가 이루어졌더라도 실체에 부합하는 등기로서 유효합니다. 따라서 피상속인의 의사에 따라 등기가 이루어진 이상, 이를 해제했다고 해서 수증자가 증여받은 과수원에 대한 등기를 말소할 필요는 없습니다.

우선 서면에 의하지 않은 증여 계약은 그 증여가 이행되기 전까지는 언제든지 이를 해제할 수 있습니다(민법 제555조). 다만 증여 계약이 이행된 경우에는 이미 이행이 완료된 부분은 계약의 해제로 영향을 받지 않습니다(민법 제558조). 비록 등기 원인이 '매매'로 기재되기는 했으나, 소유권 이전 등기는 양아버지의 의사에 따라 이루어진 것으로써 그 실체 관계에 부합하는 유효한 등기라고 할 것입니다. 따라서 사례의 소유권 이전 등기는 토지에 대한 증여자의 의사에 따라 수증자에게 완료된 경우에 해당하고, 증여자인 양아버지가 그 이행 후 증여 계약을 해제했더라도 증여 계약이나 그에 의한 소유권 이전 등기의 효력에 아무런 영향을 미치지 않는다고 하겠습니다(대법원 1991. 8. 13. 선고 90다6729 판결).

즉, 증여자와 수증자의 관계가 피상속인과 상속인의 관계에 있다는 이유만으로 특별한 사정이 없는 한 이를 유증 내지는 사인 증여로 봐야 한다고 할 수는 없습니다. 양아버지가 증여의 해제를 구한다는 이유만으로 유증을 철회한 것으로 보아 소유권 이전 등기의 효력을 부인할 수도 없습니다.

한편, 부동산 소유권 이전 등기 특별 조치법은 '소유권 보존 등기가 되어 있지 아니하거나 등기부 기재가 실제 권리관계와 일치하지 아니하는 부동산'에 대해 간편한 절차에 따라 등기를 하게 함으로써 진정한 권리자의 소유권을 보호하기 위해 한시적으로 시행되었습니다. 최근에도 2020. 2. 4. 제정되어 한시적으로 시행되는 바, 주요 내용은 다음과 같습니다.

부동산 소유권 이전 등기 특별 조치법

(법률 제16913호 신규 제정 2020. 2. 4. / 한시법 2022. 2. 3.까지 유효)

1. 제정 이유

과거 8·15 해방과 6·25 사변 등을 거치면서 부동산 소유 관계 서류 등이 멸실되거나, 권리관계를 증언해줄 수 있는 관계자들이 사망하거나 주거지를 떠나 소재 불명이 되는 경우가 많아 부동산에 관한 사실상의 권리관계와 등기부상의 권리가 일치하지 아니하는 경우가 많았음. 이로 인하여 재산권을 행사하지 못하는 사람들이 간편한 절차를 통해 사실과 부합하는 등기를 할 수 있도록 1978년(시행 기간 6년), 1993년(시행 기간 2년), 2006년(시행 기간 2년) 세 차례에 걸쳐 「부동산 소유권 이전 등기 등에 관한 특별 조치법」이 시행되었으나, 이를 알지 못하거나 해태하여 아직도 소유권 이전 등기 등을 하지 아니한 부동산 실소유자가 많이 있는 것이 현실임.

　　이에 소유권 보존 등기가 되어 있지 아니하거나 등기부 기재가 실제 권리관계와 일치하지 아니하는 부동산에 대하여 간편한 절차에 따라 등기를 하게 함으로써 진정한 권리자의 소유권을 보호하려는 것임.

2. 주요 내용

가. 이 법의 적용 대상 부동산을 이 법 시행일 현재 토지 대장 또는
　　임야 대장에 등록되어 있는 토지 및 건축물 대장에
　　기재되어 있는 건물로 함(제2조).

나. 국가와 지방 자치 단체는 이 법의 시행에 관한 홍보에 적극
　　노력하도록 함(제3조).

다. 이 법의 적용 범위를 이 법의 적용 대상 부동산으로서
　　1995년 6월30일 이전에 매매·증여·교환 등의 법률 행위로 인하여
　　사실상 양도된 부동산, 상속받은 부동산과 소유권 보존 등기가
　　되어 있지 아니한 부동산으로 함(제4조).

라. 이 법의 적용 지역 및 대상을 읍·면 지역의 토지 및 건물,
    특별 자치시 및 인구 50만 미만의 시 지역의 농지 및 임야,
    광역시 및 인구 50만 이상의 시 중에서 1988년 1월 1일 이후
    직할시·광역시 또는 그 시에 편입된 지역의 농지 및 임야로 하되,
    수복 지구는 적용 대상에서 제외함(제5조).

마. 미등기 부동산을 사실상 양도받은 사람 등은 확인서를 첨부하여
    해당 부동산의 대장소관청에 대장상의 소유 명의인 변경 등록
    또는 복구 등록을 신청할 수 있도록 하고, 변경 등록 또는 복구
    등록된 대장상의 소유 명의인은 그 대장 등본을 첨부하여
    자기 명의로 소유권 보존 등기를 신청할 수 있도록 함(제7조).

바. 이 법에 의한 등기를 신청하고자 하는 경우 해당 부동산의 대장소
    관청에서 확인서를 발급 받도록 하고, 그 확인서를 발급 받으려는
    사람은 시·구·읍·면장이 위촉하는 5인 이상의 보증서를 첨부하여
    서면으로 신청하도록 하며, 이를 접수한 대장소관청은 이해관계자에
    대한 통지, 현장 조사, 공고 등을 거친 후 확인서를 발급하도록 하되,
    공고 기간 내에 이의 신청이 있는 부동산에 관하여는 그 이의에 대한
    처리가 완결되기 전에는 확인서를 발급하지 못하도록 함(제11조).

사. 대장소관청은 이 법에 의하여 작성된 보증서 및 확인서 등의
    자료와 기록을 법률의 유효 기간이 경과한 다음 날부터 10년간
    보존하도록 함(제13조).

아. 대장소관청은 현장 조사 등 이 법에 따른 업무를 수행하기 위하여
    가족 관계 등록 사항에 관한 전산 정보 자료, 부동산 등기 정보 자료
    등 필요한 자료를 관계 기관의 장에게 요청할 수 있도록 함(제14조).

자. 이 법은 시행일로부터 2년간 효력을 가지도록 하되, 이 법 시행 중에
    확인서의 발급을 신청한 부동산 등에 대하여는 유효 기간 경과 후
    6개월까지는 이 법에 따른 등기를 신청할 수 있도록 함(부칙 제2조).

Q 61

유증 받은 부동산이 제3자에게
등기가 이루어졌습니다

저의 은사인 A 선생님은 전통 한의학과 서양 의학을 접목시킨
학문을 연구하는 대학의 설립을 염원해오던 중, 그 뜻을 함께하는
지인들과 신동의보감학회를 설립했습니다. 선생님은 한의원을
운영해 상당한 수입을 벌어 자신의 고향에 대학 부지를 위해
여러 토지를 매수하고, 연구를 거듭하는 과정에서 많은 고서적을
확보했습니다. 그러던 중 A 선생님은 70세가 넘자 생전에 꿈을
이루기 어렵다는 생각이 들어 자신의 재산을 신동의보감학회에
유증한다는 내용의 유언 공정 증서를 작성하게 되었습니다.
A 선생님에게는 자녀가 없어 유언 집행자로 제자인 저를 지정하고,
공정 증서에 '유언의 취지'라는 제목 아래
'① 유언자는 다음 소유 부동산 A, B, C를 학회에 유증한다.
② 전항에 의한 유증 목적물 중 B 명의로 된 부동산 A 대한
　소유권 회복을 위한 권리도 학회에 귀속시킨다.

③ 유언자는 유언자가 남긴 서적 등 모든 유물도 학회에 전부
  유증한다'라는 내용이 기재되도록 했습니다.

   A 선생님은 은행에 상당한 예금 채권도 존재하고, 3억 원
상당의 대출 채무가 있었는데, 유언 공정 증서에는 기재되어
있지 않았습니다. 유언 공정 증서의 제2항은 아래와 같은 경위로
기재되었습니다. 학원 사업을 오래 해왔다는 B가 A 선생님에게
접근해 자신의 경험을 살려 대학 설립을 도와주겠다고 제안했습니다.
A 선생님은 자신의 꿈을 실현해줄 은인이 나타났다는 생각에 기쁜
나머지 대학 설립 허가 작업에 필요하다는 B의 말을 믿고
위임장과 인감 증명서를 내어주었습니다.

   그런데 B가 교묘하게 인감을 위조하고 인감 증명서를 이용해
A 선생님의 부동산 A에 대한 소유권 이전 등기만 자신의 명의로
돌린 후 연락을 두절한 것입니다. 결국 A 선생님이 B를 사문서 위조
등으로 고소하고, B를 상대로 부동산 A의 소유권 회복에 대한 절차를
강구하던 중 돌아가셨습니다.

   유증자인 신동의보감학회는 진정한 소유자인 A 선생님의 권리를
승계해 B를 상대로 직접 진정한 등기 명의 회복을 원인으로 하여
소유권 이전 등기를 구할 수 있을까요?

김선영 변호사

특정 유증자는 직접 소유권 이전 등기를 구할 수는 없습니다

신동의보감학회는 유언자인 A 선생님의 재산 일부를 유증 받은 특정 유증자로서 유증 의무자인 의뢰인에게 유증을 이행할 것을 구할 수 있을 뿐, 제3자인 B가 비록 원인 없이 등기를 했더라도 직접 진정 명의 회복을 원인으로 한 소유권 이전 등기를 구할 수는 없습니다.

유증에는 포괄적 유증과 특정 유증이 있습니다. 포괄적 유증은 상속 재산의 전부 또는 일부를 포괄적으로 증여하는 의사 표시로, 포괄적 유증자는 민법 제187조에 따라 유언의 효력이 발생함과 동시에 소유권을 취득합니다(민법 제1078조, 제187조). 반면, 특정 유증은 구체적인 재산의 종류나 개수를 정해 증여하는 의사 표시로써, 특정 유증을 받은 자는 유증 의무자에게 유증을 이행할 것을 청구할 수 있는 채권을 취득할 뿐입니다(대법원 2003. 5. 27. 선고 2000다73445 판결).

통상적으로는 상속 재산에 대한 비율의 의미로 유증이 된 경우는 포괄적 유증, 그렇지 않은 경우는 특정 유증이라고 할 수 있습니다. 하지만 유언 공정 증서 등에 유증한 재산이 개별적으로 표시되었다는 사실만으로는 특정 유증이라고 단정할 수는 없고, 상속 재산이 모두 얼마나 되는지를 고려해 다른 재산이 없다고 인정되는 경우에는 이를 포괄적 유증이라고 볼 수도 있습니다. 사례의 유언 공정 증서의 경우 유증 목록을 개별적으로 표시했을 뿐만 아니라 일부 채권 및 채무가 제외된 이상 특정 유증으로 봐야 합니다. 그렇다면 신동의보감학회는 특정 유증자로서 유증 의무자인 의뢰인을 상대로 소유권 이전 등기 절차의 이행을 구할 수 있는 권한이 있다고 하더라도(민법 제1087조), 유증의 효력이 발생하는 A 선생님의 사망과 동시에 부동산의 소유권을 취득하는 것은 아니므로, 이미 소유권 이전 등기가 이루어진 B를 상대로 진정한 등기 명의의 회복을 원인으로 한 소유권 이전 등기를 구할 수는 없습니다(대법원 2003. 5. 27. 선고 2000다73445 판결).

민법 참고 조문(유증, 소유권 이전 등기)

제187조(등기를 요하지 아니하는 부동산물권취득)
상속, 공용징수, 판결, 경매 기타 법률의 규정에 의한 부동산에 관한 물권의 취득은 등기를 요하지 아니한다. 그러나 등기를 하지 아니하면 이를 처분하지 못한다.

제1078조(포괄적수증자의 권리의무)
포괄적유증을 받은 자는 상속인과 동일한 권리의무가 있다.
[개정 90·1·13]

제1087조(상속재산에 속하지 아니한 권리의 유증)
① 유언의 목적이 된 권리가 유언자의 사망당시에 상속재산에
    속하지 아니한 때에는 유언은 그 효력이 없다. 그러나 유언자가
    자기의 사망당시에 그 목적물이 상속재산에 속하지 아니한
    경우에도 유언의 효력이 있게 할 의사인 때에는 유증의무자는
    그 권리를 취득하여 수증자에게 이전할 의무가 있다.
② 전항 단서의 경우에 그 권리를 취득할 수 없거나 그 취득에
    과다한 비용을 요할 때에는 그 가액으로 변상할 수 있다.

Q 62

상속인이 여러 명인 경우 유증의
이행은 어떻게 해야 할까요?

부모님은 제가 8살, 동생이 3살 때 이혼을 하셨고, 이후 저희 형제는
아버지와 함께 생활했습니다. 이혼 후 5개월 정도 되었을 즈음
아버지가 새어머니와 갓 태어난 아이를 데려와 "오늘부터 함께 살게
될 거다"라고 하셔서 충격을 받았지만, 어린 저는 아무것도 할 수가
없었습니다. 저는 아버지가 미웠고, 우리를 두고 가셨다는 사실에
어머니도 원망하는 마음으로 지냈습니다. 저는 고등학생이 되던 해
뒤늦게 부모님이 이혼하신 이유를 알게 되었습니다. 아버지가 비서와
바람을 피운 사실이 어머니에게 발각되어 헤어지신 것이고,
조부모님이 "부족함이 없도록 잘 키울 거고, 아들들이니 대를 잇게
해달라"고 어머니를 설득해 아버지가 저희를 키우게 된 것이었습니다.
　아버지가 새어머니와 재혼하신 지 얼마 안 되어 저희는 서초동
아파트로 이사를 했습니다. 아버지는 서초동 아파트로 이사하면서
새어머니 명의로 등기를 했습니다. 아버지는 그 외에 한남동에도

오피스텔을 보유하고 있었습니다. 다만 아버지는 평소 저희
형제에게 미안해하시며 "내가 죽으면, 서초동 아파트는 큰아들과
작은아들에게 주고, 한남동 오피스텔은 아내와 막내에게 주겠다"
라고 하셨고, 동일한 내용으로 유언 공정 증서도 새어머니와 막내의
동의하에 작성했습니다. 다만 아버지는 유언 집행자를 따로 정하진
않으셨습니다. 아버지가 돌아가신 후 저희 형제가 새어머니에게
아파트에 대한 소유권 이전 등기를 구하자 새어머니는 변심하셨는지
거부했습니다. 또한 제가 고등학교 무렵 아버지의 재혼 경위를
알고 방황하다 가출을 한 적이 있었는데, 며칠 만에 부모님이 저를
찾아냈습니다. 당시 아버지가 심하게 나무라서서 제가 어린 마음에
잔뜩 술에 취해 "모두 아버지 탓"이라고 하면서 주먹을 휘둘러
아버지의 치아가 부러진 일이 있었는데, 새어머니는 이를 문제 삼아
"상속이나 유증을 받을 자격도 없다"라고 했습니다.

　　저희 형제가 새어머니만을 상대로 소송을 제기해 부동산을 찾아올
수 있을까요? 그리고 새어머니의 주장처럼 저는 상속 결격자로
유증도 받을 수 없는 것인가요?

상속인 모두를 상대로 이행을 구하는 소를 제기해야 합니다

비록 사례의 부동산 명의가 상속인 중 1인의 명의로 되어 있더라도 상속인 모두가 유증 의무자가 되어서 형제들(큰아들과 작은아들)은 그 명의로 등기가 이루어진 새어머니는 물론이고, 나머지 상속인인 막냇동생도 피고로 하여 소유권 이전 등기 소송을 제기해야 합니다. 관할은 가정 법원이 아니라 민사 법원에 소송을 제기해야 합니다.

상속 결격자는 유증도 받지 못하지만 피상속인에게 상해를 가했다는 이유만으로 상속 및 유증 결격자가 되는 것은 아닙니다. 따라서 유언자인 아버지가 유증을 철회하지 않은 이상, 유증을 원인으로 소유권 이전 등기 소송을 제기하는 것은 가능합니다.

유언의 목적이 된 권리가 유언자의 사망 당시에 상속 재산에 속하지 아니한 때에는 유언은 그 효력이 없는 것이 원칙입니다. 그러나 유언자가 자기의 사망 당시에 그 목적물이 상속 재산에 속하지 아니한 경우에도 유언의 효력이 있게 할 의사인 때에는 유증 의무자는 그 권리를 취득해 수증자에게 이전할 의무가 있습니다(민법 제1087조 단서). 사례의 경우 유언자인 아버지의 의사는 본인의 사망 당시 서초동 아파트가 비록 새어머니 명의로 남아 있더라도 상속 재산으로 보아 이를 취득하게 할 목적인 경우에 해당한다고 하겠습니다.

나아가 유언 집행자는 유언자가 유언으로 지정하거나 그 지정을 제3자에게 위탁할 수 있고(민법 제1093조), 그러한 지정이나 지정 위탁이 없거나 지정을 위탁받은 자가 위탁을 사퇴한 때에는 상속인이 유언 집행자가 됩니다(민법 제1095조). 그리고 유언 집행자가 없거나 사망, 결격 및 기타 사유로 인해 없게 된 때에는 법원은 이해관계인의 청구에 의해 유언 집행자를 선임해야 합니다(민법 제1096조 제1항). 그렇다면 상속인이 유언 집행자가 되는 경우를 포함해 유언 집행자가 여러 명인 경우에는 유언 집행자의 지정 또는 제3자의 지정 위탁이 없는 한 상속인 전원이 유언 집행자가 됩니다.

사례의 경우 특정 유증자가 유증 의무자인 유언 집행자에 대해 민법 제1087조 제1항 단서에 따라 유증 의무의 이행을 구하는 경우로, 유언 집행자인 상속인 전원을 피고로 삼아야 하는 고유 필수적 공동 소송에 해당합니다(대법원 2011. 6. 24. 선고 2009다8345 판결). 따라서 큰아들과 작은아들이 새어머니만을 상대로 소송을 제기하면 소송 요건을 갖추지 못해 부적법 각하가 되는 결과에 이르고, 새어머니는 물론이고, 나머지 상속인인 막내아들 또한 소송 당사자로 해야 합니다.

상속 결격의 사유에 대해

민법 제1004조에 의하면 '고의로 직계 존속을 상해를 가해 사망에 이르게 한 자'에 대해 상속 결격으로 규정하고 있고, 단지 상해를 가한 사실만으로는 상속 결격에 해당하지 않습니다. 상속 결격에 관한 규정은 민법 제1064조에 의해 수증자에게도 그대로 준용됩니다. 따라서 큰아들이 유언자인 아버지에게 상해를 가한 적이 있다는 사실만으로 새어머니가 큰아들에 대해 상속 결격 등을 주장하는 것 또한 타당하지 않습니다.

민법 참고 조문(유증, 상속 결격 사유)

제1087조(상속재산에 속하지 아니한 권리의 유증)

① 유언의 목적이 된 권리가 유언자의 사망당시에 상속재산에
   속하지 아니한 때에는 유언은 그 효력이 없다. 그러나 유언자가
   자기의 사망당시에 그 목적물이 상속재산에 속하지 아니한
   경우에도 유언의 효력이 있게 할 의사인 때에는 유증의무자는
   그 권리를 취득하여 수증자에게 이전할 의무가 있다.

② 전항 단서의 경우에 그 권리를 취득할 수 없거나 그 취득에
   과다한 비용을 요할 때에는 그 가액으로 변상할 수 있다.

제1004조(상속인의 결격사유)

다음 각 호의 어느 하나에 해당한 자는 상속인이 되지 못한다.

① 고의로 직계존속, 피상속인, 그 배우자 또는 상속의 선순위나
   동순위에 있는 자를 살해하거나 살해하려한 자

② 고의로 직계존속, 피상속인과 그 배우자에게 상해를 가하여
   사망에 이르게 한 자

③ 사기 또는 강박으로 피상속인의 상속에 관한 유언
   또는 유언의 철회를 방해한 자

④ 사기 또는 강박으로 피상속인의 상속에 관한 유언을 하게 한 자

⑤ 피상속인의 상속에 관한 유언서를 위조·변조·파기 또는
   은닉한 자

제1064조(유언과 태아, 상속결격자)

제1000조 제3항, 제1004조의 규정은 수증자에 준용한다.

[개정 1990.1.13]

Q 63

불륜을 지속하는 대가로 하는 유증도 유효한가요?

저는 결혼한 지 1년 만에 남편과 사별하고, 시간이 흘러 중학교 동창회에서 첫사랑인 A와 다시 만났습니다. 중년이 된 A는 외제차 딜러로 성공했는데, A도 결혼한 지 얼마 안 되어 이혼을 했다고 했습니다. 저는 비슷한 상처를 가진 A의 적극적인 구애에 마음을 열었습니다. A는 저는 물론 저의 부모님과 집안 대소사까지 살뜰히 챙겼지만 결혼하자는 말은 하지 않았습니다. 저는 한 번의 상처가 있으니 그러려니 하며 시간을 보냈습니다.

그러던 어느 날, A의 부인이라는 사람이 저를 찾아와 '내연녀'라며 사무실을 뒤집어놓았습니다. A는 뒤늦게 "부인과는 결혼 초부터 사이가 좋지 않아, 부인이 조기 유학을 핑계로 아이들을 호주로 데리고 가서 기러기 아빠로 지내고 있었다"라고 실토했습니다. 이어서 "부인이 이혼을 안 해줘서 못 하고 있었다. 많이 외로웠는데 당신을 만나고 다시 태어난 것 같다. 곧 정리할 테니 나 버리지 마라. 나 죽어도 걱정 없이 살 수 있게 내 명의의 건물을 주겠다"라고도 했습니다.

A는 저에게 믿음을 주겠다며 'A가 배우자와 결혼 생활을 청산할 때까지 B가 A와의 동거를 유지하면 A의 사후 A 명의의 건물을 B에게 유증하기로 한다'는 내용의 유언 공정 증서까지 작성해주었습니다. 저는 '이러면 안 되는데'라는 생각이 들면서도, A가 안쓰럽고 그새 정이 들어 이에 동의했습니다.

그러나 A는 아이들 때문에 쉽지 않다며 차일피일 이혼을 미루었고, 마음 약한 저는 A와 헤어지지도 못하고 있었습니다. 그렇게 시간이 흘러 5년쯤 지났을 때 A가 갑자기 교통사고로 사망했습니다.

저는 A의 사망 후 살길이 막막해지자 A의 부인에게 "당신이 외국에 있는 동안 내가 A를 챙겼고, A가 나에게 건물을 유증했으니 넘겨 달라"고 했습니다. 저는 A의 유증에 따라 건물에 대한 소유권 이전 등기를 할 수 있을까요?

A 김선영 변호사

> # 선량한 풍속을 해치는
> # 행위로써 효력이 없습니다

A의 유증은 그 동기가 부첩 관계를 유지하기 위한 것으로 선량한 풍속을 해치므로 효력이 없습니다. 결국 의뢰인은 A가 사망한 후 그 상속인인 배우자를 상대로 유증의 이행에 해당하는 건물에 대한 소유권이전 등기를 구할 수 없습니다.

유증은 유언자가 유언에 의해 자기 재산을 타인에게 주는 단독 행위로써 유언의 효력에 의해 영향을 받습니다. 유언자는 그 유언으로 자신의 재산을 자유로이 처분할 수 있으나, 유언자의 사망으로 그 유언 내용의 당사자가 존재하지 않으므로 그 요건과 방식이 엄격히 제한됩니다. 이에 각 민법이 정하는 바에 따라 ❶만 17세 달하지 않은 자, 피성년 후견인으로서 의사 능력이 회복되지 않은 자 등 유언 무능력자의 유언(민법 제1061조 내지 제1063조), ❷수유 결격자에 대한 유증(민법 제1064조), ❸법정 방식이 흠결된 유언(민법 제1065조 내지 제1072조), ❹법정 사항 외의 사항을 내용으로 하는 유언, ❺유언 또는 생전 행위에 의해 철회된 유언(민법 제1108조 내지 제1110조), ❻ 선량한 풍속 기타 강행 법규에 위반한 유언(민법 제103조)은 무효라고 할 것입니다.

특히 민법 제103조는 '선량한 풍속 기타 사회 질서에 위반한 사항을 내용으로 하는 법률 행위는 무효'라고 명시하고 있습니다. 우리 법원은 '민법 제103조에 의해 무효로 되는 반사회 질서 행위'에 대해 「법률 행위의 목적인 권리 의무의 내용이 선량한 풍속 기타 사회 질서에 위반되는 경우뿐만 아니라, 그 내용 자체는 반사회 질서적인 것이 아니라고 하여도 법률적으로 이를 강제하거나 법률 행위에 반사회 질서적인 조건 또는 금전적인 대가가 결부됨으로써 반사회 질서적 성질을 띠게 되는 경우 및 표시되거나 상대방에게 알려진 법률 행위의 동기가 반사회 질서적인 경우를 포함한다」고 명시하고 있습니다(대법원 2001. 2. 9. 선고 99다38613 판결).

사례의 경우 A가 자신의 재산을 유언으로 처분하는 행위 자체는 외형상 허용되는 행위로 볼 수 있습니다. 그러나 그 동기 및 조건이 선량한 풍속에 반하는 부첩 관계를 유지시키고, 부첩 관계의 종료에 지장을 주는 것으로 무효에 해당한다고 할 것입니다. 따라서 부첩 관계 유지를 조건으로 하는 A의 유언은 당초부터 효력이 없는 것으로, 의뢰인이 A의 유언을 믿고 부첩 관계를 유지했더라도 유증 의무자인 상속인을 상대로 건물의 등기를 해줄 것을 요구할 수는 없습니다.

참고로 우리 법원은 유증에 대한 것은 아니나, '생전에 이루어지는 증여 계약'과 관련해 「부첩 관계인 부부 생활의 종료를 해제 조건으로 하는 증여 계약에 있어, 그 조건만이 무효가 아니라, 증여 계약 자체가 무효가 된다」고 판단한 바도 있습니다(대법원 1966. 6. 21. 선고 66다530 판결).

Q 64

불륜을 해소하는 조건의
유증은 유효한가요?

저는 결혼한 지 7년 만에 어렵게 아들을 얻었습니다. 아들이 태어난 후
한동안은 아이가 자라나는 모습에 행복을 느끼며 살았습니다.
그런데 결혼한 지 10년 정도 되었을 무렵 사업이 급격히 어려워지며
아내와 소원해졌습니다. 저는 사무실 근처 미용실에 3년째 단골로
다니면서 원장인 A와 이런저런 세상 이야기를 하며 친해졌습니다.

　하루는 퇴근길에 급히 머리를 하러 갔는데, A가 규모를 키워
이전한다고 했습니다. 마침 제가 마지막 손님이어서 아쉬운 마음에
송별회를 했는데, 실수로 하룻밤을 보내게 되었습니다. 저는 A를 잊고
가정에 충실하려고 노력했습니다. 그러던 중 사업이 점점 어려워져
부도 위기에 처했습니다. 아내에게 "장인어른에게 자금 좀 부탁드리면
안 될까?" 하고 얘기를 꺼내자, 아내는 "한두 번도 아니고 아버지에게
면목이 없다. 이제는 망하든 말든 알아서 하라"고 하더니 점점 더 저를
무시했습니다. 저는 여기저기 대출을 알아보던 중 A가 생각나서 혹시

돈을 빌려줄 수 있는지 물었고, A는 선뜻 큰돈을 빌려주었습니다. 얼마 후 A는 "사실 내가 당신 아이를 임신했는데, 연락해야 하나 고민 중이었다. 유부남이라도 괜찮다. 사랑한다. 아이 아빠가 필요하다"라고 했습니다.

저는 A의 도움이 절실했고, A와 사이에 태어날 아이도 책임진다는 생각에 집을 나와 A와 함께 생활했습니다. 저는 A가 준 돈으로 급한 대출을 막은 후 새로운 사업을 시작했고, 이후 수년간 A의 미용실 수입으로 생활비를 충당했습니다. 집에서 나온 지 10년이 되던 해, 아내가 주변에 수소문해서 저를 찾아와 "내가 잘못했다. 아들이 어릴 때는 아빠가 돈 벌러 멀리 외국에 갔다고 했지만, 아들이 점점 의심한다. 이혼만은 안 된다. 돌아오라"고 했습니다.

저는 A와 가정을 이룬 후, 남들의 수군거림을 느끼며 사는 것도 쉽지 않다는 결론에 이르렀습니다. 다만 그사이 A가 미용실을 운영해 벌어들인 수입을 모두 투자해서 저의 사업은 번창했는데, 미용실은 상황이 좋지 않았습니다. 저는 고민 끝에 A에게 "미안하다. 가정으로 돌아가게만 해주면 딸의 양육비도 주고, 내가 죽으면 얼마 전 새로 산 아파트는 당신에게 주겠다"라고 했습니다. 이를 뒤늦게 안 아내는 "아이 양육비는 어쩔 수 없지만 무슨 자랑이라고 불륜녀에게 유증까지 하냐. 그렇게는 안 된다"라며 반대했습니다. 제가 A에게 집을 유증하는 것이 불륜에 대한 대가로 그 효력이 인정되지 않을까요?

A 김선영 변호사

불륜 관계에 있는 자에 대한 유증이지만 유효합니다

비록 불륜 관계에 있는 자에 대한 유증이기는 하나, 이를 해소하면서 그간의 비용 등을 보상하고 장래의 생활 대책을 마련해주는 경우로, 반드시 선량한 사회 풍속에 반한다고 볼 수만은 없습니다. 따라서 A에 대한 유증은 유효합니다. 원칙적으로는 선량한 풍속 기타 사회 질서에 위반한 법률 행위는 무효입니다(민법 제103조). 법률상 배우자가 있는 상태에서 배우자의 일방이 제3자와 사실혼을 맺는 중혼적 사실혼은 기존의 혼인 관계를 침해하는 것입니다. 민법에서도 중혼적 사실혼에 대해서 취소 사유로 규정하고 있고 법률적으로 보호받지 못하는 것이 원칙이라고 하겠습니다(민법 제810조). 이에 부첩 관계나 불륜 관계에 있는 자에게 불륜 관계 지속에 대한 보상 및 유인을 위해 유증을 하는 것 또한 선량한 풍속에 반해 무효라고 보는 것이 일반적입니다.

다만 우리 법원은 「피고가 원고와의 부첩 관계를 해소하기로 하는 마당에 그동안 원고가 피고를 위하여 바친 노력과 비용 등의 희생을 배상 내지 위자하고 또 원고의 장래 생활 대책을 마련해준다는 뜻에서 금원을 지급하기로 약정한 것이라면 부첩 관계를 해소하는 마당에 위와 같은 의미의 금전 지급 약정은 공서 양속에 반하지 않는다고 보는 것이 상당하다」고 판단했습니다(대법원 1980. 6. 24. 선고 80다458 판결). 그렇다면 사례의 경우도 부첩 관계에 있는 A에 대한 유증이기는 하나, 부첩 관계를 유지하기 위한 것이 아니라, 이를 해소하면서 A의 그간의 노력 등과 비용 등의 희생을 배상하고 장래의 생활 대책을 마련해주기 위한 것으로써 유효하다고 하겠습니다.

중혼적 사실혼에 있어 생전의 재산 분할

참고로 중혼적 사실혼에 있어 유증과는 별개로 '생전의 재산 분할'을 인정할 수 있는지 살펴보도록 하겠습니다. 우리 법원은 재산 분할에 있어서도 법률상 배우자가 있는 자는 그 법률혼 관계가 사실상 이혼 상태라는 등의 특별한 사정이 없는 한 사실혼 관계에 있는 상대방에게 그와의 사실혼 해소를 이유로 재산 분할의 청구를 허용하지 않는 것이 원칙입니다. 이에 비록 「법률적 배우자인 처가 일방적으로 가출한 상태에서 남편이 제3자와 사실혼을 맺었다가 다시 남편의 귀책 사유로 중혼적 사실혼이 파탄에 이르렀다고 하더라도, 제3자는 그 남편을 상대로 사실혼 해소에 따른 손해 배상이나 재산 분할을 구할 수 없다」고 판단했습니다(대법원 1996. 9. 20. 선고 96므530 판결).

Tip

민법 참고 조문(중혼, 혼인 취소)

제810조(중혼의 금지) 배우자있는 자는 다시 혼인하지 못한다.

제816조(혼인취소의 사유)
혼인은 다음 각 호의 어느 하나의 경우에는 법원에 그 취소를
청구할 수 있다.
① 혼인이 제807조 내지 제809조(제815조의 규정에
    의하여 혼인의 무효사유에 해당하는 경우를 제외한다.
    이하 제817조 및 제820조에서 같다) 또는 제810조의
    규정에 위반한 때

제3자의 강박에 의한 유증을
상속인이 취소할 수 있나요?

저의 아버지는 A의 고문 및 강압에 못 이겨 사후에 A가 운영하는
재단에 아버지 명의의 부동산 전부를 기부하는 내용으로 유언 공정
증서를 작성했습니다. 아버지는 고문으로 인한 고통으로 병을 얻어
소송이 진행되던 중 돌아가셨습니다. 이에 A가 다시 저를 비롯한
상속인을 상대로 아버지 명의의 부동산에 대해 소유권 이전 등기를
구하는 경우, 제가 유증이 강박에 의해 이루어졌음을 이유로 이를
취소할 수 있나요? 혹시 가능하다면 언제까지 취소할 수 있나요?

김선영 변호사

상속인이 취소권을 승계해 취소할 수 있습니다

유언자의 상속인 또한 망인의 승계인으로서 강박을 이유로 취소가 가능합니다(민법 제140조). 다만 그 취소 기한은 상속인이 그 유증이 강박으로 인해 이루어졌음을 안 날로부터 3년 이내, 위 강박 행위가 있은 날로부터 10년 내에 취소할 수 있습니다.

유언자는 언제든지 유언 또는 생전 행위로써 유언의 전부나 일부를 철회할 수 있습니다(민법 제1108조 제1항). 따라서 유언 또한 법률 행위로써 민법 제140조 유언자가 유언을 취소하는 것이 법률적으로 가능하나, 철회권이 존재하는 이상 유언에 대해 취소권을 행사할 실익이 크지는 않습니다.

다만 유언자가 강박을 이유로 유언에 대한 철회나 취소권을 행사하지 못하고 사망한 경우, 상속인은 유언자의 취소권을 승계해 그 취소권을 행사할 수 있습니다(민법 제140조). 그리고 취소권은 '그 법률 행위를 추인할 수 있는 날로부터 3년 내에, 법률 행위를 한 날로부터 10년 이내에 행사'해야 합니다(민법 제146조). '그 법률 행위를 추인할 수 있는 날'이란 취소의 원인이 종료되어 취소권 행사에 관한 장애가 없어져서 취소권자가 취소의 대상인 법률 행위를 추인할 수도 있고 취소할 수도 있는 상태가 된 때를 의미합니다(대법원 1998. 11. 27. 선고 98다7421 판결). 따라서 유언자인 의뢰인의 아버지가 사망할 때까지 강박으로부터 벗어나지 못한 상태였다면 사망할 때까지 유언을 취소하거나 추인할 수 있는 상태에 이르지 못한 것입니다. 그렇다면 의뢰인은 망인이 강박으로 인해 유증을 한 것을 안 날로부터 3년 이내에, 그 유증이 이루어진 날로부터 10년 이내에 유증을 취소할 수 있습니다.

상속 결격자와 제소 전 화해의 경우

참고로 민법 제1004조 제3호는 '사기 또는 강박으로 피상속인의 상속에 관한 유언을 하게 한 자'를 상속 결격자로 규정하고 있고, 상속 결격자는 유증 또한 받을 수 없습니다. 사례에서 A가 상속인인 경우에는 민법 제1004조에 의해서도 유증 또한 받을 수 없다고 하겠습니다.

나아가 우리 법원은 강박에 의한 계약을 체결하고, 계약을 기초로 '제소 전 화해'까지 한 경우 취소권의 제척 기간과 관련해 「강박 상태에서 벗어난 후 계약을 취소하더라도, 제소 전 화해 조서의 기판력이 존재하는 동안에는, 그 취소가 실효를 거둘 수 없어 강박에 의한 법률 행위를 취소하는 데 법률상 장애가 존속되고 있다고 봐야 하고, 따라서 제소 전 화해 조서를 취소하는 준재심 사건 판결이 확정되어 위 제소 전 화해 조서의 기판력이 소멸된 때부터 민법 제146조 전단에 규정한 3년의 취소 기간이 진행된다고 봄이 상당하다」고 판단한 바가 있습니다(대법원 1998. 11. 27. 선고 98다7421 판결).

　유증에 있어서도, 강박에 의해 유증을 하고 '제소 전 화해'까지 한 경우라면 단순히 강박에서 벗어난 때로부터 3년이 아니라, 준재심의 소를 통해 그 효력이 부인된 때부터 3년간 취소권을 행사할 수도 있다고 하겠습니다.

> ## Tip
>
> **민법 참고 조문(법률 행위의 취소권, 유언 철회)**
>
> 제140조(법률행위의 취소권자)
> 취소할 수 있는 법률행위는 제한능력자, 착오로 인하거나 사기·강박에 의하여 의사표시를 한 자, 그의 대리인 또는 승계인만이 취소할 수 있다.
>
> 제146조(취소권의 소멸)
> 취소권은 추인할 수 있는 날로부터 3년내에 법률행위를 한 날로부터 10년내에 행사하여야 한다.
>
> 제1108조(유언의 철회)
> ① 유언자는 언제든지 유언 또는 생전행위로써 유언의 전부나 일부를 철회할 수 있다.
> ② 유언자는 그 유언을 철회할 권리를 포기하지 못한다.

Q 66

유언에 반하는 등기가 이루어졌습니다

저에게는 이복형제인 오빠 셋이 있습니다. 아버지는 결혼하신 지 10년 만에 전처와 이혼을 하셨는데, 그때 태어난 아들 3명은 전처가 키웠습니다. 이혼하신 지 2년 만에 아버지는 저의 어머니와 새로운 가정을 꾸리셨고, 어머니는 제가 태어난 지 1년 만에 돌아가셨습니다. 최근 아버지도 폐암 판정을 받은 지 1년 만에 돌아가셨습니다.

그런데 이복형제인 오빠들이 자신들의 생모를 걱정해, 아버지가 돌아가시기 불과 일주일 전 자신들의 외삼촌을 아버지로 가장시켜 생모와 아버지 이름으로 혼인 신고를 했습니다. 그래서 아버지가 돌아가신 직후 3형제들은 상속을 원인으로 아버지 명의의 건물에 대해 '생모 3/11, 장남 2/11, 차남 2/11, 삼남 2/11, 저(딸) 2/11'의 비율로 소유권 이전 등기를 했습니다. 그러나 아버지가 사후 형제들 간에 다툼이 생길 것을 염려해 유언 공증을 해두셨다는 사실을 뒤늦게 알게 되었습니다. 그 내용은 건물을 '① 장남 40%. ② 차남 30%,

③ 삼남 16%, ④ 딸(저) 14%'의 비율로 분배한다는 것입니다.

저는 이러한 사실을 알고 등기에 대해 문제 제기를 했지만, 오빠들은 "현재 등기에 만족한다"라고 했습니다. 오빠들이 유증에 반하는 행위를 한 이상, 유증을 포기한 것으로 봐야 하는 것은 아닐까요?

저는 오빠들이 포기한 지분{86(①+②+③)/100}에 대해 저의 법정 상속분(1/4)의 비율만큼 추가로 소유권 이전 등기를 받을 수 있을까요?

A 김선영 변호사

지분을 침해하지 않는다면 문제가 없습니다

3형제들이 유증을 포기한다는 의사를 밝히지 않은 이상, 자신들의 유증을 승인하되, 그로 인해 취득한 권리에 대해 생모 명의로 등기된 부분에 대해 소유권을 포기한다는 취지로 보는 것이 당사자의 의사에 부합합니다. 따라서 의뢰인은 건물에 대한 지분 등기가 당초 유증의 지분(14/100)에 부족하지 않은 이상, 3형제들의 생모가 소유권 이전 등기의 말소까지 하도록 할 수도 없고, 추가 지분 등기를 요구할 수도 없습니다.

유증은 원칙적으로 당사자에게 이익이 되는 행위이나, 그의 의사에 반해 권리의 취득을 강제할 수는 없습니다(『친족·상속법』(제12판) 790면). 이에 민법 제1074조는 유언자가 사망한 이후 유증을 받을 자로 하여금 '언제든지' 유증을 승인 또는 포기하도록 하되, 승인이나 포기의 효력은 유언자가 사망한 때로부터 소급해 효력이 발생하는 것으로 정하고 있습니다. 다만 유증의 승인이나 포기는 그 의사 표시를 한 이상 취소하지는 못합니다(민법 제1075조).

또한 민법 제1074조에 따른 유증의 승인 또는 포기가 문제가 되는 경우는 특정 유증을 받은 자입니다. 포괄적 유증을 받은 자는 상속인과 동일한 권리 의무가 있으므로(민법 제1078조), 상속인과 동일하게 상속 개시 시로부터 3개월 이내에 승인 또는 포기를 해야 하고, 유증을 승인하는 경우 권리뿐만 아니라 피상속인의 채무도 그 비율에 따라 포괄적으로 승계하게 됩니다(민법 제1019조, 제1025조).

유언에 반하는 등기와 유증 포기 여부의 관계

유증의 승인이나 포기는 의사 표시 방식에 제한이 있는 것은 아니고, 유증 의무자에게 승인 또는 포기의 의사 표시를 하는 것으로 충분합니다. 나아가 유증의 승인이나 포기는 묵시적으로 할 수도 있습니다.

법원은 유증을 받은 자들이 피상속인의 유언에 반하는 등기를 한 경우, 유증을 포기한 것으로 볼 것인지에 대해 「상속인들이 참칭 상속인을 포함시킨 상속 등기에 의해 이전받은 현재의 소유 지분에 만족하고 참칭 상속인에 대한 상속 회복 청구권을 포기한다는 취지의 주장을 한 경우, 특별한 사정이 없는 한 상속인들이 유증을 포기한 것이 아니라 오히려 유증을 승인하고 그로 인하여 취득하게 되는 상속인들의 권리 중 참칭 상속인 명의로 등기된 부분에 대하여 소유권을 주장하지 않겠다는 취지로 해석된다」고 판단했습니다(대법원 1999. 11. 26. 선고 97다57733 판결).

사례의 경우도 유언자가 유언으로 3형제들에게 각 일정한 비율로 유증을 했고, 그 형제들이 생모의 지분 등기를 허용함으로써 당초의 자신들이 유증을 받은 지분보다 적은 비율로 등기가 이루어졌으나, 그 등기로 의뢰인의 당초 지분을 침해하지는 않았습니다. 즉, 의뢰인 또한 당초의 지분인 '14/100'를 넘는 '2/11'로 등기가 이루어진 것입니다. 그렇다면 3형제들이 유증 자체에 대한 포기 의사를 밝히지 않은 이상, 유증을 승인하고 그로 인해 취득하게 되는 권리 중 참칭 상속인인 어머니 명의로 등기된 부분에 대해 소유권을 주장하지 않겠다는 취지의 의사 표시를 한 것으로 보는 것이 당사자의 의사에 부합한다고 할 것입니다.

결국 유증 지분에 침해를 받지 않은 의뢰인은 3형제들이나 생모 명의의 등기에 대해 문제를 삼을 수도, 3형제들이 지분을 포기했다는 전제하에 당초 3형제 유증의 합계 지분(86/100) 중 1/4(의뢰인의 법정 상속분)에 대해 추가 지분 등기를 요구할 수도 없습니다.

Tip

민법 참고 조문(유증의 승인과 포기)

제1074조(유증의 승인, 포기)
① 유증을 받을 자는 유언자의 사망 후에 언제든지
　유증을 승인 또는 포기할 수 있다.
② 전항의 승인이나 포기는 유언자의 사망한 때에
　소급하여 그 효력이 있다.

제1075조(유증의 승인, 포기의 취소금지)
① 유증의 승인이나 포기는 취소하지 못한다.
② 제1024조제2항의 규정은 유증의 승인과 포기에 준용한다.

Q 67

유증 받지 않은 상속인에게
채무 변제를 구할 수 있나요?

저는 공무원으로 근무하다 퇴직할 무렵, 오랜만에 만난 고등학교
친구로부터 "펀드 매니저로 일하는데, 5억 원을 빌려주면 1년 안에
20%의 이자를 불려서 주겠다"라는 권유를 받았습니다. 저는 노후
준비를 고민하던 중 전문가인 친구의 힘을 빌려 돈을 불리면 좋지
않을까 하는 생각에 큰맘 먹고 5억 원을 빌려주면서 '1년 후에 합계
6억 원을 갚겠다'라는 내용의 차용증을 받아 두었습니다.

그런데 펀드 매니저라는 친구의 말은 거짓이었고, 친구가 주식에
무리하게 투자해서 돈을 날리고 병까지 얻은 후 사망했다는 사실을
뒤늦게 알게 되었습니다. 친구에게는 아내와 3명의 자녀가 있었으므로
저는 친구의 가족들에게 법정 상속분에 따라 금전 채무의 이행을
구했습니다. 그랬더니 친구의 아내가 "남편이 죽기 전 돈 문제로 나와
갈등이 심해 자신의 동생과 자녀들에게 전 재산을 각 1 : 1 : 1 : 1의
비율로 유증했다. 나는 남편으로부터 받은 것이 없으니 빚도 갚을

의무가 없다"라고 했습니다. 저는 과연 친구의 아내로부터는 채무의
변제를 받을 수 없는 걸까요?

.

A 김선영 변호사

유증을 받은 자에게 채무의
변제를 구해야 합니다

의뢰인 친구의 아내가 외형상 상속인이기는 하나, 친구의 유언에 따라
자녀들에게만 그 재산에 대해 포괄적 유증이 이루어졌습니다. 그러므
로 의뢰인은 친구의 자녀들과 동생에게 각각 유증을 받은 비율로 채
무의 변제를 구할 수 있을지언정, 친구의 아내에게는 채무의 변제를
구할 수 없습니다.

포괄적 유증을 받은 자는 유언자의 재산에 관해 상속인과 동일한
권리 의무가 있습니다(민법 제1078조). 다만 포괄적 수증을 받은 자도
상속인과 동일한 지위에서 그 유증을 포기하거나 승인할 수는 있습니

다(민법 제1078조, 제1025조).

결국 포괄적 유증을 받은 자가 그 유증을 승인하면, 그 수증분에 따라 적극 재산을 포괄적으로 승계하는 것은 물론, 상속 채무도 동일하게 승계하게 됩니다. 이에 포괄적 유증을 받은 자는 그 수증분의 비율에 따라 상속 채무를 변제할 책임을 지고, 원래의 법정 상속인은 그에 상응하는 비율로 상속 채무를 면하게 됩니다.

우리 법원도 피상속인이 자신의 재산 일체를 타인에게 유증한 경우, 상속인이 피상속인의 채권자에 대한 채무를 변제할 의무를 부담하는지에 대해 「유증이란 적극 재산은 물론, 소극 재산, 즉 채무까지도 포괄하는 상속 재산의 전부 또는 일부의 유증을 말하는 것이고, 포괄적 수증자는 상속인과 동일한 권리 의무가 있는 것으로서(민법 제1078조), 따라서 어느 망인의 재산 전부(적극 재산 및 소극 재산)가 다른 사람에게 포괄적으로 유증이 된 경우에는 그 망인의 직계 비속이라 하더라도 유류분이 없는 한, 그가 상속한 상속 재산(적극 재산 및 소극 재산)이 없는 것이므로 그 망인의 생전 채무를 변제할 의무가 없다」고 판단했습니다(대법원 1980. 2. 26. 선고 79다2078 판결).

사례의 경우 의뢰인의 친구가 아내를 제외한 자녀들과 그 동생에게 전 재산을 포괄적으로 유증한 이상, 자녀들 및 동생은 적극 재산은 물론, 채무도 유증 받은 비율에 따라 승계하게 됩니다. 피상속인의 동생은 비록 후순위 법정 상속인에 해당하나, 피상속인의 유언으로 인해 자녀들과 동등한 지위에서 적극 재산을 취득하고, 그 채무 또한 유증 받은 비율에 따라 승계하게 됩니다. 반면, 친구의 아내는 유류분 반환 청구권을 행사하지 않는 이상, 피상속인의 적극 재산을 취득할 수도 없고, 피상속인의 채무도 승계하지 않게 됩니다. 결국 의뢰인은 친구의 자녀들과 동생을 상대로 그 수증 비율에 따라 채무의 이행을 구할 수는 있으나, 그 배우자인 친구의 아내를 상대로 법정 상속분에 따른 변제를 구할 수는 없습니다.

Tip

민법 참고 조문(포괄적 수증자, 단순 승인)

제1078조(포괄적 수증자의 권리의무)
포괄적 유증을 받은 자는 상속인과 동일한 권리의무가 있다.

제1025조(단순승인의 효과)
상속인이 단순승인을 한 때에는 제한 없이 피상속인의 권리의무를 승계한다.

유증 받은 미등기 부동산의
소유권 보존 등기가 가능할까요?

저의 아버지는 건축업에 종사하면서 노후에 어머니와 전원주택을
짓고 텃밭에 채소를 기르며 여유롭게 생활하는 것을 꿈으로
삼으셨습니다. 제가 대학교를 졸업하던 해, "나와 네 엄마는
부모로서 할 일을 다 했으니 취업 후 네 노력으로 자리를 잡아라"고
당부하시고 어머니와 함께 지방에 땅을 보러 다니셨습니다. 제가
취업한 지 3년이 되던 해에 부모님은 아파트를 담보로 대출을
받아 경기도 양평에 토지를 구입한 후 집을 짓기 시작하셨습니다.
전원주택 건축이 마무리될 무렵, 부모님은 서울 아파트를 매도하신
후 저에게 일부 자금을 지원해 전셋집을 구해주셨습니다. 그리고
나머지 자금으로는 대출을 받아 전원주택 주변에 토지를 구입해
텃밭을 일구며 생활하셨습니다. 그 후 저는 2~3주에 한 번씩 부모님을
뵈러 양평을 다녀왔는데, 양평으로 가신 지 불과 3년 만에 아버지가
돌아가셨습니다. 그리고 아버지가 평소 말씀과는 달리, 어머니와

저에게 '5 : 2'의 비율로 전 재산을 유증하신 사실을 알게 되었습니다. 뒤늦게 아버지가 전원주택 건축 후 미처 등기를 하지 않은 사실도 알게 되었습니다. 저와 어머니가 아버지의 상속인으로서 전원주택에 대해 소유권 보존 등기를 할 수 있을까요?

A 김선영 변호사

포괄적 수증자로서 소유권 보존 등기를 할 수 있습니다

미등기의 토지 또는 건물에 관해서는 '건축물 대장에 최초의 소유자로 등록되어 있는 자 또는 그 상속인, 그 밖의 포괄 승계인'이 소유권 보존 등기를 신청할 수 있습니다(부동산등기법 제65조). 포괄적 수증자인 망인의 자녀와 아내는 상속인으로서는 물론이고, 포괄적 수증자로서 '포괄 승계인에 해당'하여 전원주택에 관해 그 지분에 따라 소유권 보존 등기를 할 수 있습니다.

포괄적 유증을 받은 자는 유언자의 재산에 관해 상속인과 동일한 권리 의무가 있습니다(민법 제1078조). 따라서 포괄적 유증을 받은 자는 민법 제187조에 따라 법률상 당연히 유증 받은 부동산의 소유권을 취득합니다. 다만 이를 처분하기 위해서는 자신의 명의로 소유권 이전 등기를 해야 합니다(민법 제187조). 한편, 소유권 이전 등기의 방법과 관련해서는 포괄적 유증을 받은 자가 등기 권리자로서 소유권 이전 등기를 할 수 있습니다(부동산등기법 제27조). 등기 의무자와 관련해서는, 피상속인이 유언에 의해 유언 집행자를 지정한 경우에는 그 유언 집행자가, 피상속인이 유언에 의해 유언 집행자를 별도로 지정하지 않은 경우에는 상속인이 유언 집행자의 지위를 갖게 됩니다(민법 제1093조, 제1095조). 따라서 부동산에 대해서는 등기 권리자인 포괄적 유증을 받은 자가 등기 의무자인 유언 집행자, 또는 상속인과 함께 공동으로 등기 신청을 하면 됩니다(『주해상속법』 764면).

민법과 부동산등기법을 함께 살펴봅니다

한편 피상속인의 부동산이 사례와 같이 미등기 부동산인 경우 포괄적 유증을 받은 자가 직접 보존 등기를 할 수 있는지 살펴보도록 하겠습니다. 부동산등기법은 제65조에서 「미등기의 토지 또는 건물에 관한 소유권보존등기는 다음 각 호의 어느 하나에 해당하는 자가 신청할 수 있다」고 규정하면서 제1호에 「토지대장, 임야대장 또는 건축물대장에 최초의 소유자로 등록되어 있는 자 또는 그 상속인, 그 밖의 포괄승계인」을 규정하고 있습니다.

민법 제1078조는 「포괄적 유증을 받은 자는 상속인과 동일한 권리

의무가 있다」고 규정하고 있고, 민법 제1005조 본문은 「상속인은 상속개시 된 때로부터 피상속인의 재산에 관한 포괄적 권리의무를 승계한다」고 규정하고 있습니다.

우리 법원은 「부동산등기법의 취지와 내용 및 관련 법률 규정 등을 종합하면, 부동산등기법 제65조 제1호에서 정한 미등기의 토지 또는 건물에 관한 소유권 보존 등기를 신청할 수 있는 '그 밖의 포괄 승계인'에는 '포괄적 유증을 받은 자'도 포함된다」고 판단했습니다(대법원 2013. 1. 25. 자 2012마1206 결정). 그렇다면 사례의 경우 피상속인의 자녀 및 배우자는 포괄적 유증을 받은 자, 즉 '포괄 승계인'으로서 미등기 부동산인 전원주택에 대해 소유권 보존 등기를 할 수 있습니다.

Tip

민법 참고 조문(유언 집행자, 부동산 물권 취득)

제1093조(유언집행자의 지정)
유언자는 유언으로 유언집행자를 지정할 수 있고 그 지정을 제삼자에게 위탁할 수 있다.

제1095조(지정유언집행자가 없는 경우)
전2조의 규정에 의하여 지정된 유언집행자가 없는 때에는 상속인이 유언집행자가 된다.

제187조(등기를 요하지 아니하는 부동산물권취득)
상속, 공용징수, 판결, 경매 기타 법률의 규정에 의한 부동산에 관한 물권의 취득은 등기를 요하지 아니한다. 그러나 등기를 하지 아니하면 이를 처분하지 못한다.

Tip

부동산등기법 참고 조문(포괄 승계인의 등기, 소유권 보존 등기)

제27조(포괄승계인에 의한 등기신청)

등기원인이 발생한 후에 등기권리자 또는 등기의무자에 대하여 상속
이나 그 밖의 포괄승계가 있는 경우에는 상속인이나 그 밖의 포괄승계
인이 그 등기를 신청할 수 있다.

제65조(소유권보존등기의 신청인)

미등기의 토지 또는 건물에 관한 소유권보존등기는 다음 각 호의 어느
하나에 해당하는 자가 신청할 수 있다.

① 토지대장, 임야대장 또는 건축물대장에 최초의 소유자로
   등록되어 있는 자 또는 그 상속인, 그 밖의 포괄승계인
② 확정판결에 의하여 자기의 소유권을 증명하는 자
③ 수용(收用)으로 인하여 소유권을 취득하였음을 증명하는 자
④ 특별자치도지사, 시장, 군수 또는 구청장(자치구의 구청장을
   말한다)의 확인에 의하여 자기의 소유권을 증명하는 자
   (건물의 경우로 한정한다)

유증된 토지가 제3자의
권리와 관련되어 있습니다

저는 사회 복지 사업을 하고 있습니다. 수년 전, 뜻을 같이하는 오랜
지인이 자신의 토지를 무상으로 제공하면서 '무상 사용 대차 계약'을
체결했습니다. 저는 그 토지 위에 사회 복지관을 설립해 운영하며,
매년 열리는 후원 행사에 지인을 초대해 감사의 마음을 전해왔습니다.

그런데 최근 지인이 노환으로 돌아가셨습니다. 장례식을 다녀온 지
3개월이 조금 지났을 즈음, 지인의 동생이 찾아왔습니다. 지인의 동생은
"형님이 이 일대 토지를 유증으로 남기셨는데, 나는 토지 위에 이런
건물이 있는지 몰랐다. 형님은 임대료를 받지 않으셨지만, 나는 생각이
다르다. 매월 임대료를 내거나 건물을 철거하라"고 얘기했습니다.
이러한 사정을 제가 지인의 아들에게 이야기하자 "저희도 아버지의
뜻을 존중해드리고 싶습니다. 하지만 유증을 받은 작은아버지가
어머니와 저에게도 그 토지를 임대료를 받거나 건물을 철거한
상태로 넘겨달라고 하시더니, 그렇지 않으면 그로 인한 손해를

보상해달라고까지 하셨습니다"라고 대답했습니다.

　지인의 가족들, 즉 상속인들은 지인 동생의 요구대로 임대료를 받을 수 있거나 건물을 철거한 상태로 지인이 유증한 토지를 그에게 넘겨줘야 할까요? 저는 지인의 동생에게 임대료를 내거나 건물을 철거하는 것 외에는 달리 방법이 없는 걸까요?

A 김선영 변호사

수증자는 제3자의 권리를 소멸시킬 수 없습니다

유언자가 제3자에게 토지를 무상으로 제공하기로 한 이상, 유증을 받은 유언자의 동생은 유증 의무자인 상속인들에게는 물론 제3자에게 건물을 철거하거나 임대료를 지급할 것을 요구할 수 없습니다. 당연히 손해 배상을 요구할 수도 없습니다.

　유증은 수증자가 이익을 얻는 무상 행위로, 유상 계약에서와 같은 담보 책임을 묻게 할 수는 없습니다. 이에 민법 제1085조는 「유증의 목적인 물건이나 권리가 유언자의 사망 당시에 제3자의 권리의 목적인 경우에는 수증자는 유증의무자에 대하여 그 제3자의 권리를 소멸시킬 것을 청구하지 못한다」라고 규정하고 있습니다. 즉, 민법 제1085조에 따라 수증자는 유증 의무자(유언자가 지정한 유언 집행자 또는 유언자가 유언 집행자를 지정하지 않은 때에는 상속인)를 상대로 제3자의 권리를 소멸시킬 것을 청구할 수 없습니다(민법 제1093조, 제1095조). 여기서 '제3자의 권리'란 용익 물권, 담보 물권 또는 임차권과 같은 채권이건 묻지 않습니다. 또한 제3자의 권리의 목적이 된 시기가 유언 성립 전인지 후인지도 묻지 않습니다(『주해상속법』 793면).

우리 법원 또한 유증 목적물이 제3자의 권리의 대상이 된 경우, 제3자의 권리가 유증의 목적물이 수증자에게 귀속된 후에도 그래도 존속하는지와 관련해 「민법 제1085조는 "유증의 목적인 물건이나 권리가 유언자의 사망 당시에 제3자의 권리의 목적인 경우에는 수증자는 유증 의무자에 대하여 그 제3자의 권리를 소멸시킬 것을 청구하지 못한다" 라고 규정하고 있다. 이는 유언자가 다른 의사를 표시하지 않는 한 유증의 목적물을 유언의 효력 발생 당시의 상태대로 수증자에게 주는 것이 유언자의 의사라는 점을 고려하여 수증자 역시 유증의 목적물을 유언의 효력 발생 당시의 상태대로 취득하는 것이 원칙임을 확인한 것이다. 그러므로 유증의 목적물이 유언자의 사망 당시에 제3자의 권리의 목적인 경우에는 그와 같은 제3자의 권리는 특별한 사정이 없는 한 유증의 목적물이 수증자에게 귀속된 후에도 그대로 존속하는 것으로 봐야 한다」고 판단했습니다(대법원 2018. 7. 26. 선고 2017다289040 판결).

사례의 경우에도 수증자인 지인의 동생은 유증 목적물인 토지에 제3자의 무상 사용권이 있는 채로 유증을 받을 수밖에 없고, 유증 의무자인 상속인들도 제3자의 권리가 있는 상태로 토지의 소유권 이전 등기를 해주면 그 의무를 다하는 것입니다. 결국 지인의 동생은 유증 의무자인 상속인들에게 그 사용권의 말소나 건물의 철거를 요구할 수 없는 것은 물론, 제3자에게도 임대료의 지급을 구하거나 건물의 철거 등을 요구할 수 없습니다.

Tip

민법 참고 조문(제3자가 관련된 유증)

제1085조(제삼자의 권리의 목적인 물건 또는 권리의 유증)
유증의 목적인 물건이나 권리가 유언자의 사망당시에 제삼자의 권리의 목적인 경우에는 수증자는 유증의무자에 대하여 그 제삼자의 권리를 소멸시킬 것을 청구하지 못한다.

Q 70

반려견을 돌봐줄 사람에게
재산을 주고 싶습니다

저는 사랑하는 반려견 한 마리를 키우면서 의지하고 사는 맹렬 독신
여성입니다. 평생 열심히 살아온데다 연금도 있어서 죽을 때까지
제 한 몸 지킬 정도의 재산은 마련이 된 것 같습니다.

그런데 어느 날 문득 제가 죽고 나면 제사를 지내줄 사람도 없고,
지금 곁에서 저를 지켜주고 있는 반려견은 누가 보살펴줄까 생각하니
조금은 서글퍼졌습니다. 그래서 제가 갑자기 죽을 경우를 대비해
유언장을 써놓고 싶다는 생각이 들었습니다. 저는 재산의 반 정도를
제 반려견을 보살피면서 저를 위해 제사라도 지내줄 사람이 있다면
그 사람에게 주고, 남은 재산은 좋은 일을 하는 공익 단체에 기부하고
싶은데, 솔직히 제가 원하는 대로 재산이 쓰일 수 있을지 걱정이
되기도 합니다. 이런 경우 앞에서 언급한 형태의 유언이 가능한지,
만약 그렇다면 어떻게 해야 할지 궁금합니다.

> # 부담부 유증이 필요한 경우입니다

현행 민법상 '부담부 유증'이라는 제도를 통해 가능합니다. 즉, 유언을 통해 재산을 증여하고, 증여 받는 자에게 그 가액 범위 내에서 제사를 지내달라거나 반려견을 보살펴달라고 할 수 있습니다. 공익 단체 기부 역시 부담부 유증이나 별도의 유언 집행자를 정하는 방법으로 유언을 한다면 가능할 것입니다.

반려견을 보살펴달라는 유언, 가능할까요?

먼저 제사를 지내달라거나 반려견을 보살펴달라는 유언이 가능한지 살펴보겠습니다. 유언자가 유언으로 재산을 증여하는 것을 '유증'이라고 하고, 증여를 받는 수증자에게 유언 당사자나 그의 상속인인 기타 제3자를 위해 일정한 의무를 이행할 것을 '부담'으로 부과한 유증을 '부담부 유증'이라고 합니다.

민법 제1008조 제1항에 따르면 부담 있는 유증을 받은 자는 유증 목적의 가액을 초과하지 않은 한도 내에서 부담한 의무를 이행할 책임이 있고, 제2항에 따르면 유증 목적의 가액이 한정 승인 또는 재산 분리로 인해 감소될 경우 그 감소된 한도 내에서 부담할 의무를 면한다고 정하고 있습니다. 부담의 가액이 유증 목적물의 가액을 초과하는지 여부는 부담을 이행하는 때의 시가를 기준으로 정합니다. 그래야 갑자기 유증 목적물의 시가가 떨어진다고 해도 수증자가 불이익을 면할 수 있기 때문입니다. 이때 부담의 내용에는 아무런 제한이 없으며, 증여하는 목적물과의 사이에 어떤 견련성을 가져야 하는 것도 아닙니다. 그리고 수증자에게 부여되는 불이익이 금전적 가치를 가질 필요도 없습니다.

따라서 유증을 하면서 수증자에게 유언자의 미성년 자녀가 성년에 달할 때까지 보살피는 일을 부탁하거나 유언자 사후에 제사를 지낼 일을 부탁하는 것과 같이 다양한 형태의 부담을 지울 수 있으므로 의뢰인의 사후에 제사를 지내달라는 부담도 가능할 것입니다. 다만 앞에서 살펴본 바와 같이 유증을 받은 자가 목적물의 가액 범위 내에서 부담을 이행할 책임이 있으므로 증여하는 재산 범위 내에서만 그 의무를 부담하게 될 것입니다.

한편, 부담을 통해 이익을 얻는 자, 즉 수익자가 유언 당사자 또는 그의 상속인이 되어야 하는 것은 아닙니다. 오히려 제3자의 이익을 위해 부담부 유증을 하는 것도 허용이 되며 수익자가 반드시 특정될 필요도 없습니다. 아직 이와 관련한 판례는 없지만 이러한 기준에서 본다면 반려견을 보살펴달라는 부담도 당연히 가능할 것입니다.

과연 유언이 잘 지켜질 수 있을까요?

두 번째, 이렇게 유언했을 때 과연 그 내용이 잘 지켜질지 살펴보겠습니다. 현재 독신이라면 상속 순위는 부모, 형제자매 순이므로 유언으로써 상속인에게 부담을 부과해 유증을 하는 것도 가능하고, 상속인이 아닌 제3자를 정해 부담부 유증을 하는 것도 가능합니다.

만약 이러한 부담부 유증을 이행하지 않는 경우 민법은 상속인이나 유언 집행자가 있다면 유언 집행자가 수증자에게 부담의 이행을 청구할 수 있고, 유언자가 별도로 부담의 이행 청구권자를 지정할 수도 있기에 이러한 방법으로 유언하는 경우 유언은 지켜질 수 있습니다.

그럼에도 불구하고 부담부 유증을 받은 수증자가 부담 의무를 이행하지 않는다면 상속인 또는 유언 집행자가 유언의 취소를 구할 수 있는 일정한 절차가 민법에 마련되어 있습니다. 그렇기 때문에 부담부 유증은 지켜질 가능성이 매우 높은 편입니다.

상속 재산을 공익 단체에 기부할 수 있을까요?

마지막으로 상속 재산 중에서 증여하고 남은 재산에 대해 공익 단체에 기부하는 일은 민법상 유언 사항으로 정하고 있으므로 당연히 가능합니다. 이 경우 부담을 부과해 유증을 하는 방법도 있고, 별도의 유언 집행자를 선정하는 방법도 모두 가능합니다. 다만, 앞에서 언급한 모든 경우에서 상속인들의 유류분을 침해하는 일이 발생한다면 별도 유류분 청구 대상이 될 수 있으므로 유언할 때 이러한 점을 반드시 유의하기 바랍니다.

Q 71 며느리에게 이혼하지 않는 조건으로 상속이 가능할까요?

얼마 전 아들이 바람이 나서 집을 나갔습니다. 사실 제 아들이 정말 문제입니다. 도대체 그런 이상한 여자가 어디가 좋다고 그 난리인지 그 여자에게서 자식이라도 낳아오지는 않을까 걱정에 잠이 오지 않을 정도입니다. 저는 젊어서부터 사업을 하여 재산이 몇백 억대가 되는지라 이 재산을 제대로 지키려면 아들이 정신을 차려야 하는데, 마음대로 되지 않으니 어찌해야 할지 모르겠습니다. 불행 중에 다행인 것은 그래도 며느리는 잘 얻었습니다. 힘든데도 손주들을 잘 키우고 있어서 고민 끝에 재산을 아들에게 주지 않고 며느리와 손주들에게 상속을 하는 것이 더 낫지 않을까 하는 생각을 하고 있습니다.

그런데 며느리가 아들과 이혼을 하고 재혼을 한다면 손주들에게 주는 것도 위험할 것 같아 손주들에게 주되, 며느리에게 이혼하지 않을 것과 재혼하지 않을 것을 부담으로 유언을 해서 상속하고 싶습니다. 법적으로 이것이 가능한지 궁금합니다.

> # 공서 양속에 위반되는 부담부 유증은 허용되지 않습니다

며느리와 손주에게 유언으로 상속하는 방법은 가능합니다만, 아들이 상속 결격자가 되지 않는 한 상속인의 법적 권리가 있으므로 아들에게 전혀 상속하지 않는 경우 유류분 청구 소송이 들어올 수 있습니다. 또한 며느리에게 이혼과 재혼을 하지 않을 것을 부담으로 하는 것은 공서 양속에 위반되는 부담이므로 이러한 것은 허용되지 않습니다.

부담부 유증의 의미와 부담부 유증이 무효인 경우

유언자가 유언으로 재산을 증여하는 것을 '유증'이라고 하고, 증여를 받는 수증자에게 유언자 자신이나 그의 상속인 기타 제3자를 위한 일정한 의무를 이행할 것을 '부담'으로 부과한 유증을 '부담부 유증'이라고 합니다.

민법상 부담의 내용에 특별한 제한은 없습니다. 부담과 유증 목적물 사이에 견련성이 있어야 하는 것도 아니고 수증자에게 가해지는

불이익이 금전적 가치를 가질 필요도 없으므로 다양한 형태의 부담을 지울 수 있습니다. 그러나 예를 들어 착하게 살아라, 나쁜 짓을 하지 말아라와 같이 도덕적 유훈에 불과한 것은 부담이라고 할 수 없고, 불능이거나 공서 양속 위반 또는 강행 법규 위반에 해당하는 내용의 부담을 지우는 것은 허용되지 않습니다. 가령 대를 이을 것을 명하거나 특정인과 혼인할 의무를 지우는 부담은 허용이 안 되며, 범죄를 저지르는 등 강행 법규 위반 부담 또한 허용이 안 됩니다. 이혼과 재혼을 하지 않을 것 역시 개인의 혼인의 자유와 행복 추구권을 침해하는 것이므로 공서 양속에 반하는 부담에 해당되어 무효라고 봐야 할 것입니다.

부담만 무효라고 할 수 있는지에 대해

그렇다면 이러한 경우 부담이 무효라면 부담부 유증 전부가 무효로 되는 것일까요? 현재 민법 일부 무효 법리에 따르면 본래 일부 무효라도 전부 무효로 되는 것이 원칙이며, 부담이 없었더라도 유증을 했을 것이라고 인정되는 때에만 유증은 여전히 유효하다고 해석해야 할 것입니다. 현재 이에 대한 판례가 없어 학설만 있을 뿐인데, 통설은 부담이 없었다면 유증도 하지 않았을 것이 인정되는 경우에만 유증 전부가 무효로 된다는 입장입니다. 즉, 이처럼 특별한 사정이 없는 경우라면 부담만 무효이므로 부담이 없는 단순한 유증으로써 효력은 인정행하리라는 것이 통설의 태도입니다.

따라서 이혼과 재혼을 하지 않을 것을 부담으로 하지 않았다면 유증도 하지 않았을 것이라고 인정되는 경우만 유증 전부가 무효로 됩니다. 그러므로 단순히 이혼하지 않을 것, 재혼하지 않을 것을 약속해서 이를 믿고 부담부 유증을 했다는 사정만으로는 전부 무효로 보지 않을 것이기 때문에 이러한 부담부 유증을 며느리에게 하는 것은 상속인으로서는 그 뜻이 제대로 실현되지 않을 우려가 있는 위험한 유증이라고 해야 할 것입니다.

유효라고 해도 아들은 유류분 청구가 가능합니다

현재 상속인은 직계 존속인 아들이므로 상속 결격 사유가 인정되어 상속 결격자가 되지 않는 한 아들에게 상속권이 있습니다. 따라서 며느리와 손주에게 유증은 가능하지만 그 범위가 아들 상속권의 1/2을 침해하는 경우 유류분에 기해 수증자인 며느리와 손주에 대한 반환 청구가 가능합니다. 역시 아들에게 유류분에 못 미치는 정도의 일정 재산을 유증하면서 유류분에 기한 권리 행사를 하지 않도록 부담으로 부과하는 것 또한 강행 법규에 반하므로 인정되지 않을 것입니다.

유증 받은 남편이 시부모보다
먼저 사망하고 말았습니다

저는 결혼한 지 10년이 된 50대 여성입니다. 늦은 나이였지만 전처와 사별했다는 남편이 워낙 착해 보이고 애들도 다 커서 둘이서 재밌게 오손도손 남은 인생을 친구처럼 같이 보낼 수 있겠다 싶어서 결혼을 결심하게 되었습니다. 그런데 얼마 전 남편이 갑자기 급성 패혈증으로 사망을 하게 되었습니다. 남편 나이는 60인데, 요즘 세상에 60이면 젊은 나이인지라 너무도 황망해 정신을 차리지 못할 지경입니다.

남편은 정말 착하고 효자였습니다. 4형제 중 막내임에도 불구하고 형들과 누나가 모두 해외에서 살다 보니 여태껏 불평 한마디 없이 시부모님을 모시고 살았습니다. 같은 집에서 모시고 살았기에 남편 명의로 집 한 채는 물론이고 방 한 칸도 없고, 남편이 번 돈은 모두 부모님과 같이하는 생활비에 들어갔습니다. 물론 제 명의로 아무것도 없기는 마찬가지입니다. 그래서 평소 시아버지는 "내 명의로 있는 집과 건물은 모두 죽으면 막내를 줄 것이다"라고 말씀하셨고, 언뜻 그렇게 유언장도 작성하셨다고 들은 것 같습니다.

　만약 정말 그렇다면 남편이 먼저 죽었어도 저는 걱정하지 않아도 될까요? 이미 유언이 있으니 저와 지금 남편의 자녀들은 그 유언으로 보호받을 수 있는 것은 아닐지 궁금합니다.

A 양소영 대표 변호사

대습 유증은
받을 수 없습니다

현행 민법은 유증의 경우 유언자의 사망 전에 수증자가 먼저 사망하면 효력이 상실되는 것으로 규정하고 있어 대습 유증은 받을 수 없습니다. 하지만 의뢰인은 사망한 남편의 대습상속인이 되므로 그에 기해 사망한 남편의 상속분과 기여분을 인정받는 방법으로 상속이 가능하다고 할 것입니다.

사망한 자는 유증을 받지 못합니다

만일 시아버지가 자신 명의의 집과 건물을 막내아들에게 증여하는 것으로 유언을 작성했다면 이는 유증에 해당합니다. 그런데 민법 제1089조 제1항에 의하면「유증은 유언자의 사망전에 수증자가 사망한 때에는 그 효력이 생기지 아니한다」고 규정하고 있습니다. 유증에 관해 동시 존재 원칙을 선언한 조문으로서 수증자가 유증자보다 먼저 사망하거나 동시에 사망한 경우에도 유증은 효력이 생기지 않습니다. 또한 유증을 하면서 조건이나 기한을 정한 경우 민법 제1089조 제2항은 역시 그 조건이나 기한 도래 전에 사망한 수증자는 유증을 받지 못한다고 규정하고 있습니다.

보충 유증으로 볼 수 있는 경우라면 가능합니다

그럼 상속에서 대습상속을 인정하는 것과 같이 대습 유증도 가능할지 살펴보겠습니다. 상속의 경우에는 이미 사망한 자가 피상속인의 직계 비속이나 형제자매인 경우에는 그의 배우자와 직계 비속이 '대습상속'을 받을 수 있습니다.

반면, 유증에 관해서는 그와 같은 내용의 '대습 유증'을 인정하는 내용의 특별 조문이 없고, 오히려 수증자의 사망으로 유증이 바로 효력을 잃게 됨을 명시하고 있으므로 대습 유증은 개시되지 않습니다. 이때 원래 수증자에게 귀속되어야 했던 유증의 목적물은 민법 제1090조 본문에「유증이 그 효력이 생기지 아니하거나 수증자가 이를 포기한 때에는 유증의 목적인 재산은 상속인에게 귀속한다」고 규정하고 있으므로, 결국 상속인에게 귀속됩니다. 즉, 이 목적물은 원래대로 상속인들에게 돌아가 사망한 남편, 막내아들 상속분에 대해서만 '대습상속'으로 그 배우자와 직계 존속이 상속받는 것으로 될 수밖에 없습니다.

다만, 다음과 같은 예외는 있습니다. 민법 제1090조는 단서로써 「유언자가 유언으로 다른 의사를 표시한 때에는 그 의사에 의한다」고 규정하고 있습니다. 따라서 유언자가 사망 전에 수증자가 먼저 사망해 유증이 효력을 발생하지 않게 되는 경우라도 유증 목적물이 사망한 수증자의 배우자나 직계 비속 등에게 귀속될 수 있다는 취지의 유언을 한다면 민법 제1090조 본문의 적용이 배제됩니다. 이와 같이 유언자의 명시적 의사 표시에 따라 사실상 대습 유증이 개시되는 경우를 '보충 유증'이라고 부릅니다.

대습상속과 상속인의 기여분 주장도 가능합니다

마지막으로 유증은 인정되지 않더라도 대습상속은 이루어지므로 대습상속인으로서 사망한 남편, 즉 피대습자의 기여 행위에 기해 기여분을 청구할 수 있다고 봄이 타당할 것입니다. 대습상속인의 대습상속분은 피대습자가 받을 수 있었을 상속분이고 기여분의 취지가 공동 상속인의 공평 실현 등이기 때문입니다. 사망한 남편이 특별히 아버지를 부양하거나 재산의 유지 또는 증가에 기여한 점이 있다면 이를 잘 입증해 기여분을 인정받아 억울하지 않도록 할 수 있을 것입니다.

Q 73

어머니의 구수 증서 유언이
무효라고 합니다

어머니가 아프셔서 구수 증서에 의한 유언으로 어머니를
모시던 집을 저에게 증여하는 것으로 유언을 작성해주셨습니다.
그런데 구수 증서에 의한 유언은 '질병 등 급박한 사정이 있는
경우'에만 하는 것이고, 구수 증서 당시 어머니가 의사 능력이나
언어 능력, 신체 능력 등에 별다른 문제가 없었기에 무효라는
1심 판결을 받았습니다. 정말 당황스럽습니다.
이런 경우 유언이 무효라고 하더라도 사인 증여로 보는 경우
효력을 인정받을 수 있다고 하던데, 가능할까요?

사인 증여로 볼 수 있다면 효력이 있습니다

사인 증여는 유증과 달리 계약이므로, 유언 당시 의뢰인의 어머니가 증여하겠다고 했을 때 승낙의 의사 표시를 했고, 2명의 증인이 의뢰인이 승낙의 의사 표시를 했는지 증언할 수 있다면 항소심에서 다투어 볼 수 있을 것입니다. 그러나 사망 전에 승낙의 의사 표시를 했음을 입증하지 못한다면 인정되기 어려울 것으로 판단됩니다.

먼저 유증과 달리 사인 증여는 엄격한 요식성을 필요로 하지는 않습니다. 유증이란 유언에 의해 재산을 무상으로 증여하는 행위를 말하는데, 유증은 계약이 아닌 '유언'이란 엄격한 요식 행위에 의해 증여를 받게 되는 것이고 상대방이 없는 단독 행위입니다. 이와 달리 사인 증여는 생전에 증여자와 수증자 사이에 '증여 계약'이 체결되었으나 증여의 효력이 사망한 때 비로소 발생하는 상대방이 있는 계약입니다. 두 제도가 무상으로 증여를 한다는 점, 사망으로 인해 효력이 발생한다는 점이 비슷하다 보니 민법은 제562조에 사인 증여의 경우에도 유증의 규정으로 준용한다고 규정하고 있습니다. 그뿐만 아니라 만약 달리 취급할 경우 우리 민법은 유증에 관해 엄격하게 규정하고 있어 제한을 두고 있는데, 왜냐하면 교묘하게 빠져나갈 염려가 있기 때문입니다.

하지만 민법 제562조가 이렇게 정하고 있음에도 불구하고 두 제도는 성질상 단독 행위와 계약이라는 점에서 본질적 차이가 있다 보니 그대로 유증에 관한 규정을 준용할 수 없는 경우가 있습니다. 우선 가장 큰 차이가 바로 '엄격한 요식성'에 관한 것입니다. 즉, 유언은 엄격히 민법에 정해진 형식을 따르지 않는 경우에는 그 효력을 인정하지 않습니다. 현재 우리나라 판례와 대부분 학설의 태도이기도 합니다. 「유증의 방식에 관한 제1065조 내지 제1072조는 단독 행위임을 전제로 하는 것이어서 계약인 사인 증여에는 적용되지 아니한다(대법원 2001. 9. 14. 선고 2000다66430)」라고 하는 것입니다. 따라서 사인 증여는 엄격한 요식성을 요구하지 않기 때문에 유언으로서는 무효라도 사인 증여로서 효력은 인정되는 경우가 있을 것입니다.

유증과 사인 증여의 차이

1심 판결과 같이 현재 민법과 판례는 구수 증서 유언의 경우 '질병 기타 급박한 사유' 요건을 갖추지 못했다면 무효인 유언이라고 보고 있습니다. 그런데 의뢰인의 질문처럼 이 유언의 내용 중 '증여'와 관련한 부분은 사인 증여라고 볼 수 있습니다. 생전에 증여자가 청약을 하고 수증 받을 자가 그 청약을 승낙한 부분이 확인이 되면 계약은 이미 성립된 것이므로 유언으로서는 효력이 없지만 사인 증여로서는 유효한 계약이 성립되었다고 볼 수도 있는 것입니다.

이와 비슷한 사례에서 실제 대법원은 「무효인 유언을 사인 증여로 보기 위해서는 청약과 승낙 부분만 확인되면 되는 것이고, 한편 이러한 청약과 승낙은 반드시 명시적일 필요도 없으며, 피상속인이 병실에서 구수 증서에 의한 유언을 하는 것을 옆 병실에서 듣고, 수증자가 피상속인에게 '유증을 해줘서 고맙다'고 한 사안에서 사인 증여가 성립되었다(2004두903 판결)」고 판단한 적이 있습니다. 따라서 유언 당시 의뢰인이 승낙의 의사 표시를 했고, 2명의 증인이 의뢰인이 승낙의 의사 표시를 했는지 증언할 수 있다면 항소심에서 다투어볼 수 있을 것입니다. 그러나 유의할 점은 앞선 대법원 사례와 달리 사망 전에 승낙의 의사 표시를 했음을 입증하지 못한다면 인정되기 어려울 것입니다.

청약의 의사 표시를 발신한 후 그것이 상대방에게 도달하기 전에 청약자가 사망한 경우라도 청약의 의사 표시는 여전히 유효하므로(민법 제111조 제2항), 증여자가 생전에 사인 증여의 청약을 한 후 사망한 경우 그의 사후에 청약의 의사 표시를 수령한 수증자가 승낙의 의사 표시를 하면 사인 증여 계약은 유효하게 체결될 수 있다고 할 수 있습니다. 그러나 이는 청약 의사 표시 자체가 유효한 경우라야 그렇다는 것이지 청약의 의사 표시가 '무효인 유언'에 의해 이루어진 것이라면 청약은 있되, 그 청약 자체가 유효하게 성립하지 않은 것으로 봐야 할 것입니다.

실제로 피상속인이 자신의 재산을 모 복지 기관에 기부하겠다는 유언장이 대여 금고에서 발견되었는데, 유언으로서는 성립되지 않았지만 사인 증여로 효력이 있다고 다툰 사안이 있습니다. 이때 법원은 문서를 작성한 것은 증여로써 청약은 있었다고 볼 수 있으나, 그 의사 표시가 상대방에게 도달되었다고 볼 수 없을 뿐만 아니라 유언이 무효라 발신조차 되지 않았으므로 사인 증여 계약이 성립되었다고 볼 수 없다고 판단했습니다.

Part

6

상속, 그 외에
궁금한 것들

상속 기타

Q 74

사망일시가 실제와 다른
경우 어떻게 해야 하나요?

1957년경 어머니가 돌아가신 후 어머니 명의의 부동산에 대해 따로
상속 등기를 하지는 않았습니다. 그런데 이후 어머니의 재산 관계를
정리하던 중, 어머니가 돌아가시고 5년이나 지난 시점인 1962년에
부동산이 매도되어 다른 사람에게 이전 등기가 되었다는 사실을 알게
되었습니다. 그러면서 어머니의 호적을 확인해봤는데 사망일시가
1969년으로 되어 있었습니다. 가족들은 모두 어머니가 1957년경에
돌아가신 것으로 알고 있는데, 왜 호적에는 1969년으로 되어 있는지,
어떻게 부동산은 1962년에 매도가 되었는지 이상합니다. 오래전
일이라 기억이 틀릴 수도 있겠지만, 어머니는 1957년에 돌아가신
것이 맞습니다. 당시 저는 19살이었고, 제가 근무하던 회사에서
조위금을 주기도 했습니다.

저는 현재 부동산 소유자를 상대로 이 땅은 어머니가 돌아가신 후에
매도되었으므로 그 매매는 무효라고 주장하면서 땅을 돌려달라고

하고 있습니다. 하지만 상대방은 어머니와 매매를 한 것이 사실이라면서 이를 거부하고 있습니다. 이러한 경우 어떻게 해야 하나요? 호적상 어머니의 사망일시가 잘못된 것부터 바로잡아야 할까요?

A 이은영 변호사

사망일시의 정정이 필요합니다

가족 관계 등록부에 기재된 사망일시는 진정한 것으로 일단 추정되지만, 다른 일시에 돌아가셨다는 사실을 객관적인 증거로써 증명할 수 있다면 가정 법원의 허가를 받아 사망일시를 정정할 수 있습니다.

의뢰인 어머니의 사망일시는 가족 관계 등록부, 즉 과거 호적에 기재된 날짜가 맞는 것으로 일단 추정됩니다. 그렇다고 바꾸지 못하는 것은 아닙니다. 다른 날짜에 돌아가셨다는 사실을 증명할 수 있는 증거가 있다면 바꿀 수 있습니다(대법원 1986. 10. 28. 선고 81다카296 판결).

유족인 가족들의 진술만으로는 증거가 되기 어렵고, 이를 입증할 만한 객관적인 증거가 필요합니다. 의뢰인은 1957년 모친상으로 인해 근무하던 회사에서 조위금을 받았다고 했는데, 이 사실을 증명할 수 있는 증거(객관적인 기록이나 같이 근무했던 회사 동료의 증언 등)가 남아 있다면 어머니의 사망일시를 정정할 수 있을 것입니다.

객관적인 증거가 있다고 해서 곧바로 정정을 할 수 있는 것은 아닙니다. 이 경우 가족 관계의 등록 등에 관한 법률 제104조 제1항에 의해 가정 법원의 허가를 받아 정정할 수 있습니다(대법원 1993. 5. 22. 자 93스14,15 결정).

> Tip
>
> **가족 관계의 등록 등에 관한 법률**
>
> 제104조(위법한 가족관계 등록기록의 정정)
> ① 등록부의 기록이 법률상 허가될 수 없는 것 또는
>   그 기재에 착오나 누락이 있다고 인정한 때에는
>   이해관계인은 사건 본인의 등록기준지를 관할하는
>   가정법원의 허가를 받아 등록부의 정정을 신청할 수 있다.
> ② 제1항의 경우에 가정법원의 심리에 관하여는
>   제96조제6항을 준용한다.

손해 배상 청구도 가능합니다

물론 그 전이라도 어머니로부터 땅을 매수했다고 주장하는 상대방에 대해 그 매매 계약은 어머니 사망 이후 시점의 매매로서 무효임을 주장하면서, 소유권 이전 등기 말소를 구할 수 있을 것입니다. 민사 소

송에서는 어머니의 사망일시에 대해 이를 입증할 수 있는 객관적인 증거를 제출하면서, 가족 관계 등록부상의 기재와는 달리 매도가 된 1962년에는 어머니가 이미 돌아가셨음을 증명하면 될 것입니다.

또한 소유권 이전 등기의 말소를 구하면서 상대방이 그동안 정당한 권원 없이 토지를 불법 점유한 부분에 대해서는 별도로 손해 배상을 청구할 수도 있습니다. 불법 점유에 대한 손해 배상의 경우, 부동산을 임대했을 때 받을 수 있는 임대료(지료) 상당액을 기준으로 손해액을 계산할 수 있습니다.

Q 75

상속 재산 정리 시 상속 비용과 상속세가 궁금합니다

얼마 전 어머니가 돌아가셔서 장례를 치렀습니다.

아버지는 오래전에 돌아가셨고, 어머니는 혼자 특별한 수입 없이

살고 계신 아파트를 담보로 주택 연금을 받아 생활하셨습니다.

이 아파트를 포함해 상속 재산을 정리하는 법이 궁금합니다.

형제들은 저를 포함해 셋입니다. 상속을 받고 내야 하는 상속세나

장례비 등을 형제들 간에 어떻게 분담해야 할지 또한

알려주시면 좋겠습니다.

상속 재산 정리 먼저, 상속 비용은 그다음입니다

주택 연금을 받은 아파트는 어머니의 사망으로 계약이 종료되며, 주택 금융공사가 아파트를 처분해 그간 지급된 연금 총액을 가져가고 남는 게 있다면 상속인에게 돌려주게 됩니다. 상속 재산을 정리하는 데 드는 비용은 상속 재산에서 지급이 가능하지만, 상속세는 여기에 포함되지 않아 상속인이 부담해야 합니다. 하지만 장례비는 상속 재산에서 지급할 수 있습니다. 의뢰인이 궁금한 점은 크게 2가지로 보입니다. ❶주택 연금을 받은 아파트 등 상속 재산을 정리하는 방법, ❷상속 재산을 정리하는 데 드는 각종 비용을 분담하는 방법입니다.

상속 재산을 정리하는 방법

상속 재산을 정리하는 방법입니다. 먼저, 어머니에 대한 사망 신고를 할 때 '안심 상속 원스톱 서비스(사망자 등 재산 조회 서비스)'를 함께 신청하면 어머니 명의의 상속 재산과 금융권 채무 등을 한꺼번에 확인할 수 있습니다(24쪽 참고).

주택 연금을 받아온 아파트는 부부 중 일방이 사망하면 상대 배우자에게로 계약을 이전시켜 계속 연금을 받을 수 있습니다. 하지만 사례처럼 쌍방이 모두 사망한 경우에는 계약이 종료되며, 연금을 지급한 주택금융공사에서 해당 아파트를 처분해 연금 및 이자를 정산한 후, 남는 금액이 있으면 상속인에게 돌려주게 됩니다. 이때 지급된 연금액이 현재 집값을 초과해도 상속인에게 청구되지는 않습니다.

Tip

주택 연금 받은 아파트 정산 방법

- 주택 처분 금액 > 연금 지급 총액: 남는 부분은 채무자 (상속인)에게 돌아감
- 주택 처분 금액 < 연금 지급 총액: 부족분에 대해 채무자 (상속인)에게 별도 청구 없음

※ 연금 지급 총액 = ① 월 지급금 누계 + ② 수시 인출금 + ③ 보증료 (초기 보증료 및 연 보증료) + ④ 대출 이자(①, ②, ③에 대한)

민법 제998조의2(상속비용)

상속에 관한 비용은 상속재산 중에서 지급한다.

그 외 부동산이나 예금 등이 더 있다면 상속인들이 각각 1/3씩의 상속분으로 상속받게 됩니다. 이때 상속에 관한 비용이 발생한다면 이 금액은 상속 재산 중에서 지급하면 되고, 이 상속 비용을 제외한 나머지 재산을 기준으로 상속을 받을 수 있습니다.

상속 비용의 처리와 상속세

상속에 관한 비용이란 상속 개시 후에 상속 재산의 '관리'와 '청산'에 필요한 비용을 말합니다. 여기에는 상속 재산의 관리 비용, 한정 승인을 한 경우 상속 재산에 관한 공고 및 최고 또는 변제를 위한 비용, 상속인이 존재하지 않는 경우 상속 재산 관리인에 관한 비용이 대표적입니다. 또한 상속 재산의 관리 및 보존을 위해 진행한 소송 비용도 포함됩니다(대법원 1997. 4. 25. 선고 97다3996 판결). 이 비용들은 상속 재산에서 지급하게 되고, 이러한 상속 비용을 제외한 나머지 재산으로 상속이 이루어집니다.

가장 많이 궁금해하는 내용이 상속으로 인한 '세금' 부분입니다. 먼저 상속세는 상속 비용에는 속하지 않습니다. 따라서 상속 재산에서 이를 지급할 수는 없습니다. 상속세는 각 상속인에게 발생한 고유의 채무로 상속인이 부담해야 합니다(대법원 2013. 6. 24. 자 2013스33,34 결정). 또한 상속세 신고를 하기 위해 세무사에게 지급한 수수료도 마찬가지로 상속 비용이 아닙니다(대법원 2014. 11. 25. 자 2012스156,157 결정).

한편, 세금 중에서 상속 재산의 관리 및 청산을 위한 세금이 있습니다. 예를 들면, 한정 승인을 한 상속인이 상속 채무의 변제를 위해 상속 재산을 처분하는 과정에서 부담하게 된 양도 소득세 채무는 상속 비용으로 볼 수 있습니다(대법원 2012. 9. 13. 선고 2010두13630 판결).

마지막으로 장례비는 사망한 피상속인이나 상속인의 사회적 지위와 그 지역의 풍속 등에 비춰 합리적인 금액 범위 내라면 상속 비용으로 볼 수 있고, 묘지 구입비도 장례비로 볼 수 있습니다(대법원 1997. 4. 25. 선고 97다3996 판결; 2003. 11. 14. 선고 2003다30968 판결).

상속인이 없는 경우 상속
재산은 국가가 갖게 되나요?

오래전에 남편과 사별하고 자식들을 키우느라 누굴 만날 생각도 하지
못하고 지금껏 혼자 살아왔습니다. 자식은 둘이지만 다들 살아가기
바빠서 명절에나 얼굴을 봅니다. 혼자 지내는 것도 이젠 힘들고
몸도 안 아픈 데가 없어 요양 병원에 들어온 지 몇 달이 되어갑니다.

여기에 와보니 저 같은 처지의 노인들이 많더군요. 자식들이야
1년에 한두 번 볼까 말까 하지만, 매일 얼굴을 보고 말동무하며
지내는 여기 친구들과는 가족 이상으로 정이 많이 들었습니다.
처음 왔을 때부터 저를 각별하게 챙겨주는 한 분과는 남은 인생을
같이해도 좋겠다는 마음으로 교분을 쌓고 있는데, 우리 아이들은
내심 반기지 않는 것 같습니다.

잘은 모르지만 그분은 자식도 없고 찾아오는 친척도 없는 것
같습니다. 공무원으로 오래 근무해서 연금도 받고 있고 모아놓은
재산도 조금 있다고 하더라고요. 이분처럼 가족이 없는 채로

돌아가시는 경우 재산은 어떻게 되나요? 만일 제가 부부처럼 서로 의지하며 지내면서도 법적으로는 혼인하지 않는다면 나중에 그분이 먼저 돌아가셔도 저는 아무런 상속을 받을 수 없는 건가요?

A 이은영 변호사

상속인이 없는 경우 상속 재산은 국가로 귀속됩니다

상속인이 없는 경우 상속 재산은 국가로 귀속됩니다. 이때 국가가 상속인이 되는 것은 아니며 적극 재산만을 취득합니다. 혼인 신고를 하지 않은 사실혼 배우자는 상속인이 될 수 없습니다. 다만 사실혼 관계를 입증할 수 있다면 각종 유족 연금을 받을 수 있고, 특별 연고자로서 상속 재산에 대해 분여 청구를 할 수도 있습니다.

민법은 상속인이 될 사람과 이들 간의 순위를 정하고 있습니다(민법 제1000조, 제1003조). 먼저 피상속인의 배우자, 직계 비속, 직계 존속,

4촌 이내의 방계 혈족이 상속인이 될 수 있고, 직계 비속이 있는 경우 배우자와 직계 비속이 1순위 상속인이 되고, 직계 비속이 없는 경우 배우자와 직계 존속이 2순위 상속인이 되며, 배우자나 직계 비속, 직계 존속이 없거나 이들이 모두 상속을 포기한 경우 4촌 이내의 방계 혈족이 3순위 상속인이 됩니다.

이러한 상속인이 없는 경우에는 어떻게 될까요? 이에 대해서 민법은 자세한 규정을 두고 있습니다. 결론부터 이야기하면 상속인도 특별 연고자도 없는 경우 상속 재산은 국가에 귀속됩니다(민법 제1058조 제1항). 이 경우 국가가 상속인이 되는 것은 아니며 국가는 적극 재산만을 취득합니다. 따라서 상속 채권자 등은 국가에 대해 변제를 청구할 수 없습니다(민법 제1059조).

국가의 상속 재산 취득 과정

국가는 다음과 같은 절차를 거쳐 상속 재산을 취득합니다. 먼저 민법 제777조 친족이나 이해관계인, 검사의 청구로 상속 재산 관리인을 선임하고 이를 공고해야 합니다(민법 제1053조). 이러한 공고가 있는 날부터 3개월 내에 상속인의 존부를 알 수 없는 경우 상속 재산 관리인은 일반 상속 채권자와 수증자에게 이를 신고할 것을 2개월 이상의 기간 동안 공고하게 됩니다(민법 제1056조). 그럼에도 상속인의 존부를 알 수 없는 경우 다시 1년 이상의 기간을 정해 상속인 수색 공고를 해야 합니다(민법 제1057조).

상속인 수색 공고를 했음에도 불구하고 상속인이 나타나지 않은 경우 가정 법원은 피상속인과 생계를 같이하고 있던 자, 피상속인의 요양·간호를 한 자, 기타 피상속인과 특별한 연고가 있던 자의 청구에 의해 상속 재산의 전부 또는 일부를 분여할 수 있습니다(민법 제1057조의2). 이를 '특별 연고자에 대한 분여 청구'라고 합니다. 이 청구는 상속인 수색 공고 기간 만료 후 2개월 이내에 해야 합니다.

이와 같이 상속인을 찾기 위한 모든 절차를 밟았음에도 상속인이 나타나지 않고, 특별 연고자에 대한 분여가 없거나 일부 분여를 한 경우 이를 제외한 나머지 재산이 국가로 귀속되는 것입니다(민법 제1058조).

사실혼 배우자의 상속 여부

한편, 동거·부양 등 부부로서 객관적 실체를 갖추었으나 혼인 신고는 하지 않은 '사실혼 배우자'의 경우 상속인이 될 수는 없습니다(대법원 1999. 5. 11. 선고 99두1540 판결). 그러나 사실혼 관계를 입증하면 국민 연금 등 각종 유족 연금의 수혜자가 될 수 있고, 주택 임대차 보호법상 임차인의 지위도 이어받을 수 있습니다. 그리고 앞서 언급한 대로 상속인이 없는 경우에는 특별 연고자로서 상속 재산에 대해 분여 청구를 할 수도 있습니다.

판례상 어느 정도를 사실상 부부라고 봤을까요?

2018드합5872 판결은 「사실혼에 해당하여 법률혼에 준하는 보호를 받기 위하여는 단순한 동거 또는 간헐적인 정교 관계를 맺고 있다는 사정만으로는 부족하고, 그 당사자 사이에 주관적으로 혼인의 의사가 있고 객관적으로도 사회 관념상 가족 질서적인 면에서 부부 공동 생활을 인정할 만한 혼인 생활의 실체가 존재해야 한다(대법원 1995. 3. 28. 선고 94므1584 판결 등)」는 대법원의 기본 입장을 전제로,

「① 원고와 피고는 사건 본인의 임신을 계기로 결혼식 및 출산 준비를 함께했고, 그 과정에 양가의 가족들도 함께한 점,

② 출산 이후에도 원고와 피고가 일정 기간 부부로서의 공동 생활을 유지한 것으로 보이는 점,

③ 원고와 피고의 가족들 간에도 사건 본인의 행사에 참석하는 등으로 가족으로서의 교류가 이루어졌던 것으로 보이는 점 등에 비춰보면, 원고와 피고는 적어도 2016. 7.경부터는 혼인의 의사를 갖고 부부 공동 생활의 실체가 있는 사실혼 관계에 있었다고 봄이 상당하다」라고 했습니다.

장례비용와 부의금
처리 방법이 궁금합니다

저희 아버지는 돌아가실 당시 상속인으로 이혼한 전 부인과의
사이에서 낳은 5남매와 혼인 외 자녀인 제가 있었습니다. 아버지는
돌아가실 때 1,600만 원의 예금 채권을 보유하고 계셨는데, 제가
아버지를 모시고 살다가 아버지가 돌아가신 후에 모두 인출했습니다.
아버지의 장례비용은 1,000만 원이었는데, 부의금으로 400만 원
정도가 들어와서 그것으로 장례비용을 일부 내고, 나머지
600만 원은 혼외자인 제가 혼자 지급했습니다.

결국 저 혼자 장례비용을 부담한 셈인데, 저는 다른 상속인들인
5남매에게 장례비용을 돌려달라고 할 수 있을까요? 참고로 5남매 중
막내는 상속을 포기했습니다.

> # 상속 포기 여부와 장례비용 분담은 상관이 없습니다

결론부터 이야기하자면 의뢰인은 다른 상속인들인 5남매에게 장례비용을 돌려달라고 할 수 있습니다. 서울가정법원에 실제로 제기되었던 소송에서도 법원은 의뢰인과 같은 상황에 놓인 쪽의 손을 들어줘 다른 상속인들에게 상속분의 비율대로 장례비용을 상환하도록 했습니다(서울가정법원 2010. 11. 2. 2008느합86 심판). 부의금은 상속 재산이 아니므로 우선 장례비용에 충당되어야 하고, 상속을 포기하더라도 장례비용은 법정 상속분에 따라 부담해야 한다는 점을 확인해준 의미가 있는 판결입니다. 이에 따르면 장례비용은 상속인인 5남매가 의뢰인에게 상속분대로 상환하고, 의뢰인이 인출한 1,600만 원의 예금은 상속을 포기한 막내를 제외한 나머지 상속인들이 상속분대로, 즉 1/5씩 나누게 될 것입니다.

부의금의 성격

부의금은 부조금, 조위금 등 명칭과 상관없이 유족을 위로하고 장례비

용을 지원하기 위해 유족들에게 증여하는 재산입니다. 그러므로 상속 재산에 포함되지 않고, 아무리 부의금 액수가 많더라도 상속세는 부과되지 않습니다. 그렇다면 장례비용으로 쓰고 남은 부의금을 어떻게 나누어야 할지가 문제인데, 대법원은 상호 부조의 정신에서 유족의 정신적 고통을 위로하고 장례에 따르는 유족의 경제적 부담을 덜어줌과 아울러 유족의 생활 안정에 기여함을 목적으로 증여되는 것으로써, 장례비용에 충당하고 남은 것에 관해서는 특별한 다른 사정이 없는 한 사망한 사람의 공동 상속인들이 각자의 상속분에 따라 권리를 취득하는 것으로 봄이 우리의 윤리 감정이나 경험칙에 합치된다고 판단한 바 있습니다(대법원 1992. 8. 18. 선고 92다2998).

앞서 언급한 서울가정법원 판례에서는 장례비용에 충당하고 남은 부의금을 나누어 갖는 문제에 대해 조금 더 구체적인 기준을 제시했습니다. 부의금 총액이 장례비용보다 많을 경우, 부의금을 받은 비율대로 장례비용을 부담하고, 남은 부의금도 부의금을 받은 비율대로 나누고, 만약 각자 받은 부의금 액수를 알 수 없는 경우에는 평등하게 나누어 가지라는 것입니다.

아무래도 대법원 판결은 나온 지가 좀 오래되었고, 그간 상속인들의 인식도 많이 변했습니다. 상속인들 중에는 부의금을 많이 받는 상속인도 있고, 그렇지 않은 상속인도 있으며, 상속인이 아닌 유족이 부의금을 받는 경우도 있으니 상속분대로 일률적으로 나눌 게 아니라 서울가정법원에서 제시한 기준인 부의금을 받은 비율대로 장례비용도 부담하고, 남은 것도 받은 비율대로 나누는 것이 분쟁의 소지를 줄일 수 있는 공평하고 합리적인 방법이 아닐까 싶습니다.

장례비용이 부의금 총액보다 많은 경우

반면에 사례처럼 장례비용이 부의금 총액보다 많은 경우에는 당연히 부의금을 나누어 가질 일은 없고, 부의금으로 충당되지 않는 장례비용은 상속인들 간에 상속분대로 부담하면 됩니다. 이 경우 상속을 포기해 상속을 받지 않는 상속인도 장례비용을 부담해야 하는지가 문제일 수 있습니다. 이에 대해 법원은 장례비용 부담은 상속에서 근거를 두는 것이 아니라 망인과 친족 관계에서 비롯된 것이기 때문에 상속을 포기했다고 하더라도 장례비용을 부담해야 한다고 명시적으로 판단하고 있습니다. 사례에서 5남매 중 막내가 상속을 포기했지만 장례비용은 부담해야 하는 이유입니다.

구체적으로 계산해보면 사례에서 부의금 400만 원을 장례비용 1,000만 원에 우선 충당하고, 남은 장례비용 600만 원은 상속인들, 즉 의뢰인과 5남매 총 6명이 100만 원씩 부담할 의무가 있습니다. 그런데 의뢰인이 이미 600만 원을 전부 부담했으니 5남매가 각각 100만 원씩 의뢰인에게 상환해야 하는 것이지요.

이와 별도로 의뢰인이 인출한 돌아가신 아버지의 예금 채권 1,600만 원은 의뢰인과 4남매(상속 포기한 막내 제외)가 1/5씩 나누어야 하는데, 의뢰인이 모두 이미 인출했기에 반대로 의뢰인이 4남매에게 320만 원(1,600만 원/5)씩 지급하면 됩니다. 결론적으로 의뢰인은 다른 상속인들로부터 돌려받을 장례비용보다 돌려줘야 할 예금이 더 많아서 분쟁을 제기하지 않는 편이 더 나았을 수도 있습니다.

Q 78

망인이 동의한 장기 기증을
유족이 거부할 수 있을까요?

저희 아버지는 장기를 기증하겠다는 자필 유언을
남기고 돌아가셨습니다. 그런데 저는 아버지의 사체를
훼손하고 싶지 않습니다. 그래서 계속 반대하고 있는데요.
기증자의 의사와 유족의 의사가 다른 경우에도
장기 기증이 이루어질 수 있나요?

A 백수현 변호사

유족이 반대하면
장기 기증을 할 수 없습니다

우리나라는 「장기등 이식에 관한 법률」에서 장기 이식 절차에 관한 규정을 두고 있는데, 장기 등의 적출 요건으로 살아 있는 자의 장기 등은 본인이 동의한 경우에 한해서만 적출할 수 있습니다. 반면에 뇌사자와 사망한 자의 장기 등은 본인이 사망 전에 동의한 경우에도 그 유족이 장기 기증을 명시적으로 반대하지 않으면 장기 적출을 할 수 있도록 규정하고 있습니다. 즉, 본인이 생전에 장기 기증 의사를 명백히 밝힌 경우라도 유족이 명시적으로 거부한다면 장기 적출을 할 수 없도록 법에서 정하고 있는 것입니다. 물론 장기 기증자가 사망 전에 장기 적출에 동의 또는 반대했다는 사실이 확인되지 않는 경우에는 사후에 그 유족이 장기 기증에 대해 동의하면 유족이 대신 장기 기증 등록을 해서 장기 적출을 할 수도 있습니다. 결국 현행법에서는 장기 기증의 실현이 전적으로 유족의 의사에 달려 있는 셈입니다.

이 경우 기증자가 생전에 기증 의사를 명백히 밝힌 때도 유족의 반대로 장기 기증을 하지 못하는 문제가 발생하기 때문에 외국의 경우 기증자의 우선 의사를 존중하고, 장기 이식을 활성화하기 위해 기증자가 사망 전에 장기 기증 의사를 명백하게 밝혔다면 유족들이 기증자의 의사를 거부할 수 없도록 한 규정을 둔 곳도 있습니다. 우리나라에서도 장기 기증을 보다 원활히 하자는 취지에서 유족 내지 가족의 동의 여부를 장기 기증 요건에서 삭제하는 내용의 개정안이 국회에 제출된 적도 있는데 심의 과정에서 무산되기도 했습니다.

망인의 생전 의사 vs 유족의 의사

이와 관련해 의미 있는 논의가 유체의 인도를 다룬 대법원 판결에서 있었습니다. 사안은 '갑이 을과 사이에 3남 3녀를 두고 살다가 을과 떨어져 병과 사실혼 관계로 1남 2녀를 두고 44년을 살다가 사망해 사실혼 배우자인 병의 자녀들이 갑의 유체를 공원 묘지에 안장했는데, 법률상 배우자 을과 사이의 장남이 병의 자녀들을 상대로 망인의 유체 인도를 구한 내용'이었습니다.

이 사안에서 대법원은 다수 의견으로 망인의 장남(장남이 없는 경우 장녀)이 제사 주재자가 되고, 사람의 유체와 유골은 매장, 관리, 제사, 공양의 대상이 될 수 있는 유체물로 제사 주재자에게 승계되며, 망인이 유체와 유골을 처분하거나 매장 장소를 지정한 경우 그 의사는 존중되어야 하나 피상속인의 의사를 존중해야 하는 의무는 도의적인 것에 그치고, 제사 주재자가 무조건 구속되어야 하는 법률적 의무까지 부담한다고 볼 수는 없다고 판단하면서 결국 장남에게 유체와 유골을 인도하도록 판단했습니다. 물론 이 사안에서 "제사 주재자가 피상속인의 의사에 반해 유체, 유골을 처분하거나 매장 장소를 변경하는 것까지 허용할 수 없다"라는 반대 의견도 있었습니다.

저도 개인적으로는 본인의 생전 의사를 더 존중하는 취지의 반대 의견을 지지하는데요. 장기 기증의 활성화를 위해서도 망인의 자기 결정권을 존중하는 방향으로 장기 기증 관련 법규가 정비되어야 하지 않을까 싶습니다.

Q 79

사망 보험금은
상속 재산인가요?

저의 남편은 토지를 양도하고 예정 신고까지는 했지만
양도 소득세를 납부하지 않고 사망했습니다.
저는 남편이 사망하고 10일 뒤 보험 수익자로서 남편의
사망으로 인한 사망 보험금 3억 원을 받았고, 재산 상속 포기 신고도
했습니다. 그러나 국세청에서 제가 보험사에서 받은 사망 보험금을
상속 재산으로 보고 남편이 내지 않은 양도 소득세 2억 원을
결정 고지했습니다. 저는 죽은 남편의 세금을 내야 하나요?

사망 보험금은 상속 재산이 아니라 고유 재산입니다

의뢰인은 상속을 포기했기 때문에 남편의 세금을 내야 할 의무가 없습니다. 물론 의뢰인이 수령한 사망 보험금에 상속세는 부과될 수 있습니다. 일반적으로 보험 계약 시 사망자는 보험금을 받는 사람을 상속인으로 미리 지정하게 되고, 이렇게 보험 수익자로 지정된 상속인은 보험금을 받을 수 있으며, 이렇게 받은 사망 보험금은 상속 재산이 아니라 상속인의 고유 재산입니다.

사망 보험금의 성격에 관해 대법원은 「생명 보험의 보험 계약자가 스스로를 피보험자로 하면서, 수익자는 만기까지 자신이 생존할 경우에는 자기 자신을, 자신이 사망한 경우에는 '상속인'이라고만 지정하고 그 피보험자가 사망해 보험 사고가 발생한 경우, 보험금 청구권은 상속인들의 고유 재산으로 봐야 할 것이고, 이를 상속 재산이라 할 수 없다」라고 판단한 바 있습니다. 그러므로 피상속인이 스스로를 보험 수익자로 지정해놓은 경우에 사망 보험금은 고유 재산이 아니라 상속 재산에 해당합니다.

상속 포기자의 사망 보험금 수령과 납세 의무 승계

의뢰인은 상속을 포기했습니다. 사례에서 사망 보험금은 상속 재산이 아니라 고유 재산이므로 '상속 포기'를 했더라도 그와는 상관없이 사망 보험금을 수령할 수 있습니다. 그리고 상속을 포기한 자가 보험금을 수령한다고 해도 상속 포기의 효력에 영향을 미치지는 않아서 단순 승인으로도 되지 않습니다.

국세청은 상속인이 받은 사망 보험금을 상속 재산으로 보고 의뢰인에게 남편이 내지 않은 세금을 내도록 승계시켰습니다. 대법원은 「남편의 사망으로 받는 사망 보험금은 상속세 과세 대상이어서 마땅히 상속세를 내야 할 과세 대상 자산이지만, 납세 의무가 승계되는 '상속으로 받은 자산'에는 해당되지 않는다」라고 판시했습니다. 즉, 상속을 포기한 의뢰인은 사망 보험금으로 남편이 내지 못한 세금을 낼 의무가 없는 것입니다.

사망 보험금과 상속세 과세 유무

사망 보험금은 상속인의 고유 재산이므로 상속세 과세 대상이 아닐까요? 그렇지 않습니다. 사망 보험금은 상속 재산이 아니라 상속인들의 고유 재산이므로 원칙대로라면 상속세 부과 대상이 아닙니다. 그러나 보험 계약으로 발생한 보험금 수익에 대해서도 과세의 형평을 기하기 위해 상속세 및 증여세법에 과세 규정을 두고 있습니다. 세법에서는 사망 보험금을 상속 재산으로 보는 것입니다. 따라서 피상속인이 보험 계약자가 아니더라도 피상속인이 실질적으로 보험료를 지급했을 경우 피상속인을 보험 계약자로 보아 상속인이 수령한 보험금에 상속세를 부과합니다. 그러나 실질적으로 상속인이 보험료를 부담한 경우 상속세가 과세되지 않습니다. 피상속인이 보험 계약자 및 피보험자일지라도 실질적으로 보험료를 누가 부담했느냐에 따라 상속세 과세 유무가 결정되기 때문입니다.

Q 80

미리 받은 유학비용, 결혼
비용 등도 특별 수익인가요?

저는 3남매 중 둘째로 위로 언니, 아래로 남동생이 있습니다.
아버지가 지난해 돌아가셨는데, 상속 재산을 나누는 문제로 3남매가
갈등을 겪고 있습니다. 언니는 20년 전 대학을 졸업하고 직장 생활을
하다가 결혼했는데, 아버지로부터 대학 학자금과 결혼비용을 모두
지원받았습니다. 막냇동생은 고등학교 때 미국으로 유학을 가서
그곳에서 대학을 졸업했는데, 역시 아버지로부터 미국 유학비용과
결혼비용을 지원받았습니다. 언니는 결혼 후 경제적으로 안정된
삶을 살고 있고, 남동생도 미국에서 고액 연봉을 받으며 여유롭게
살고 있습니다. 둘째인 저는 공부보다는 다른 일을 하고 싶어서
대학 진학을 포기하고 여러 가지 일을 배우다가 바리스타 자격증을
취득했습니다. 그 후 카페에서 일하다가 10여 년 전 아버지로부터
점포 하나를 증여 받아 직접 운영했습니다. 그러다 몇 년 전
금융 회사에 다닌다는 카페 단골손님으로부터 투자하면 몇 배를

불려주겠다는 말에 속아 점포를 담보로 거액을 대출받아 투자했다가 한 푼도 건지지 못하고 점포마저 경매로 넘어갔습니다. 저는 현재 미혼으로 지인의 카페에서 직원으로 일하며 하루 벌어 하루를 살고 있는 형편입니다. 아버지가 남긴 상속 재산으로는 아버지가 사시던 집 한 채가 있는데, 언니와 남동생은 제가 아버지로부터 점포 하나를 미리 증여 받았으니 더 이상 상속받을 게 없다고 다투고 있습니다. 언니나 남동생이 아버지로부터 지원받은 대학 학자금, 유학비용, 결혼비용은 고려되지 않나요?

A 백수현 변호사

특별 수익의 인정 여부에 따라 다릅니다

자녀들이 여러 명일 때, 아버지 생전에 누구는 건물을 받았고, 누구는 주택을 받았고, 누구는 돈을 받았고, 누구는 받은 게 없다면, 그럼에도 불구하고 상속 재산을 자녀들이 상속분대로 똑같이 나누어야 한다면, 아버지 생전에 받은 건물 가액이 주택 가액의 2배라면 애당초 아버지로부터 아무것도 받지 못한 자녀, 시세가 낮은 주택을 증여 받은 자녀 등은 분명 불공평하다고 느낄 수 있습니다.

이는 상속 분쟁을 상담하다 보면 실제로 가장 흔하게 접할 수 있는 '특별 수익자의 상속분' 문제입니다. 피상속인으로부터 받은 증여 또는 유증의 가액을 참작하지 않으면 상속인 사이에 불공평한 결과가 초래될 때, 증여 또는 유증의 가액을 상속의 선급으로 보고 상속분을 산정할 때 고려하는 것입니다.

예를 들어 A는 처 B, 자녀 C와 D를 두고 사망했고, 생전에 C에게 결혼비용으로 4,000만 원을 증여하고, 사망 당시 1억 원 상당의 집을 남겼다고 가정하고 설명해보겠습니다. 배우자의 법정 상속분은 자녀보다 5할이 가산되므로 상속분은 B(3/7), C(2/7), D(2/7)가 됩니다. 그런데 남은 1억 원만 B, C, D가 상속분대로 나눈다면 B, D가 불공평함을 느낄 수 있습니다. 상속 재산에 비해 결혼비용으로 증여한 재산이 적지 않기 때문입니다. 그러나 C가 받은 결혼비용 4,000만 원을 C의 특별 수익으로 본다면, 상속 재산 1억에 C에 대한 특별 수익 4,000만 원을 더한 뒤 각각 상속분을 곱하고, 특별 수익자인 경우 특별 수익을 공제하는 방식으로 계산하면, 결국 C는 상속분이 없습니다.

- B(배우자): (1억 원 + 4,000만 원) × 3/7 - 0원 = 6,000만 원
- C(자녀): (1억 원 + 4,000만 원) × 2/7 - 4,000만 원 = 0원
- D(자녀): (1억 원 + 4,000만 원) × 2/7 - 0원 = 4,000만 원

특별 수익에 대한 판단

그렇다면 무엇이 특별 수익이 될 수 있을까요? 이에 관해 민법에는 별도 규정이 없고, 대법원은 판단 기준으로 「피상속인의 생전의 자산, 수입, 생활 수준, 가정 상황 등을 참작하고 공동 상속인들 사이의 형평을 고려하여 당해 생전 증여가 장차 상속인으로 될 자에게 돌아갈 상속 재산 중 그의 몫의 일부를 주는 것이라고 볼 수 있는지에 의하여 결정된다」고 판시하고 있습니다(대판 2010다66644). 쉽게 말해서 피상속인이 생전에 '나중에 네가 받을 상속분을 미리 주는 거니 나중에 받은 만큼은 빼고 상속을 받아라'는 취지로 준 건지 아닌지를 따져보라는 의미입니다.

이처럼 어떤 건 특별 수익이 되고 어떤 건 안 되는지 명확한 규정이 없기 때문에 소송에서는 늘 문제가 될 수밖에 없습니다. 실제로 상속 분쟁을 다루다 보면 첨예하게 다툼이 있는 부분이기도 합니다. 심하게는 피상속인의 수십 년 치 은행 내역을 조회해 자녀들에게 이체된 돈을 일일이 합산해 특별 수익으로 고려해달라고 주장하는 경우도 있으니까요. 피상속인이 어린 손자의 생일이나 입학식 때 축하한다고 보낸 10만 원, 20만 원까지 찾아내어 특별 수익이라고 주장하는 경우도 있습니다. 물론 피상속인의 생전 자산, 수입, 생활 형편에 따라 다르게 판단될 수도 있겠지만, 일반적으로 간헐적인 생활비 정도의 지원, 적은 액수의 증여까지 일일이 특별 수익으로 고려하지는 않습니다.

특별 수익에서 주로 문제가 되는 것은 혼수 등 결혼비용, 대학 학자금, 유학비용, 생계에 기초가 되는 자금 지원 정도입니다. 하지만 이 경우에도 피상속인의 생전 자산, 수입, 생활 형편 등을 따지고 각 상속인들 간의 형평을 고려해 정할 수밖에 없으므로 일률적으로 특별 수익이다, 아니다를 단정하기는 어렵습니다. 결국 특별 수익은 각 집안마다 다르게 판단될 수 있다가 정답입니다.

사례에서 의뢰인의 아버지가 큰딸과 막내아들에게 대학 학자금, 유학비용, 결혼비용을 지원하면서 상속분의 선급이라 여겼을까요? 분명하지는 않지만 적어도 의뢰인에게 점포를 증여할 때는 큰딸과 막내아들에게 지원한 만큼 지원해준다는 의미가 있었을 것으로 충분히 짐작됩니다. 그렇다면 여기서 의뢰인이 증여 받은 점포를 특별 수익이라고 고려한다면, 큰딸과 막내아들이 지원받은 대학 학자금, 유학비용, 결혼비용도 특별 수익으로 고려해야 형평에 맞겠지요. 물론 그 전에 고인인 아버지의 뜻을 헤아려 분쟁을 최소화하는 게 먼저겠습니다.

특별 수익 관련 판례

① 둘째 딸이 결혼 전후로 자신의 주택에서 어머니(망인)를 모시고 살면서 가사를 도맡아 하고, 돌아가신 아버지 제사를 모시며, 어머니 치료비를 부담하고 간호해온 사례에서, 둘째 딸이 어머니 생전에 어머니로부터 증여 받은 6,200만 원을 특별 수익으로 인정하는 한편, 둘째 딸이 어머니를 모시고 살면서 가사를 도맡아 해오고, 치료비를 부담하고, 간호해온 사정은 출가한 딸과 친모 사이의 통상 예상되는 부양 의무 이행의 범위를 넘는 특별한 부양으로 상속 재산의 유지, 증가에 특별히 기여한 거라고 판단해 기여분을 인정해준 사례가 있습니다(대법원 1998. 12. 8. 선고 97므513 판결).

② 망인 명의의 은행 계좌에서 인출된 약 370여만 원, 상속인의 혼수비용, 상속인 자녀에게 송금한 유학비용과 국내 체류비용 등은 특별 수익으로 볼 수 없다고 판단한 사례도 있습니다(서울고법 2012. 9. 1. 자 2011브145,146 결정). 이처럼 혼수비용, 유학비용 등이 무조건 특별 수익이 되는 건 아닙니다.

③ 피상속인(어머니)이 설계 사무소에 다니던 양자의 도움으로 자신 소유의 역삼동 토지 위에 건물을 신축해 역삼동 토지와 건물을 자신과 양자 각 1/2씩 소유권 이전 및 보존 등기를 하고, 자신 소유의 신당동 점포를 딸에게 증여하고, 그 외에도 딸과 그 가족, 양자와 그 가족 명의로 예금 및 보험을 예치하고, 딸에게 역삼동 건물 일부를 무상으로 사용하게 허락하고, 양자에게 역삼동 건물에서 무상으로 거주하게 하고, 양자가 역삼동 건물을 담보로 6,000만 원을 대출받아 개인 용도로 소비한 사례에서, 양자가 피상속인(어머니)으로부터 증여 받

은 예금, 역삼동 토지, 역삼동 건물을 담보로 대출받아 사용한 6,000만 원, 딸이 피상속인으로부터 증여 받은 예금, 보험, 신당동 점포는 특별 수익으로 판단한 반면, 역삼동 건물 중 1/2 지분은 양자가 신축에 기여한 대가로 취득한 것으로 특별 수익이 아니라고 판단했고, 딸이 역삼동 건물을 무상으로 사용한 이익, 양자가 역삼동 건물에서 무상 거주한 이익은 특별 수익이 아니고, 딸의 남편, 즉 사위가 피상속인으로부터 받은 4,000만 원도 설사 대여 사실을 인정할 수 있더라도 대여금 채권이지 특별 수익이 아니라고 판단한 사례도 있습니다(서울가정법원 2006. 5. 12. 선고 2005느합77).

④ 망인이 혼외자의 어머니에게 부동산 매수 자금을 현금으로 증여한 사례에서, 망인의 상속인들은 망인이 혼외자의 어머니에게 증여한 현금도 실질적으로는 혼외자의 특별 수익으로 봐야 한다고 주장했지만, 법원은 매매 대금 일부를 증여 받았다고 하더라도 그 증여의 경위, 증여된 물건의 가치 및 성질, 수증자와 관계된 상속인이 실제 받은 이익 등을 고려해 실질적으로 상속인에게 직접 증여된 것과 다르지 않다고 인정되는 경우에만 상속인의 직계 존속에게 이루어진 증여를 특별 수익으로 고려할 수 있다고 판단하면서 단지 혼외자의 어머니에게 증여된 현금을 곧바로 혼외자의 특별 수익으로 보지는 않았습니다(서울가정법원 2015. 2. 11. 선고 2012드합9577, 2012드합10379, 2014느합75(병합) 판결).

Q 81

아버지의 분묘가 있는 산은
누구에게 상속되나요?

아버지에게는 증조부와 조부의 분묘가 있는 2,000평 정도의 임야가
있었습니다. 그런데 갑자기 5년 전부터 임야에 도로가 나고 주변에
인가와 공장이 들어서는 등 임야 일대가 개발되기 시작했고, 군청에서
지원해준다는 말에 저와 형은 원래 있던 나무를 베고 잣나무를 심기도
했습니다. 아버지가 돌아가시자 형은 아버지 명의의 임야에 분묘를
만들고 아버지의 유골을 안장했습니다. 저도 평소 아버지가 돌아가시면
저 산에 묻어달라고 했던 말씀이 생각나서 형의 뜻에 따랐습니다.

그런데 형이 뜬금없이 아버지 명의로 된 임야에 아버지의 묘지가
있으니 임야는 제사를 지내는 장남인 자신에게 단독 소유권이 있다고
주장하는 것입니다. 현재 저는 아무리 아버지의 묘가 있다지만 공동
상속인인 저에게도 아버지의 임야에 대한 동등한 소유권이 있다고
하면서 맞서고 있습니다. 증조부, 조부, 아버지의 분묘가 있는 임야는
누구에게 소유권이 있나요?

금양 임야 여부를
확인해야 합니다

임야 일부에 선조들의 분묘가 존재한다고 하더라도 그 주위에 도로가 나고 인가와 공장이 들어서는 등 개발이 되었으며 상속인들도 나무를 베고 잣나무를 심었던 사실로 비춰보면 임야가 전체적으로 선조의 분묘를 수호하기 위해 벌목을 금지하고 나무를 기르는 임야로서 금양 임야라고 보기는 어렵습니다. 따라서 사례의 임야는 금양 임야가 아니라 상속 재산에 해당하고, 공동 상속인인 형과 동생이 1/2씩 상속받게 됩니다.

우리 민법은 '분묘에 속한 1정보 이내의 금양 임야'와 '600평 이내의 묘토인 농지', '족보'와 '제구'의 소유권은 제사를 주재하는 자가 이를 승계한다고 규정하고 있습니다(민법 제1008조의3). '분묘'라 함은 그 내부에 사람의 유골, 유해, 유발 등 시신을 매장해 사자를 안장한 장소를 말하고, 외형상 분묘의 형태만 갖추었을 뿐 그 내부에 시신이 안장되어 있지 않은 경우는 분묘라고 할 수 없습니다. '금양 임야'는 그 안에 설치된 분묘를 수호하기 위해 벌목을 금지하고 나무를 기르는 임야를 의미하며, 1정보는 3,000평입니다. 1정보를 초과하는 금양 임야의 경우 그 초과분은 일반 상속 재산이 됩니다.

'묘토인 농지'는 경작해서 얻은 수확으로 분묘의 수호, 관리비용이나 제사의 비용을 조달하는 자원인 농토여야 하는데, 토지 위에 분묘가 설치되어 있다는 것만으로는 묘토인 토지라고 할 수 없습니다. 묘토인 토지가 600평을 초과하는 경우 초과분은 일반 상속 재산이 됩니다.

금양 임야를 판단하는 기준

'금양 임야'나 '묘토인 농지'인지 여부를 판단하는 기준은 상속 개시 시점입니다. 그러므로 피상속인이 사망 후에 상속 재산인 토지에 피상속인의 묘지가 설치되었다고 해서 그 토지가 금양 임야가 되는 것은 아니며, 상속 개시 후에 묘토로 사용한 경우에도 '묘토인 농지'에 해당하지 않습니다. 또한 금양 임야나 묘토인 농지에 해당하는지 여부는 임야나 농지의 현황과 관리 상태 등에 비춰 판단해야 하고, 임야의 일부만 분묘 수호를 위해 봉사하는 것만으로는 금양 임야에 해당한다고 볼 수 없습니다.

금양 임야나 묘토인 농지에 해당하면 상속 재산이 아니기 때문에 제사를 주재하는 자가 소유권을 승계하게 되고, 여기에 해당하지 않으면 상속 재산이 되어 공동 상속인이 상속분에 따라 상속을 받게 됩니다. 이러한 제사용 재산의 소유권은 재사를 주재하는 자에게 승계되는데, 이때 제사용 재산은 상속분이나 유류분 산정의 기초 재산에 포함되지 않고, 특별 수익으로도 되지 않아 이를 취득한 사람의 상속분에 영향을 주지 않으며, 상속 재산 분할의 대상도 되지 않습니다. 또한 상속세 및 증여세법에 의하면 제사용 재산의 승계에는 상속세가 부과되지 않는데, 제사 주재자를 기준으로 금양 임야와 묘토인 농지의 가액 합계액 2억 원의 한도 내에서, 족보와 제구의 가액 합계액 1,000만 원 한도 내에서 상속세를 면제하도록 정하고 있습니다.

아버지의 유골과 유체는
누구에게 소유권이 있나요?

아버지는 약 40년 전 저와 어머니를 버리고 집을 나가 연락을
끊어버렸고, 다른 여성을 만나 동거하다가 그 사이에 딸을 3명
낳았습니다. 어머니와 저는 약 20년 전 미국으로 이민을 가서 영주권을
취득했는데, 외국에 거주하면서도 장남으로서 의무를 다하고자 매년
한국으로 들어와 선산과 조상들의 분묘를 관리했습니다.

그러다 어느 날 갑자기 아버지가 돌아가셨다는 연락을 받았습니다.
저는 곧바로 귀국해 아버지의 유골을 미리 준비해놓은 선산 묘터에
모시려고 했는데, 딸들이 제가 귀국하기 전 이미 아버지의 유체를 다른
공원묘지 내의 분묘에 매장해버렸습니다. 이 사실을 안 저는 아버지의
유체를 인도해달라고 요구했지만, 딸들은 거부하면서 제가 아버지와
40년간 인연을 끊고 살았고 외국에 거주하고 있다면서 자격이 없다고
주장하고 있습니다.

제가 아버지의 유체를 인도 받아 선산의 묘터에 모실 수 있을까요?

A 이미숙 변호사

제사 주재자에게
소유권이 있습니다

유골, 유체는 제사를 주재하는 자가 승계하게 되는데, 제사를 주재하는 자는 상속인들이 협의로 정할 수 없으면 장남이 됩니다. 의뢰인의 경우 자식들 간에 협의가 되지 않았기 때문에 아버지의 유골, 유체의 소유권은 장남인 의뢰인이 승계하게 됩니다. 따라서 의뢰인은 이복형제들을 상대로 유골, 유체의 인도를 청구할 수 있고, 이복형제들은 장남인 의뢰인에게 아버지의 유골, 유체를 인도해야 합니다.

선조 또는 조상의 유체, 유골 및 망인의 유체, 유골이 제사용 재산으로서 승계 대상인지에 관해 우리 민법은 명백하게 규정하고 있지는 않으나, 대법원은 「사람의 유체, 유골은 매장, 관리, 제사, 공양의 대상이 될 수 있는 유체물로서, 분묘에 안치되어 있는 선조의 유체, 유골은 민법 제1008조의 소정의 제사용 재산인 분묘와 함께 그 제사 주재자에게 승계되고, 피상속인 자신의 유체, 유골 역시 위 제사용 재산에 준하여 그 제사 주재자에게 승계된다(대법원 2008. 11. 20. 선고 2007

다27670 전원합의체 판결)」고 판시했습니다. 따라서 선조 또는 조상의 유체, 유골 및 피상속인의 유체, 유골은 제사 주재자에게 승계가 됩니다.

제사 주재자의 요건

여기서 '제사를 주재하는 자'란 사실상 실제로 제사를 주재하는 사람을 의미합니다. 제사 주재자는 우선적으로 망인의 공동 상속인들 사이의 협의로 정하되, 협의가 이루어지지 않는다면 제사 주재자의 지위를 유지할 수 없는 특별한 사정이 있지 않은 한 망인의 장남이 제사 주재자가 되고, 장남이 이미 사망한 경우에는 장남의 아들, 즉 장손자가 제사 주재자가 되며, 공동 상속인들 중에 아들이 없는 경우에는 망인의 장녀가 제사 주재자가 됩니다(대법원 2008. 11. 20. 선고 2007다27670 전원합의체 판결).

다만 제사 주재자의 지위를 유지할 수 없는 특별한 사정이란, 중대한 질병, 심한 낭비와 방탕한 생활, 장기간의 외국 거주, 생계가 곤란할 정도의 심각한 경제적 궁핍, 평소 부모를 학대하거나 심한 모욕 또는 위해를 가하는 행위, 선조의 분묘에 대한 수호 및 관리를 하지 않거나 제사를 거부하는 행위, 합리적인 이유 없이 부모의 유지 내지 유훈에 현저히 반하는 행위 등으로 인해 정상적으로 제사를 주재할 의사나 능력이 없다고 인정되는 경우를 말합니다.

사례의 경우, 공동 상속인들의 장남인 의뢰인과 이복형제들 간에 제사 주재자에 대한 협의가 이루어지지 않았기 때문에 원칙적으로는 장남인 의뢰인이 제사 주재자가 됩니다. 다만 의뢰인이 외국에 거주하고 있고, 외국 시민권자이며, 아버지와 40년간 인연을 끊은 채 살았다는 점이 제사 주재자의 지위를 유지할 수 없는 특별한 사정이 있는 경우에 해당하는지가 문제인데, 의뢰인이 그동안 수시로 한국을 드나들면서 선조들의 분묘에 대한 관리를 지속해왔고, 아버지가 스스로 집을 나가 아들과 인연을 끊고 살았던 것이지 아들이 아버지의 부양을 거부하거나 제사를 거부하겠다는 의사를 표시하지 않았기 때문에 의뢰인은 제사 주재자의 지위를 유지할 수 없는 특별한 사정이 인정되지 않습니다.

Q 83

상속인이 불명확할 때 상속
재산은 어떻게 처리되나요?

저에게는 생명의 은인이나 다름없는 분이 있습니다.

사춘기 시절 몹시 방황했을 때 가출에 자퇴까지 하려고 했던 저를
여러 번 찾아내시고 끝까지 학업을 포기하지 않게 해주신 은사님이
바로 그분입니다. 성인이 되어 은사님을 찾아갔는데, 그사이
은사님은 사모님과 사별하고 슬하에 자식도 없이 외롭게 지내오셨고
오랜 지병으로 혼자 생활하시기 어려운 상태였습니다. 은사님을
돌봐줄 친인척이 있냐고 여쭤봤지만 은사님은 형제도, 친척도 없다고
하셨습니다. 저는 은사님의 딱한 신세가 마음에 걸려 종종 은사님을
찾아가 말동무가 되어드렸는데, 결국 말년에 은사님은 병원에서
투병을 하다가 돌아가셨습니다. 은사님에게는 가족도 친척도 없다고
들었는데, 은사님의 남은 재산은 어떻게 되는지 궁금합니다.

김자연 변호사

A

특별 연고자에게 분여되거나
국가에 귀속됩니다

사례의 경우처럼 상속인의 존부가 분명하지 않을 때는 피상속인의 친족(상속인이 아닌 친족), 기타 이해관계인 또는 검사의 청구에 의해 가정 법원이 상속 재산 관리인을 선임하도록 되어 있습니다(민법 제1053조 제1항). 여기서 이해관계인에는 피상속인의 채권자나 특별 연고자 등이 포함되고 의뢰인이 피상속인 사망 전 피상속인을 돌봐온 특별 연고자에 해당한다면 피상속인의 마지막 주소지 가정 법원에 상속 재산 관리인 선임을 청구할 수 있습니다.

　가정 법원은 상속 재산 관리인을 선임하고 이를 공고해야 하고(민법 제1053조 제1항 후단), 상속 재산 관리인은 공고일로부터 3개월 내에 상속인의 존부를 알 수 없을 때 일반 상속 채권자와 유증 받은 자에 대해 2개월 이상의 기간을 정하고 그 기간 내에 채권 또는 수증을 신고할 것을 공고해야 합니다(민법 제1056조 제1항). 이와 같은 공고 후 상속 채권자와 유증 받은 자가 나타나면 변제를 하게 됩니다. 이후에도 잔여 재산이 있는 경우에는 관리인의 청구에 의해 1년 이상의 기간을 정해서 상속인이 있으면 그 기간 내에 권리를 주장할 것을 공고(상속인 수색의 공고)해야 합니다(민법 제1057조). 그 결과 상속권을 주장하는 자가 없는 때에는 특별 연고자에게 분여되거나 국가에 귀속됩니다(민법 제1058조).

의뢰인은 은사님의 재산을 상속받을 수 있을까요?

상속인이 없는 경우, 피상속인과 생계를 같이한 자, 피상속인을 요양·간호한 자, 깊은 교제가 있던 자 등은 특별 연고자 재산 분여를 청구할 수 있으나, 단순히 피상속인을 종종 찾아뵙고 소식을 전해 들은 정도라면 특별 연고자에 해당하지는 않습니다. 따라서 피상속인에게 상속인이 없다고 하더라도 특별 연고자 재산 분여를 인정받긴 어려워 보입니다.

어떤 경우에 상속 재산이 국가에 귀속되나요?

가정 법원에 의한 상속인 수색 공고의 정해진 기간 내에 상속권을 주장하는 자가 없고, 상속인 수색의 공고 기간이 경과된 후 2월이 지나도 특별 연고자가 상속 재산 분여의 청구를 하지 않는 경우, 또는 재산 분여의 청구가 있었으나 각하 또는 일부 분여를 인정하는 심판이 있는 경우에 잔여 상속 재산은 국가에 귀속됩니다(민법 제 1058조 제1항).

피상속인에게 빌려준 돈,
상속인의 채권자보다 우선해서
받을 수 있을까요?

저는 같은 동네에서 친하게 지내던 후배 A에게 1억 원을
빌려주었습니다. 그런데 얼마 전 A가 교통사고로 사망했습니다.
A에게 가족이라고는 아들 하나뿐이라 재산은 전부 그 아들이
상속받는다고 들었습니다. 평소 A는 아들이 도박을 하고 사채도
쓴다며 걱정이 많았었는데, 혹시라도 그 아들에게 채무가 많아서
제가 변제받기 어렵지는 않을까 잠이 오지 않습니다.
A에게는 시가 2억 원 상당의 집 한 채가 있고, 저는 A로부터 받아둔
차용증과 A에게 돈을 이체한 금융 거래 내역이 있습니다.
제가 후배의 재산에서 먼저 변제를 받을 방법이 있을까요?

재산 분리를 청구합니다

의뢰인은 후배의 재산에서 먼저 변제를 받을 수 있습니다. 후배 A의 사망으로 상속이 개시된 날로부터 3개월 내에 가정 법원에 재산 분리를 청구해 상속 재산과 상속인의 고유 재산을 분리하는 결정을 받는다면 피상속인의 상속 재산에서 상속인의 채권자보다 우선해서 변제받을 수 있습니다.

피상속인이 사망해 상속이 개시되면 상속인은 피상속인의 재산에 관한 포괄적 권리 의무를 당연히 승계하게 되고(민법 제1005조), 그 결과 상속 재산(피상속인의 재산)과 상속인의 고유 재산에 혼합이 일어납니다.

이때 상속인의 고유 재산이 채무 초과이면 상속으로 인한 상속 재산과 고유 재산의 혼합은 상속 채권자(의뢰인과 같은 피상속인의 채권자)에게 손해가 되고, 반대로 상속 재산이 채무 초과이면 상속인의 채권자에게 손해가 됩니다. 이렇게 피상속인 또는 상속인 각각의 고유 재산을 믿고 거래한 채권자가 상속으로 인해 불이익을 받는 일이 없도록 민법은 상속 채권자나 유증을 받은 자 또는 상속인의 채권자가 상속이 개시된 날로부터 3월 내에 상속 재산과 상속인의 고유 재산의 분리를 법원에 청구할 수 있도록 규정하고 있습니다(민법 제1045조 제1항).

재산 분리 신청 및 처리 방법

재산 분리 청구권자는 상속이 개시된 날로부터 3월 내에 상속 개시지(피상속인의 주소지) 가정 법원에 재산 분리를 청구해야 합니다. 만일 피상속인의 주소가 외국이었다면 대법원 소재지의 가정 법원이 그 관할 법원이 되므로 서울가정법원에 신청하면 됩니다.

재산 분리 청구는 라류 가사 비송사건으로 심문 없이 재판이 가능하고, 심판이 확정되면 그 뜻을 가정 법원 게시판에 게시하고 관보에 게재하며 가정 법원이 특히 필요하다고 인정하는 때에는 신문에도 게재할 수 있습니다.

재산 분리의 효과

상속 재산 분리가 되면, 상속인은 상속 재산에 대한 처분 권한을 상실하게 되며, 이를 처분하더라도 무권리자로서 그 처분 행위는 무효가 됩니다. 다만 부동산의 경우 상속 재산 분리를 등기하지 않으면 상속 재산이 분리되었다는 사실로써 제3자에게 대항할 수 없습니다.

또한 재산이 분리되면 상속 재산에 대한 청산 절차가 개시되는데, 상속인은 상속이 개시된 때부터 상속 재산의 분리 청구 기간과 유증에 대한 공고 기간(2월 이상)이 만료하기 전에는 상속 채권자와 유증 받은 자에 대해 변제를 거절할 수 있습니다(민법 제1051조 제1항). 하지만 기간이 만료된 후에는 상속인은 상속 재산 분리를 청구했거나 그 기간 내에 신고한 상속 채권자, 유증 받은 자에 대해 각 채권액 또는 수증액의 비율로 변제해야 하고(민법 제1051조 제2항 본문), 특히 질권, 저당권 등의 우선권이 있는 채권자에 대해서는 상속 재산으로써 우선적으로 변제해야 합니다(민법 제1051조 제2항 단서).

소송 중에 상대방이
사망했습니다

① 소송 중 상대방 당사자가 사망한 경우 재판은 어떻게 되는지
궁금합니다. 또 대리인이 있는 경우와 상속인의 존부가 분명하지
않은 경우에는 어떠한 차이가 있나요?

② 수년 전 돈을 빌려준 친구와 연락이 되지 않아 소를 제기했는데,
알고 보니 이미 사망한 후였습니다. 이러한 경우에는
어떻게 처리되나요?

각각의 경우에 따라
대처 방법이 다릅니다

소송 계속 중에 당사자가 사망한 경우

소송 계속 중에 당사자가 사망한 경우에는 사망한 당사자에게 소송 대리인이 있는 경우와 없는 경우로 그 처리 방법이 달라집니다. 소송 중 당사자가 사망하면 소송 절차가 중단되고, 상속인이나 상속 재산 관리인 등이 소송 절차를 수계해야 합니다. 그리고 상속인이 상속 포기를 할 수 있는 기간 동안은 소송 절차를 수계하지 못합니다(민법 제233조). 따라서 소송 계속 중 당사자가 사망했는데 소송 절차를 중단하지 않고 판결이 선고되었다면 상소 또는 재심에 의해 그 취소를 구할 수 있습니다(대법원 2013. 11. 14. 선고 2003다34038 판결).

그러나 당사자가 사망했더라도 소송 대리인이 있는 경우에는 소송 절차가 중단되지 않고(민법 제238조), 소송 대리인의 소송 대리권도 소멸하지 않습니다(민법 제95조). 이때 망인의 소송 대리인은 당사자 지위의 당연 승계로 인해 상속인으로부터 새로이 수권을 받을 필요 없이 법률상 당연히 상속인의 소송 대리인으로 취급되어 상속인들 모두를 위해 소송을 수행하게 됩니다. 만일 법원이 당사자의 사망을 간과해 망인을 그대로 당사자로 표시해서 판결했다고 하더라도 그 판결의 효력은 망인의 소송상 지위를 당연 승계한 상속인들 모두에게 미치게 됩니다(대법원 2010. 12. 23. 선고 2007다22859 판결 등 참조).

상속인의 존부가 명확하지 않은 경우

만일 소송 중 당사자가 사망했는데 상속인의 존부가 명확하지 않은 경우, 민법 제1053조 제1항은 「상속인의 존부가 분명하지 아니한때에는 법원은 제777조의 규정에 의한 피상속인의 친족 기타 이해관계인 또는 검사의 청구에 의해 상속재산관리인을 선임하고 지체없이 이를 공고하여야 한다」고 규정하고 있고, 이러한 상속 재산 관리인은 민사소송법에 따라 소송을 수계할 수 있는 것이므로 법원은 소송 절차를 중단한 채 상속 재산 관리인의 선임을 기다려 그로 하여금 소송을 수계하도록 해야 합니다(대판 2002. 10. 25. 2002다21802).

사망한 당사자에게 민사 소송을 제기한 경우

의뢰인의 ❷번 사례와 같이 채권자가 채무자의 사망 사실을 모른 채 민사 소송을 제기한 경우, 즉 상속 채권자 등이 피상속인을 피고로 해서 소를 제기할 당시 이미 피상속인이 사망했다는 사실을 원고인 상속 채권자가 모르고 있었다면 상속인들을 피고로 해서 당사자 표시 정정 신청을 할 수 있습니다. 실제 재판에서는 피상속인을 피고로 소를 제기한 이후 송달 불능 등의 사유로 주소 보정을 하면서 당사자의 사망을 알게 되는 경우가 많고, 이때에는 법원에 사실 조회를 신청해 채무자의 상속인을 찾아 상속인으로 당사자 표시 정정을 한 후 상속인에게 소장을 송달하게 됩니다.

사례처럼 개인에 대한 채무인 경우는 금융 기관에 대한 채무와 달리 상속인이 알지 못하는 경우가 상당하고 소장을 받고 나서야 채무 존재를 알게 되는 경우가 많습니다. 이때 상속인들은 상속 개시 시로부터 이미 3개월이 지나 상속 포기를 할 수 있는 기한이 지났다고 하더라도 소장을 받기 전까지는 채무의 존재를 몰랐다는 사실을 입증해서 소장을 받은 날로부터 3개월 내에 한정 승인 또는 상속 포기 신고를 할 수 있습니다(민법 제1019조 제3항).

Q 86

유언과 다르게 이장을
하고 싶습니다

저희 아버지는 오랜 기간 외도를 하면서 조강지처인 어머니를
고통스럽게 했고, 결국 어머니와 아들인 저를 버리고 다른 여자와
살림을 차려 자식까지 낳았습니다. 그래도 어머니는 저를 위해서는
가정을 지켜야 한다며 이혼을 하지 않으시고 아버지의 사과도 받지
못하신 채 돌아가셨습니다. 그런데 얼마 전 작은아버지로부터 기막힌
연락을 받았습니다. 지난달에 아버지가 돌아가셨는데, 아버지의
동거녀와 이복동생들이 그 사실을 저뿐만 아니라 친척들에게도 거의
알리지 않은 채 장례를 치렀다고 하더군요. 뒤늦게 작은아버지와
함께 찾아가서 보니 선산도 아닌 소규모 납골당에 아버지의 유골이
모셔져 있었고, 유언장 또한 아버지의 건강이 좋지 않을 때 급하게
작성되어 재산은 모두 이복동생들 명의로 이전된 상태였습니다.
그리고 납골당에 모신 이유도 아버지가 유언한 대로 따랐다고 합니다.
우선 저는 재산적인 부분은 차치하고서라도 어머니가 마지막까지

저를 집안의 장남으로 남겨두고자 하신 의미나, 돌아가신 이후라도
어머니가 선산에 집안의 며느리와 조강지처로서 아버지 곁에 묻히고
싶어 하셨던 뜻을 기려 아버지의 유골이라도 선산으로 다시 모셔오고
제가 제사도 지내고 싶습니다. 제가 지금 집안의 장남으로서
제사 주재를 하고, 아버지의 유골을 납골당에서 모셔와 선산 어머님
무덤 옆에 묘를 만들면 법적으로 문제가 될까요?

A 이현지 변호사

유언장상 유체·유골의 처분
내용은 법적 의무가 아닙니다

의뢰인은 제사 주재자이자 유골의 승계자로서 아버지의 유골을 모셔
다가 선산에 묘를 쓸 수 있습니다. 우리나라 법원은 우선 제사 주재자
가 누구인지에 관해 공동 상속인들 중에서 협의에 의해 정하되, 협의
가 이루어지지 않으면 장남, 장남이 사망했으면 증손자, 아들이 없으

면 장녀가 제사 주재자가 된다고 정하고 있습니다. 그리고 망인의 유체·유골은 제사 주재자에게 승계가 되는데, 망인이 유언으로 처분이나 매장 장소로 별도로 지정한 경우에도 그 의사를 존중하는 것이 좋겠지만 그렇다고 해서 제사 주재자가 그 유언에 따르는 것이 법률적인 의무는 아니라고 하고 있습니다. 따라서 아버지가 유언으로 본인의 유체·유골 처분의 매장 장소나 방법을 정한 경우라도 이를 존중해야 하는 의무는 도의적인 의무이지 법률적 의무는 아니므로 제사 주재자가 그 의사와 다르게 분묘에 매장한다고 해서 불법은 아니라는 것입니다(대법원 2007다27670 전원합의체 판결).

그런데 사례로 비춰볼 때 이복형제들이 장기간 의뢰인과 아버지가 떨어져 살았던 점을 문제 삼아 장남이지만 제사 주재자로서 결격 사유가 있다고 주장할 수도 있습니다. 법원은 현재의 관습 기준이나 중대한 질병, 낭비와 방탕, 장기간 외국 거주, 생계가 곤란한 정도의 경제적 궁핍, 부모에 대한 학대와 모욕, 분묘 관리 의무 해태 및 제사 거부, 유지 및 유훈에 현저히 반하는 행위를 한 자는 제사 주재자로서 적합하지 못하다고 판단하고 있습니다. 하지만 의뢰인의 경우 아버지의 외도로 부득이 같이 생활하지 못한 점도 있고, 그간 연락이나 왕래가 있었으므로 장남으로서의 위치를 주장할 수 있으리라 여겨집니다.

우리나라 사회가 가부장제의 폐해를 극복하려고 노력하는 모습을 보이고 있는 바, 만일 스스로 연락을 두절하고 가족과 왕래도 하지 않던 아들이 나타나 장남으로서의 권리만을 주장하려 한다면 그러한 권리 주장은 우리나라 법원의 태도에 따르더라도 받아들여지지 않을 수 있음을 참고로 알려드립니다.

이번 주말 관련된 주제를 담고 있는 정승오 감독의 영화 <이장>을 한번 보는 것도 어떨까요?

배우자는 상속보다
재산 분할이 선행되어야 한다 양소영 대표 변호사

실무상 '배우자 상속'과 관련해 불합리하거나 배우자를 보호할 경우들이 있어 현행 민법을 개정할 필요성이 많이 느낍니다.

첫째, 상속받을 자격이 없는 배우자의 경우입니다. 법률상 배우자라면 상속권이 있다 보니 유책 배우자라도 상속을 받을 수 있습니다. 예를 들면 부정행위를 하여 집을 나가 오랫동안 별거를 한 유책 배우자나 평생 폭행을 일삼은 유책 배우자가 이혼 소송을 제기했다고 가정해봅니다. 소송 중 그 상대방이 사고로 사망을 하면 이혼 소송이 종료되어 그 유책 배우자는 여전히 배우자로서 상속권을 갖게 되는 것입니다. 그뿐만 아니라 미성년 자녀들이 있다면 그는 자녀들에 대해서도 친권자로서 지정될 가능성이 매우 큽니다. 그렇다 보니 실제로 모든 상속 재산이 그 유책 배우자의 처분 및 관리하에 들어가버리는 경우도 발생할 수 있으니 억장이 무너질 일입니다.

둘째, 사실혼 배우자는 상속을 받을 수 없다는 점입니다. 이에 대해 그 필요성을 주장하는 사람들이 많음에도 불구하고 2014년 헌법 재판소에서 사실혼 배우자에게 상속권을 인정하지 않는 것이 위헌이 아니라고 하여 당분간 재논의가 어려운 실정이 되어버렸습니다. 그러나 실제 피상속인 명의의 재산 형성이나 유지에 기여한 사실혼 배우자가 보호받을 길이 없어 안타까운 사례들을 종종 상담하게 되어 헌법 재판소 결정이 나왔을 때 매우 유감스러웠습니다. 상담 사례 중 가장 안타까웠던 사례가 기억납니다. 사실혼 배우자로 남편 사업에 보증인으로 되어 있던 경우로, 갑자기 남편이 사망하는 바람에 부인은 보증인으로 부채를 부담해야 하는 실정이 되었습니다. 다행히 사망 보험금이 있었는데 사망 보험금을 '상속인'이 받는 것으로 지정되어 있어 정작 본인은 사망 보험금을 한 푼도 받지 못한 채 부채를 지게 되어 파산 지경에 처한 경우였습니다.

셋째, 독자적으로 생활 능력이 없는 남겨진 배우자를 보호할 필요성입니다. 평균 수명이 증가하다 보니 배우자가 사망할 즈음이면 남겨진 배우자도 고령이어서 상속 재산에 의존해 생활해야 할 경우가 많을 수밖에 없습니다. 특히 우리나라는 여성이 남성보다 평균 수명이 길어 남겨진 배우자가 부인이 되는 경우가 많은데, 거기에 여성은 전업주부가 많아 상속 재산 외 개인의 독립된 재산이나 연금이 없는 경우가 많다 보니 그 보호 필요성이 대두되었습니다. 가령 남편이 갑자기 사망했는데 집이 한 채밖에 없고 자녀가 여럿인 경우는 어떻게 될까요? 어머니는 자녀들이 동의해주지 않는다면 그 집을 자녀들과 나누어 상속해야 하므로 살던 집에서 쫓겨나는 신세가 될 뿐만 아니라, 자녀들에게 부양을 기대해야 하는데 현실적으로 극빈층으로 전락할 위기에 놓일 수 있는 것입니다. 이에 살던 집은 보호받지 못할지라도 전세라도 갈 수 있게 해야 하지 않은가 하는 공감대 속에 2013년 법무부에서 '남겨진 배우자가 혼인 기간 동안 증가한 피상속인의 재산에서 채무를 공제한 액수의 1/2을 선취분으로 먼저 취득하고 나머지 재산을 상속'하는 '배우자선취권'을 담은 개정안을 마련했으나 반발에 부딪혀 좌초되고 말았습니다.

대표적으로 이런 문제점들에 대한 고민이 있던 즈음 윤진수 교수의 『주해상속법』으로 스터디를 하며 많은 입법례에서 이러한 불합리한 점이 있기 때문에 몇몇 나라는 상속이 개시되는 경우 배우자가 있다면 먼저 '부부재산제도에 따른 청산'을 한 이후 상속을 진행하고 있다는 사실을 알게 되었습니다. 우리나라도 조속히 이러한 형태로 민법이 개정되어 배우자 상속의 문제점이 해결될 수 있기를 바라는 마음에서 외국 입법례를 정리했습니다. 아래 자료는 연세대 법학전문대학원 김상용 교수의 2007년 관련 주제 논문과 『주해상속법』 제1권을 통해 정리된 내용을 기초해 서술한 것입니다.

미국의 경우 생존 배우자의 상속 지분을 먼저 떼어놓은 후 남은 부분을 피상속인의 자녀 또는 혈족에게 배분하고 있습니다.

스웨덴의 경우 피상속인에게 배우자와 자녀가 있는 경우에 배우자가 단독 상속인이 된다고 규정하며, 네덜란드 민법은 일정한 예외를 제외하고는 배우자는 사실상 모든 상속 재산을 단독으로 상속하고 자녀들에게는 상속분에 다른 금전 지급 청구권만을 인정합니다.

독일의 경우에는 피상속인의 직계 비속과 공동 상속을 할 경우에는 상속 재산의 1/2, 피상속인의 부모·조부모 및 그 직계 비속과 공동으로 상속할 때에는 상속 재산의 3/4을 상속합니다.

프랑스의 경우에는 피상속인의 자녀(사망 배우자와 생존 배우자 사이의 자녀인 경우)와 공동 상속하는 경우에는 피상속인의 현존 재산 전체의 용익권 또는 1/4의 소유권을 취득할 수 있고, 피상속인의 부모와 공동 상속하는 경우에는 상속 재산의 1/2의 소유권을 취득하며, 피상속인에게 자녀 또는 그의 직계 비속도 없고 부모도 없는 경우에는 상속 재산 전부를 취득합니다.

영국의 경우 피상속인의 배우자가 유족 유산 분여를 신청하는 경우에는 부양의 필요성과 무관하게 '만약 피상속인이 사망한 일자에 혼인이 사망에 의해 해소되지 않고 이혼 명령에 의해 해소되었더라면 청구인이 합리적으로 기대할 수 있었을 급부를 고려'하도록 하여 재산 분할과 비슷하게 배우자의 상속분을 보장하는 기능을 수행하고 있습니다.

일본의 경우 배우자의 상속분은 상속인이 배우자 및 자녀인 때에는 1/2, 배우자 및 직계 존속인 때에는 2/3, 배우자 및 형제자매인 때에는 3/4으로 해서 피상속인의 배우자에게는 항상 상속권을 인정하고, 상속 순위 또한 다른 상속인에 우선하도록 하고 있습니다.

상속 및 법률 용어 정리

고유 재산(固有財産)

상속이나 양도 따위에 의하여 취득한 재산과 구별되는,
본래 가지고 있던 재산.

공동 상속인(共同相續人)

한 사람의 재산을 공동으로 물려받는 사람.

공정 증서(公正證書)

공증인이 법률 행위 및 사권(私權)에 관하여 작성한 증서.
공문서로서 강력한 증거력을 가지며 집행력이 주어진다.

권원(權原)

어떤 행위를 정당화하는 법률적인 원인.

구수 증서(口授證書)

타인이 구술한 내용을 글로 작성한 증서.

기산점(起算點)

기간의 계산이 시작되는 시점.

기여분(寄與分)

공동 상속인 가운데 피상속인의 재산을 유지하거나 늘리는 데
특별히 기여하였거나 피상속인을 특별히 부양한 자가 있을 경우에,
상속분을 산정할 때 이러한 기여나 부양을 고려하는 부분.

기판력(旣判力)

확정된 재판의 판단 내용이 소송 당사자 및 같은 사항을 다루는
다른 법원을 구속하여, 그 판단 내용에 어긋나는 주장이나 판단을
할 수 없게 하는 소송법적인 효력.

단순 승인(單純承認)

상속인이 피상속인의 모든 권리와 의무를 이어받을 것을 인정하는
의사 표시. 상속의 가장 일반적인 형태이다.

대습상속(代襲相續)

추정 상속인(推定相續人)을 대신하여 그 사람의 직계 비속이
재산을 상속하는 일. 추정 상속인이 상속이 시작되기 전에 죽거나
그 밖의 사유로 상속권을 잃었을 때 행한다.

법정 상속분(法定相續分)

법률에 정해진 상속분.

본위 상속(本位相續)

상속인과 피상속인 사이에 다른 사람을 두지 않고
본디의 순위로써 하는 상속.

부담부 유증(負擔附遺贈)

유언에 따라 받을 사람에게 일정한 급여를 할 부담을 지우고 물려주는 일.

부양 의무(扶養義務)

일정한 친족 간에 인정되는 생활 보장의 의무.

사인 증여(死因贈與)

증여자가 사망하면 효력이 발생하는 증여.

상속(相續)

일정한 친족 관계가 있는 사람 사이에서, 한 사람이 사망한 후에
다른 사람에게 재산에 관한 권리와 의무의 일체를 이어 주거나,
다른 사람이 사망한 사람으로부터 그 권리와 의무의 일체를 이어받는 일.

상속 결격(相續缺格)

상속권을 상실하는 일. 민법에서는 피상속인 등을 죽였거나
죽이려고 한 것, 상속에 관한 유언을 위조 또는 변조한 것 따위를
상속 결격 사유로 정하고 있다.

상속 등기(相續登記)

소유권이나 지상권 따위의 부동산 물권이 상속으로 인하여
피상속인으로부터 상속인으로 이전하였다는 것을 나타내는 등기.

상속 재산(相續財産)

상속에 의하여 상속인이 피상속인으로부터 물려받는 재산.

상속 채권자(相續債權者)

상속에 의하여 상속인의 채권자가 된, 피상속인의 채권자.

상속 채무(相續債務)

상속에 의하여 상속인이 피상속인으로부터 물려받는 채무.

상속 회복 청구권(相續回復請求權)

진정한 상속인이 자신의 상속권을 침해한 사람에 대하여
상속권의 확인과 상속인으로서의 지위 회복을 청구할 수 있는 권리.

상속분(相續分)

유산 상속인이 여러 명의 사람일 때, 각 상속인이 받을 수 있는 유산의 비율.

상속세(相續稅)

국세의 하나. 상속, 유증 및 사인 증여에 의하여
취득한 재산에 대하여 부가한다.

상속인(相續人)

상속 개시 후에 재산이나 기타의 것을 물려받는 사람.

소극 재산(消極財産)

민법에서, 재산의 구성 성분의 하나로서의 채무. 빚.

유류분(遺留分)

상속 재산 가운데, 상속을 받은 사람이 마음대로 처리하지 못하고
일정한 상속인을 위하여 법률상 반드시 남겨두어야 할 일정 부분.

유언(遺言)

자기의 사망으로 인하여 효력을 발생시킬 것을 목적으로 하여 행하는
단독의 의사 표시. 만 17세 이상이면 누구나 할 수 있다. 유언의 방식으로
는 자필 증서, 녹음, 공정 증서, 비밀 증서, 구수(口授) 증서 따위가 있다.

유증(遺贈)

유언에 의하여 유산의 전부 또는 일부를 무상으로 다른 사람에게 물려줌.
또는 그런 행위.

재산 관리인(財産管理人)

타인의 재산을 관리하는 사람. 넓은 의미로 관리인이라고 하며, 본인으로
부터 위탁을 받은 위임 관리인, 법원에 의하여 선임된 선임 관리인,
법률의 규정에 의한 친권자·후견인과 같은 법정 관리인이 있다.

재산 분여(財産分與)

이혼으로 당사자 가운데 한쪽이 상대편에게 재산을 나누어 주는 일.
나누는 방법은 당사자 간의 합의나 법원의 판결에 의한다.

재산 분할(財産分割)

상속, 이혼 따위로 권리자들이 재산을 나누는 일.

적극 재산(積極財産)

특정인에 속한 예금, 토지, 가옥 따위와 같이
금전적인 가치가 있는 재산권의 총체.

제척 기간(除斥期間)

권리관계를 빨리 확정하기 위하여 어떤 종류의 권리에 대하여 법률이
정하고 있는 존속 기간. 이 기간이 지나면 권리가 소멸되는데 점유 소권,
혼인의 취소권, 상소권, 즉시 항고권(卽時抗告權) 따위에 적용된다.

지정 분할(指定分割)

피상속인의 유언으로 상속 재산의 분할 방법을 정하는 일. 제삼자에게
재산 분할을 지정하여 달라고 위탁하는 경우도 이에 속한다.

집행력(執行力)

집행권원에 근거하여 집행 채권자가 강제 집행을 신청하였을 때
집행 기관이 그 채무 내용의 실현을 위하여 강제 집행을 할 수 있는 효력.

참칭 상속인(僭稱相續人)

법률상 상속인이 될 수 없는데도 재산 상속인인 것을 신뢰하게 하는
외관을 갖추고 있는 자.

추정 상속인(推定相續人)

현재의 상태에서 상속이 된다고 가정한 경우 상속인이 될 사람.

피상속인(被相續人)

상속인에게 자기의 권리, 의무를 물려주는 사람.

한정 승인(限定承認)

상속인이 상속으로 인하여 얻은 재산의 한도 안에서 피상속인의
채무와 유증(遺贈)을 변제하는 상속을 승인하는 일.

참고 문헌

국내 간행물

- 김상용, '배우자의 상속분은 늘어나야 하는가?',
  법률구조법인 한국가정법률상담소 심포지엄 발표문, 2013
- 김상훈, 『상속법 판례연구』, 세창출판사, 2020
- 김주수·김상용, 『친족·상속법(제12판)』, 법문사, 2015
- 남상우, '공정증서에 의한 유언에 관한 고찰
  : 그 법적 성격 및 공증인 법과의 관계를 중심으로',
  「대한공증협회지(제3호)」, 대한공증협회, 2010
- 박기현·김종현, 『핵심정리 가족법(제6판)』, 고시연구사, 2007
- 박정기·김연, 『가족법(제2판)』, 삼영사, 2008
- 박동섭·양경승, 『친족상속법(제5판)』, 박영사, 2020
- 윤진수, 『주해상속법』, 박영사, 2019
- 윤진수, 『친족상속법강의(제2판)』, 박영사, 2018
- 임채웅, '유증의 연구', 「홍익법학(제11권 제3호)」,
  홍익대학교 법학연구소, 2010
- 정구태, '2014년 법무부 민법개정위원회의 상속법 개정시안에
  대한 비판적 斷想', 「강원법학(제41권)」,
  강원대학교 비교법학연구소, 2014
- 현소혜, 『유언의 해석』, 경인문화사, 2010

국내 온라인 자료

- 국가법령정보센터 www.law.go.kr
- 대한민국 법원 www.scourt.go.kr
- 서울가정법원 slfamily.scourt.go.kr

해외 간행물

- 大嵩 康弘, '我が国の相続法制における配偶者の法的地位と課題 (우리나라의 상속법에 있어서의 배우자의 법적 지위와 과제)', 「レファレンス(No.807)」, 国立国会図書館, 2018

상속을 잘해야 집안이 산다

초판 1쇄 발행일 2020. 09. 01
초판 2쇄 발행일 2021. 05. 17

엮은이 | 법무법인 숭인
발행인 | 한준희 양시호
편집 | 최유진
마케팅 | 이경희
디자인 | 김주희

발행처 | 담담사무소
출판등록 | 2020년 5월 26일(제2020-000131호)
주소 | 서울시 마포구 동교로 25길 26-5 라라빌딩
전화 | 02)2038-6695 · 팩스 | 02)2038-4395 · 전자우편 | daamdaam@daamdaam.co.kr
홈페이지 | www.daamdaam.co.kr

ⓒ 법무법인 숭인, 2020
ISBN 979-11-971200-0-8 13320

이 책은 저작권법에 따라 보호를 받는 저작물이므로 무단 전재와 복제를 금합니다.
이 책의 전부 혹은 일부를 이용하려면 저작권자와 담담사무소의 동의를 받아야 합니다.

잘못된 책은 구입하신 곳에서 바꾸어 드립니다.
책값은 뒤표지에 있습니다.